現代経済法

高橋明弘 著 *Takahashi Akihiro*

法律文化社

はしがき――本書利用の手引き――

　本書は，筆者が現在講義している日本大学，神田外語大学，横浜商科大学，山梨学院大学，演習講義を担当した税務大学校において，経済法・民法・法学入門の講義の教材として使用している講義案をもとに，横浜商大論集41巻1号で掲載された筆者論文の再構成したものを第1部第7章に加え，多くの受講生からの意見や質問に答えるために内容を再検討して，2009（平成21）年に改正され，2010（平成22）年施行の改正独占禁止法に対応した経済法のテキストとしたものです。
　このテキストの利用者層は，つぎの学習者を想定しています。
　法学部においては，ほどほどに法学を学習して，なんとか必要単位を取得しているが，経済学についてはほとんど学習していない学生，法学部以外の学部においては，経済学・経営学・その他の分野を学習してきたが，法学・憲法などについては一般教養で学習した程度で専門的な学習をほとんどしたことがない学生，また以上の学生に相当する学習者層です。
　学習の最終的な目標（到達点）は，経済法―主に独占禁止法―の条文を解釈して法の精神に基づく具体的規範を導き出し，つぎに審決（公正取引委員会による判断）・判決（裁判所による判断）に記載されている認定事実から要件事実を確定し，独占禁止法（「私的独占の禁止及び公正取引の確保に関する法律」の通称であり，「独禁法」は略称である）の具体的規範を適用して，法的結論を導くことにあります。
　したがって，このテキストでとりあげる内容は，経済法の一般的な解説書の構成とは異なり，経済法を学習する際に必要とされる法学の基礎知識，民事法・刑事法の基礎，経済学・産業組織論の基礎，基本的な経済政策，独占禁止法では行動規制（私的独占，不当な取引制限，不公正な取引方法）を中心とした実体規定の解釈そして認定事実への適用（要件事実の確定）についての解説および演習に絞ったもので構成されています。他方，手続や構造規制（独占的状態・集中規制および合併規制）については，範囲を限って概説することにとどめてい

ます。

　ゆえに，このテキストは，すでに基礎的な分野を十分に理解し，大学院などで専門的に広く深くあるいは司法試験受験のために経済法を学ぼうとする学習者層向けではないことを，予めお断りしておきます。

＊　　　＊　　　＊

　法律を学ぶとは，規範を学ぶことです。その規範は，人々の権利・生活を保障するための「楯」となり得ますが，他方，権力者の「剣」ともなり得る性格をもっています。法規範が常に人々のための「楯」であり続ける社会を築くために，法律学を学習します。

　このテキストを利用した経済法の学習手引きを，まず法学部の学生向け，つぎに法学部以外の学部の学生向けの順に書き進めることにします。

　法学部の学生は，法学を学習する際に共通して要求される基礎的知識を第1部（経済法を学ぶための基礎）の第1章～第6章までを学習あるいは確認することからはじめてください。法学部以外の学部の学生で経済学やその応用分野をすでに学習した場合には，第1部の第1章，つぎに第6章の経済学的成立基盤で経済的知識を確認した後に，第2章～第5章に進んでいただいても良いでしょう。第1部の最後に，これらの学習のまとめとして第7章を学習してください。なお，いままでに経済学も法学も学習したことがない学生は，法学部の学生と同様の順に学習してください。

　第1部の第1章では，小中高の学校教育で学んだ人文・自然・社会科学が分析経験科学であり，大学で学ぶ法学は当為・規範（禁止・命令）の科学であることから，2つの科学の間では学習する内容に異同があることを理解していただきたいと思います。つぎに，第2章～第4章では，法律（規範）を学ぶ際に予め理解しておきたい重要な法技術——たとえば，法律の条文は，どのような構成要素によって形成されているか，社会で生じた問題は，どのような法理論・原理原則・法的プロセスに従って解決されなければならないかなど——を修得していただきたいと思います。第5章では，経済法が成立する法律学の基盤を社会法の視点から学習し，経済法と同じ社会法に属する社会保障法・労働法との関係を理解します。また，民法の所有権の絶対性・契約自由の原則から有効競

争原理の成立する法的構造そして競争が有効に機能しているか否かを判断するための規準を学習します。第6章では，ミクロ経済学の基礎分野において，製品・サービスの価格や生産販売数量が決定されるプロセスおよびメカニズムを学習し，市場の失敗（独占・取引制限）が生じる原因とその弊害を理解します。つぎに，産業組織論の視点から競争政策の成立する経済産業構造（理論）を学習します。第7章では，第1部の学習内容のまとめとして，自由主義社会において，望ましいバランスのとれた経済政策・労働政策・社会保障政策を選択するために，独占禁止法は，法体系のなかでいかにあるべきかについて検討します。

第2部の独占禁止法の学習プロセスおよび方法は，このテキストを利用して学習するすべての学習者に共通します。第2部では，経済法の中核である独占禁止法を学習します。テキストは，第3章独占禁止法総論，第4章独占禁止法各論——基礎概念，第5章私的独占，第7章不当な取引制限，第9章不公正な取引方法という行動規制に重点をおいて解説しています。学習者は，各章の解説を読み進めることにより，独占禁止法の各条文で記載されている法律用語の定義，要件・効果そして法理論を学びますので，テキストに独占禁止法の条文が出てきた際には，必ず六法でその条文を読み確認するように心がけて下さい。第5章・第7章・第9章のつぎには，第6章・第8章・第10章で研究章が設けられています。研究では，実際の事件を題材に，第1部で学習した法技術を使って，独占禁止法の条文を解釈して法の精神に基づく具体的規範を導き出し，つぎに個別の審決・判決で記載されている認定事実から要件事実を確定し，独占禁止法の具体的規範を適用して，法的結論を導くことにトライします。

まず，公正取引委員会が刊行する審決集，裁判所が刊行する判例集あるいは公正取引委員会のホームページ（http://www.jftc.go.jp/）から，研究の対象となる審決・判決をコピーするか出力して，重要な箇所に小見出しを付けつつ何度も「事実」を読み返し，小見出しを利用してノートに事実関係を整理して把握します。このノートをもとにして，事実関係の概要を図解します。ここまでのプロセスを終了したら，テキストの各研究章を読み進めます。

研究章には，法令条文の構成要素（要件・効果）および条文間の関係，事件

の内容整理，事件の概要図，事件の分析・評価，具体的規範を要件事実に適用することから法的結論（審決・判決の内容）に至るプロセスの順で解説してあります。自分で作成した事件の概要や概要図と比較して，足らないところは補充し，条文を解釈することから導き出した具体的規範のどの要件にどの認定事実があてはまるのか（要件事実の確定）を確認した後に，法的結論を導き出して，あなたのレポートを完成させてください。

　第5章の私的独占，第9章の不公正な取引方法の解説の中には，公正取引委員会による審決や裁判所による判決の重要な事件について，事実関係を概要図にしたものを提示してあるので，学習者は，研究と同様に自分でトライしてみてください。

＊　　　＊　　　＊

　以上の学習方法は，筆者が丹宗昭信経済法研究室（大東文化大学博士課程）に所属した際に学部の講義で行われていたものであり，筆者もこの学習方法を採用しています。筆者は，この学習目的および方法に対応し得るテキストの作成を，ここ数年来の念願としていました。また，裁判員制度が実施されたことで，私たち教員が担当する講義に出席する学生のなかには，やがて裁判員の席に着く者が出るでありましょう。筆者は，裁判員に求められる能力がこのテキストによる学習の最終的な到達点と一致すると考えています。

　2005（平成17）年初夏に法律文化社の営業部畑光氏と，法学教育や経済法・独占禁止法のテキストの内容について意見交換をしたときから4年余を経過し，2008（平成20）年秋に同氏から単著による入門テキスト作成・刊行のお話しをいただいてから1年を経過しました。本書は，本書のもつ学習のねらいなどから，経済法入門の一般的な解説書とは，多少異なるものとなったかもしれません。筆者は，かような視点から作成された本書が，入門テキストとして利用されるならば幸甚であるし，学習者が，経済法分野に関心をもつようになり，さらにレベルの高い解説書を手にとって，経済法分野を学習あるいは研究するようになってくれることを願ってやみません。

　なお，テキストでは，学習の目標や紙面の関係上，構造規制や2009（平成21）年改正独占禁止法による特定の不公正な取引方法に課徴金制度が新設されたこ

とについて十分な解説を加えることも，また，環境保全に関する経済学の基礎理論，環境保全政策と競争政策の関係，GATT・WTO でとりあげられた事例，資金決済に関する競争政策についてとりあげることも，できませんでした。これらの点については，講義などの際に，適宜に補充していこうと思います。

ところで，テキストの再校段階にあった2009（平成21）年12月9日に，内閣府・経済産業省合同政策会議は，2010（平成22）年の通常国会において独占禁止法の改正を2009年に続いて行うと発表しました。その骨子は，公正取引委員会によってなされた排除措置命令および課徴金納付命令に対して行われる公正取引委員会による不服審査（審判）制度を廃止して，不服審査を東京地方裁判所の専属管轄による第一審裁判手続で行う，これに伴って，公正取引委員会の機関の一部改変を行い，実質的証拠の法則および新証拠提出制限に係わる規定を廃止するというものです（施行期日は未定）。これによって，独占禁止法の手続に関する条文は，大きく変更されると思われますが，2009（平成21）年12月10日現在，その全体像も詳細も発表されていません。そこで，今回の改正の方向性については，本書の242・243頁に掲載した2009（平成21）年12月9日「公正取引委員会担当政務三役発表の『独占禁止法の審判制度の見直し』についての図表」と同三役発表の『独占禁止法の改正等に係る基本方針』についての筆者による解説「独占禁止法の2010（平成22）年改正の方向性」を参照していただきたいと思います。

＊　　＊　　＊

最後に，出版界をとりまく状況がたいへん厳しいなかで，筆者の意図するテキストの刊行を決断していただいた法律文化社に対して感謝を申し上げるとともに，数年にわたってテキストの作成進行に配慮してくださり再三にわたる法改正にも対応していただいた営業部畑光氏，編集の全般にわたって担当し貴重なアドバイスをしていただき尽力して下さった舟木和久氏に，こころより感謝申し上げる次第です。

2010年1月

髙橋　明弘

目　次

はしがき——本書利用の手引き——

第1部　経済法を学ぶための基礎——法と経済——

第1章　Sein と Sollen …………………………………………… 3

1　Sein の科学　*3*
　(1)　自 然 科 学　*3*
　(2)　社 会 科 学　*4*
　(3)　自然科学と社会科学の共通項　*5*

2　Sollen の科学　*7*
　(1)　Sollen（当為・規範）　*7*
　(2)　社会規範・法規範・法　*8*
　(3)　裁 判 規 範　*9*

第2章　法的判断の推論的過程 …………………………………… 12

1　三 段 論 法　*12*
　(1)　各種の三段論法の確認　*14*
　(2)　三段論法の意義　*15*

2　法規範構造，法解釈，要件・効果の関係　*15*
　(1)　法律の条文と法規範　*15*
　(2)　条文——法規範——の構造　*16*
　(3)　要件・効果論　*16*
　(4)　法 解 釈　*16*
　(5)　認定事実と要件事実　*17*
　(6)　三段論法と要件・効果論の総合　*17*

目　次

　　3　独占禁止法の法規範構造（要件と効果）　18

第3章　現代市民法の基礎——民法の働き——　22

　1　民法の目的　22
　2　民法の指導原理　23
　　(1)　民法の三大原則　23
　　(2)　三大原則が資本主義経済にもたらした弊害　23
　　(3)　弊害を生じた原因　23
　3　弊害発生の予防と損失補塡の達成方法　24
　　(1)　民法による達成　24
　　(2)　社会法による達成　25

第4章　現代刑法の基礎　28

　1　現代刑法の目的と機能　28
　2　犯罪の認定過程と刑罰の軽重判断——罪刑法定主義理論の体系——　29

第5章　現代経済法の法律学的成立基盤　32

　1　社　会　法　32
　　(1)　公法・私法・社会法　32
　　(2)　社会法の現代的課題——自律的人格としての財産権の再構成——　34
　　(3)　労　働　法　36
　　(4)　経済法（独占禁止法）——その理念——　38
　　(5)　社会保障法　39
　　(6)　経済法と労働法と社会保障法の関係　42
　2　経済法（独占禁止法）の基礎　43
　　(1)　市民法から経済法へ　43
　　(2)　市民法と経済法（縦の契約関係と横の競争関係）の交差　48

目　次

第6章　現代経済法の経済学的成立基盤 ……………………… 53

1　ミクロ経済学——縦の経済関係—— 53
　(1)　経済学とは 53
　(2)　製品およびサービス価格の形成——価格決定の二分法—— 53
　(3)　需要と供給の均衡法則——予定調和—— 56
　(4)　市場の失敗（私的独占・不当な取引制限ほか）63

2　産業組織論——横の経済関係—— 66
　(1)　産業組織論とは 66
　(2)　産業組織論についてハーバード学派とシカゴ学派の異同 66
　(3)　縦と横の関係 69

第7章　独占禁止法政策（産業組織論と競争理論）の選択 …… 74

1　縦の関係と横の関係の交差 74
2　日本の社会経済構造改革が依拠する産業(市場)組織政策 75
3　均衡のとれた経済（独占禁止）政策・労働政策そして社会保障政策の選択 77

第2部　独占禁止法

第1章　独占禁止法の歴史 ……………………………………… 83

1　アメリカ合衆国の反トラスト法 84
　(1)　アメリカ合衆国建国期の「草の根民主主義」思想 84
　(2)　南北戦争後半からシャーマン法制定（1865～1890年）までの概略 85
　(3)　シャーマン法（反トラスト法）の制定 86
　(4)　クレイトン法・連邦取引委員会（FTC）法（反トラスト法）の制定 90
　(5)　ロビンソン・パットマン法（反トラスト法）の制定 91

目　次

　　　　(6) セラー・キフォーバ法（反トラスト法）の制定　*91*
　　　　(7) 合衆国による反トラスト法の運用傾向について　*91*
　　2 日本の独占禁止法　*92*
　　　　(1) 太平洋戦争敗戦による社会経済の民主化政策と独占禁止法の誕生　*92*
　　　　(2) 政府主導による経済復興と独占禁止法の機能不全　*93*
　　　　(3) 規制（Regulation）から規制緩和（Deregulation）へ　*93*
　　　　(4) 誤解される「競争」概念　*94*

第2章　独占禁止法等に関する手続（公正取引委員会と裁判所）… *99*

　　1 独占禁止法と公正取引委員会　*99*
　　　　(1) 独占禁止法の性格　*99*
　　　　(2) 公正取引委員会の構成　*100*
　　2 独占禁止法事件の諸手続（裁判所と公正取引委員会）　*100*
　　　　(1) 独占禁止法（事業者団体の禁止行為・不公正な取引方法）事件の差止請求　*101*
　　　　(2) 緊急停止命令　*102*
　　　　(3) 独占禁止法違反事件に関する損害賠償請求訴訟手続　*102*
　　　　(4) 公正取引委員会の命令，審判・審決　*103*
　　　　(5) 抗告訴訟（公正取引委員会の審決取消の訴え）と実質的証拠の法則　*105*
　　　　(6) 刑事手続　*106*
　　　　(7) 上告および特別抗告（最高裁判所）　*107*

第3章　独占禁止法総論…………………………………… *109*

　　1 経済法の意義　*109*
　　　　(1) 経済法の定義と独占禁止法との関係　*109*
　　　　(2) 独占禁止法による経済活動の制限と適用除外の関係　*109*
　　2 独占禁止法の柱　*110*
　　3 独占禁止法3条の禁止規範の要件と効果　*110*
　　4 独占禁止法の目標　*111*

(1) 独占禁止法1条（目的規定）の構造　*111*
　　　(2) 構造分析とその説明　*111*
　　　(3) 独占禁止法1条の「直接的目的」と「窮極的目的」　*112*
　　　(4) 独占禁止法の目標（「直接的目的」と「窮極的目的」との関係）　*113*
　　　(5) 窮極的目的の位置づけ（判例）　*115*

第4章　独占禁止法各論――基礎概念――　*117*

　1　独占禁止法の基礎概念　*117*
　2　独占禁止法における要件・効果論　*117*
　3　私的独占と不当な取引制限に共通する構成要件　*118*
　　　(1) 行為主体　*118*
　　　(2) 市場力（または市場支配力）　*119*
　　　(3) 対市場効果　*122*
　　　(4) 公共の利益の概念　*126*

第5章　私的独占　*129*

　1　私的独占の構成要件（独禁法2条5項）　*129*
　2　共通の構成要件と私的独占の固有の構成要件　*129*
　　2-1　共通の構成要件　*129*
　　　(1) 行為主体(事業者)　*129*
　　　(2) 市場支配力　*129*
　　　(3) 対市場効果　*129*
　　　(4) 反公共の利益　*129*
　　2-2　私的独占の固有の構成要件　*130*
　　　(5) 複数事業者の結合・通謀　*130*
　　　(6) 行為（私的独占の排除・支配）とは　*130*

【審決・判例の図】
　　丸佐生糸・埼玉銀行事件　*131*
　　雪印・農林中金事件　*133*
　　東洋製罐事件　*135*

目次

　　　日本医療食協会・日清医療食品事件　*136*
　　　野田醤油事件　*137*

第6章　私的独占に関する審決・判例および関連問題の研究…… *139*

　1　事業者の行動が独占禁止法違反に問われる場合　*139*
　2　戦略的行動論　*139*
　　(1) 戦略的行動と略奪的行動　*139*
　　(2) 戦略的取引拒絶と略奪的取引拒絶　*140*
　3　日本インテル（パソコンのCPU市場私的独占）に対する事件
　　　——研究1——　*140*
　　(1) 当該事件に適用される法令条文の関係　*141*
　　(2) 審決書記載内容の整理　*141*
　　(3) 独占禁止法の適用と要件事実（構成要件該当性）の検討　*146*
　4　知的財産権の行使による独占禁止法21条適用除外について
　　　148
　　(1) 独占禁止法21条の趣旨　*148*
　　(2) 独占禁止法21条の「権利の行使と認められる行為」の解釈
　　　　149
　　(3) 知的財産権の行使に独占禁止法を適用する判断規準　*149*
　5　知的財産権のライセンス拒絶が私的独占に該当する場合としない場合　*149*
　6　三共ほか10名に対する事件（パチンコ機製造技術市場事件）と関連事件との比較検討——研究2——　*150*
　　(1) 当該事件に適用される法令条文　*150*
　　(2) 審決書記載内容の整理　*150*
　　(3) 事実関係の分析とその評価　*152*
　　(4) 独占禁止法の適用と要件事実（構成要件該当性）の検討　*155*
　　(5) パチンコ型スロットマシーン製造技術特許権等市場事件——研究3——　*156*
　　(6) 不可欠要素（Essential Facility）理論の導入　*157*

【審決・判例の図】
　　日本インテルに対する事件　*145*
　　三共ほか10名に対する事件（パチンコ機製造技術市場事件）　*153*

第7章　不当な取引制限……………………………………*161*

1　不当な取引制限の定義　*161*

2　不当な取引制限を禁止する意義　*161*

3　不当な取引制限（カルテル）の構成要件（独禁法2条6項）　*162*

4　共通の構成要件と不当な取引制限の固有の構成要件　*162*

　4-1　共通の構成要件　*162*
　(1)　行為主体：事業者　*162*
　(2)　市場支配力の有無　*162*
　(3)　対市場効果　*162*
　(4)　反公共の利益　*163*

　4-2　不当な取引制限の固有の構成要件　*163*
　(5)　事業者間の共同の目的・成立および証明（事業者間の意思の連絡）　*163*
　(6)　不当な取引制限行為　*168*

5　不当な取引制限（カルテル）の類型　*172*
　(1)　類型――ハード・コア・カルテルと非ハード・コア・カルテル――　*172*
　(2)　ハード・コア・カルテルに分類される形態　*173*
　(3)　非ハード・コア・カルテルに分類される形態　*176*

第8章　不当な取引制限に関する審決・判例の研究……*179*

1　事件の概要　*179*
　(1)　1941（昭和16）年11月までの新聞の販売機構　*179*
　(2)　1941（昭和16）年12月から1945（昭和20）年6月までの販売機構　*179*
　(3)　1945（昭和20）年6月　*181*

目次

   (4) 敗戦後の展開——敗戦から統制廃止に至るまでの経過—— *181*
   (5) 1948（昭和23）年5月から1952（昭和27）年11月まで *182*
   (6) 1952（昭和27）年12月以降 *182*
  2 審決・判決の検討 *183*
   (1) 公正取引委員会審決（1949（昭和24）年（判）第20号審決） *183*
   (2) 東京高等裁判所判決（1951（昭和26）年（行ナ）第10・11号判決） *184*
   (3) 検討——公正取引委員会の審決と東京高等裁判所判決の比較対照—— *186*

第9章　不公正な取引方法 …… *188*

 1 不公正な取引方法規制（独禁法19条）の法的性格 *188*
 2 公正競争阻害性の意義 *188*
  (1)「公正な競争を阻害するおそれ」とは *188*
  (2)「公正な競争」とは *189*
 3 安全性を理由とした公正競争の阻害性 *190*
 4 不公正な取引方法 *190*
  (1) 不公正な取引方法として規制される行為の要件 *190*
  (2) 2009（平成21）年改正独占禁止法2条9項の不公正な取引方法の問題点 *191*
 5 不公正な取引方法の類型 *192*
  (1) 取引拒絶とは *193*
  (2) 差別的対価（前一般指定3項） *194*
  (3) 不当廉売（前一般指定6項） *195*
  (4) 再販売価格の拘束（独禁法2条9項4号）（前一般指定12項） *196*
  (5) 優越的地位の濫用（独禁法2条9項5号）（前一般指定14項） *197*
  (6) 独占禁止法2条9項6号の不公正な取引方法 *200*
  (7) 不当な差別的取扱（独禁法2条9項6号イ） *200*
  (8) 不当な対価的取扱（独禁法2条9項6号ロ） *203*

(9)　不当な取引誘引と強制（独禁法2条9項6号ハ）　203
　(10)　相手方の事業活動の不当な拘束（独禁法2条9項6号ニ）　205
　(11)　取引上の地位の不当利用——取引の相手方の役員選任への不当干渉——（独禁法2条9項6号ホ・一般指定13項）（前一般指定14項5号）　211
　(12)　競争者に対する妨害（独禁法2条9項6号ヘ）　211

【審決・判例の図】
　松下電器産業事件　214
　マイクロソフト事件　215
　フランスベッド事件　216
　和光堂事件　217
　東芝エレベータテクノクス事件　218

第10章　不公正な取引方法に関する審決・判例の研究…… 219

1　研　究　課　題　219
　(1)　研　究　対　象　219
　(2)　取引拒絶の定義　219
　(3)　取引拒絶の背後に存する問題——民法からの視点——　219

2　研　究　目　的　220
　(1)　最近の民法学説　220
　(2)　研究のねらい　220

3　不公正な取引方法　220
　(1)　不公正な取引方法が含意する法の目的と保護法益　220
　(2)　「公正競争の阻害」によって事業者が獲得し得る利益と失う利益　221
　(3)　戦略的行動と略奪的行動　221

4　不公正な取引方法（取引拒絶）事件の検討　222
　(1)　全国農業協同組合による段ボール原料の取引拒絶事件　222
　(2)　下水道管渠施工業者らによるロックマン工法専用機械取引拒絶事件　224

5　略奪的取引拒絶の対応（不可欠要素の理論の必要性）について　227

目　次

【審決・判例の図】
　　　　　全国農業協同組合連合会段ボール事件　*223*
　　　　　ロックマン工法施行業者事件　*226*

第11章　事業者団体の活動規制 …………………………………… *229*

　1　事業者団体　*229*
　2　事業者団体の行為　*229*
　3　独占禁止法8条によって禁止される事業者団体の行為　*229*
　　(1)　一定の取引分野における競争を実質的に制限すること（8条1項1号）　*230*
　　(2)　一定の事業分野における現在又は将来の活動を不当に制限すること（8条1項3号）　*230*
　　(3)　構成事業者の機能又は活動の不当な制限（8条1項4号）　*230*
　　(4)　事業者に不公正な取引方法に該当する行為をさせるようにすること（8条1項5号）　*231*

第12章　集 中 規 制 …………………………………………………… *232*

　1　集 中 規 制　*232*
　　(1)　集中規制の対象とその要件　*232*
　　(2)　集中規制の必要性　*232*
　　(3)　集中規制の類型　*234*
　　(4)　集中規制（企業結合による市場集中）の審査についての重要な視点とその過程　*234*
　2　一般的集中規制と市場集中規制の事例　*235*
　　(1)　一般的集中規制――金融業者（銀行）による関係他社株式保有の制限（独禁法11条）――　*235*
　　(2)　市場集中規制　*236*
　3　構造規制――独占的状態――　*237*

【審決・判例の図】
　　　　　日本楽器製造事件　*239*

日本石油運送事件　240

【独占禁止法の2010（平成22）年改正の方向性】　242

事 項 索 引
判例・審決索引

第1部

経済法を学ぶための基礎
――法と経済――

第1章　Sein と Sollen

　第Ⅰ部第1章のタイトルを「Sein と Sollen」としたのは，この2つの「ことば」が，人文科学・自然科学および社会科学（但し「法学」を除く）と法学との違いを構成するキーワードであるからである。科学は，通常では，自然科学，人文科学そして社会科学に分類される。まず，経済法の基礎を学ぶうえでとくに重要な自然科学と社会科学の定義から述べることにしよう。

1　Sein の科学

(1)　自 然 科 学
　自然科学とは，自然の内部に存在（Sein）[1]している法則を体系的に認識して理解する過程をいう。自然科学の誕生と発展の歴史は，人類の経験と熟練によって生れた優れた技能が活用され機能する過程の中でもたらされると考えられている。

【技能・技術と自然科学の関係】
　道家教授は，「技術上の活動の中心となる発想は，『ハウ・ツー』，つまり『どうすれば問題が解決できるのか』を考え，実際に解決することにある。自然科学上の活動の中心的発想は，『ホワイ』つまり『なぜ』と自らに問いかけて，これを解き明かすことにある。歴史的には，『ハウ・ツー』が先行し，つまり衣・食・住・健康・子育てなどの上での問題解決が先行し，その中で『ホワイ』が生まれ，その答えが再び『ハウ・ツー』の問題解決に利用される。『ホワイ』の答えが正しければ，これは『ハウ・ツー』にたいへん役立つのである。『ハウ・ツー』の技能・技術と，『ホワイ』と問いかけて真の答えを探ろうとする自然科学とは，このように相互に関連しながら，歴史的に発展してきた[2]」と説明する。
　B. ファリントンは，ウィシントンの言葉を引用して，「技術は……経験によ

3

第1部 経済法を学ぶための基礎——法と経済——

図表 1-1 科学の体系図

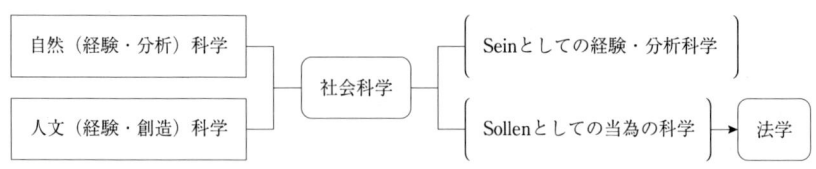

って学ばれ、また人間と事物の自然的本性——人と事物との間にある自然の法則——を適用することによって学ばれる」と述べる。このことは、現代社会においてもあてはまり、発明に対して特許権（権利）が付与される理由および法律要件の中に現実化されている。

発明を特許権によって保護する意義は、3つある。第1は、頭脳によって発想され生れたアイディアは、発明者本人の意思による発想の現実化であるから人格として保護されるべきである。第2は、発明を排他的に支配し利用し処分する発明者の意思を保障する点にある。第3は、知的労働によって財産を創造した者（発明者）に対しては、所有権とは異なる財産権を付与すべきである。このように、知的財産に権利として付与される知的財産権の内容は、知的財産に対して構成される人格権や財産権である。

【権利とは何か】

知的財産権を保護する3つの意義に共通する要素は、どれも、知的財産の発明・創造者に存する（Sein としての）意思を出発とする点にある。このことから、B. ヴィントシャイトは、権利を法によって保護された「意思の力」と認識した。しかし、意思の力を実際に計量することは困難である。そこで、R. イェーリングは、権利を Sollen として保護される「利益」と解した。日本では、民法709条の不法行為責任を扱った「大学湯」事件において、裁判所は、はじめて「権利」をそこに Sein として存し Sollen として保護される「利益」と解した。

(2) 社会科学

社会科学とは、社会生活において生じた現象（結果）を分析し、そこに存する（Sein としての）原因を客観的に探求し検証し、法則として体系的に認識し

て理解する過程をいう。

　経済学を例として説明しよう[8]。まず，経済学は，分析対象となる経済問題の重要な要素（例えば自動車産業とかコンピュータ産業）に着目し，1つのモデルを仮定する。つぎに，諸々の経済項目（財やサービスの価格・生産量・販売量，賃金，利子率，生産費用，取引費用など）およびその数値を設定し，そのうちの特定数値を変化させると，他の数値がどのように変化するかを分析する。これによって，変数相互に一定の関係があることが理論的に推定される。この推論過程は，経済活動上の変数データを用いて，1つの数値の変化が他の数値の変化を引き起こす因果関係——原因と結果の関係——として検証し証明される。経済学は，個人，企業，政府などのさまざまな組織がどのような選択を行い，資源の使用方法をどのように決定するかについて，研究し検証する学問といえる。

(3) 自然科学と社会科学の共通項

　経験・分析科学として自然科学と社会科学に共通する要素と過程は，自然や社会現象を観察し，Sein としての経験的事実の相互の間に存する一般的（因果）関係を経験と熟練によって帰納的に発見し仮説し，つぎに，個別的な課題を設定して，一定の実験・検証をへて法則を認識する過程といえるであろう（「経験的帰納的論理」という）。

(a) マルサスの人口論とダーウィンの進化論——自然科学と社会科学の関係——

　経済学者の T. R. マルサス[9]は，人口論をつぎのように展開している。人口は，食料や衣料などの生活物資が増加するところでは，常に幾何級数（掛け算）的に増加する。しかし，生活物資は，算術級数（足し算）的にしか増加しない。したがって，増加する人口と増加する生活物資との間には不均衡が生じる。不均衡が生じると，一方では，人口の増加を抑制しようとする力が，他方では，生活物資の生産や水準を高めようとする力が働く。生存にたいする人為的な努力（人為的な選択）の結果は，より進化した高次元の均衡状態を生む。これが，マルサスの人為的選択の人口論である[10]。

　C. ダーウィン[11]が著書『種の起原』において発表した理論を進化論とよぶ。種が保存されるのは，各種が個別に創造を繰り返すことによるのではなく，生

じた種が生物界の諸現象の中で自然に選択を行って，環境に適合するように変化し進化し複雑化する過程を経過したことによると解するのが，ダーウィンの進化論である。ダーウィンの「自然選択による種の進化理論」[12]は，経済学者マルサスの人口論にヒントを得たといわれている。

【ダーウィンの進化論】
　　ダーウィンは，産業革命の人口増加の時代に，種を人為的に変化させ，種の生産量を増加し，他方では種の削減を実施して，新たな均衡がうまれる状況を観察した。人為的な選択によって，種を変化せしめ進化した状態で種の生存ができるのなら，当然，自然界においても，種の選択的生存は可能であったであろうと仮説を立てた。彼は，産業革命の初期に，博物学者の助手としてビーグル号に乗船し，航海中にガラパゴス諸島において，種々の生物の標本を実施した。これを整理し検証して，彼は，『種の起原』を発表した。その後，彼は，動物のもっている社会的本能が発達すれば道徳観念や良心の獲得にいたると述べて，進化論的人間像に基づいて道徳・倫理の問題を論じようと試みた。

　　ダーウィン以後の進化論は，G. J. メンデルによる遺伝法則の発見そして20[13]世紀の集団遺伝学の成立によって，自然選択説を主軸にネオ・ダーウィニズムの進化研究として批判や論争を繰り返され精密化への道を歩む。
　　たとえば，ダーウィンの進化論は，F. A. ハイエクがいう「社会の経済問題は，主として時と場所の特殊事情における変化に急速に対応する問題である」という社会経済的ダーウィニズム――現代経済学の機能と使命――へと発展する。また，ダーウィン研究の第一人者であった故八杉龍一氏の「人間の意志」[14]についてのコメントは，「種の起原から人の自由意思の形成」にいたる長い進化の過程を，民主主義社会形成に応用してその弁証法的過程として捉え直したものと解される。

【ダーウィニズムと人間の意志の形成】
　　道家達将教授が『科学と技術の歴史』[15]において，八杉龍一氏の『ダーウィンを読む』[16]の中から「人間の意志」について述べているところを，引用しておこう。
　　「個人の自主性と人類の連帯は切り離せないものである。そして，それによって個人は他人の中に自分をもつ，もしくは自分を発見できるということになる。

われわれは，他人が，それぞれの環境と経歴のもとで何を考え何を感じているかを想像できるし，それを自分の体験のごとくにすることも可能である。人類が民主主義社会に向かって進む根源には，そのことがあるにちがいない。人間の行動原則を与える倫理は，自由意志の存在を相互に了解し合わねば無意味である。各自が確固たる主体であり，従って自由を心のうちにもち，しかも相互に人格と思想を尊重し合う一人間がそうした存在であること，ありうることを，ダーウィンは進化論によってわれわれに教えたのである」と。

Sein の科学の世界から Sollen の法の世界への架け橋が示されたことで，本書の説明を Sollen の科学へ進めることにしよう。

2　Sollen の科学

(1)　Sollen（当為・規範）

Sollen は，ドイツ語である。肯定用語としては「しなければならない」[17]，nicht を伴う否定用語としては「してはならない」[18] と訳される。つまり，「……ねばならない」という「ことば」で総称することのできる助動詞である。

この Sollen を名詞で置き換えると，哲学用語の「当為」という「ことば」が該当する。「当為」とは，命令されあるいは禁止される一定の行為や組織（以下では「行態」と称する）をいう。この一定の行態を命じもしくは禁ずる文章[19]（命題ともいう）[20] またはその心理的な対応を「規範」（Norm）[21] という。社会生活において一定の行為を命じあるいは禁じる規範を「行為規範」といい，社会生活の組織を定める規範を「組織規範」という。

【Sollen の科学と Sein の科学との関係を考えるときに大切なこと】
　I. カントは，自然・人文・社会科学を Sein という原理によって，法を Sollen という原理によって分離して，それぞれの領域の独自性を確保しつつ，自然・人文・社会科学を確立し擁護し，個人の自律的理性による自由と法を確立しようとした（二元論）。しかし，フランス革命から産業革命に至る激動の時代で生じた対立や紛争は，二元論の下では解決し得ない。なぜなら，人間には，欲に支配される自我と倫理的行為を行う自我があり，Sein と Sollen を分離したままでの自律的人格を定立しても，紛争を解決するための当為の構成を期待し得ないからで

ある。このことは，現在の環境問題を考えれば，容易に理解されるであろう。

　財産をもつ者が，自律的な人格の意思表示として所有権を行使して化学薬品を生産し，契約を媒介して提供する。その結果，人類共通の財産としての山林や海など自然環境が破壊され，人の健康も害される。二元論の下では，Sollen の原理を遵守した財産権の行使である限り，自然・人文・社会科学に存する Sein の原理が働く余地はないことになる。他方，自然界の存立を確保するために Sein の原理が働き，過剰に伐採された山林を回復するため杉の木を大量に植林し，30年後には，杉花粉が，人体に激しいアレルギー反応を発症させるなど深刻な健康被害を発生せしめている。二元論の下では，Sein の原理に沿った杉の植林である限り，Sollen という当為の原理が働く余地はないことになる。これでは，紛争を解決するための当為の原理は，当為の不作為によって，環境破壊事件等においては，かえって紛争対立の原因となり，全く調停者としての機能を果たし得ない。

　そこで，ドイツの J. G. フィヒテ・F. W. シェリング・G. F. W. ヘーゲルは，再び自然・人文・社会科学と当為の科学との統合を探求した（一元論）。

　科学を学ぶ者にとって大切なことは，一元論それとも二元論のいずれに依拠するかということ以上に，自然・人文・社会科学と当為の科学との発展的創造的関係を弁証し探求し続けることこそが最大の使命であると，認識し実践することにあろう。

(2) 社会規範・法規範・法

社会生活において人が遵守すべきルール（一定の行態を命じもしくは禁ずる規範の心理的な対応）としては，道徳，習俗，礼儀（自律的規範）そして現実社会での慣習・慣行（例えば入会）などがあり，文章（命題）としては，「法規範」がある（他律的規範）。これらを総称して，「社会規範」という。

【自律的規範と他律的規範との違い】

　自律的規範と他律的規範との違いを，道徳と法規範を例にあげて明らかにしておこう。「高齢者に対して席をゆずろう」というスローガンは，かような行為を行うこと自体が目的なのであって，それを強制するものではない。つまり，道徳は，専ら自らの内心の意思（良心）に働きかける自律的規範である。かような規範の働く社会生活においても，人々の自由と安全を確保するためには，社会の構成員相互の間を権利義務関係として捉え，国家による「強制力」を伴う他律的な

図表1-2　Sollen としての当為の科学（法学）体系

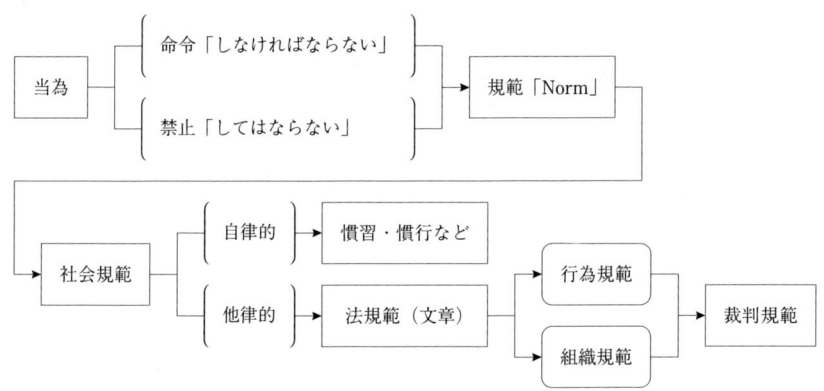

社会規範が必要となる[22]。この他律的強制の要素を伴う規範を「法規範」という。

「法規範」（Rechtnorm）とは、「政治的に組織された社会の、その成員によって一般的に承認され、かつ究極においては物理的強制力に支えられた支配機構によって定立されまたは直接に強行される規範」をいう[23]。そこで「法」を定義すれば、「法とは、法規範の総体である」[24]ということになろう。

(3) 裁判規範

「裁判規範」とは、裁判所において適用され、裁判官の裁判規準を提供する法規範をいう[25]。行為規範と組織規範に分類される社会規範のすべてが裁判の判断規準となり得るわけではなく、社会規範のなかでも、法規範としての実質的要素（仮に「要件」ということにする）を備えているものでなければならない。

① 規範が法規範であり且つ裁判規範であるためには、その規範が支配機構（たとえば国家・自治体など）によって Sollen として制定されたことを要する。たとえば、憲法、法律、命令、規則、条例などである。強制力による行使が予定されることで足りる。

② 法規範以外の社会規範が裁判規範となるには、当該社会規範が、Sein としての自律的な行為・組織規範（道徳・宗教・習俗・礼儀など）であって、第

一に，何かの社会目的に貢献するため実践的な内容をもつ Sollen という他律的な慣習規範を内包し，[26] 裁判所によって，裁判規準として直接適用され行使される場合，[27] 第二に，社会に Sein として存在する行為規範自体が直接には裁判に適用されないが，それに対応する裁判規範があらためて判例として形成される場合などに，規範として裁判に適用されるのである。[28]

【悪法もまた法なりや】

この格言については，賛否両論ある。道徳に反する悪魔の法も考えられるからである。第二次世界大戦時に，ナチスドイツは，法によって，ユダヤ人をユダヤ人という理由だけで，アウシュビッツ強制収容所において虐殺した歴史や，日本においては，国体または私有財産制を否定するような思想・言論を弾圧するため，民主化や戦争反対を抑圧するために，治安維持法などを立法し濫用した暗い歴史があったことを忘れてはならない。[29]

1) Sein は，ドイツ語であり，「ある，いる」などの存在を意味する「ことば」である。辞書を引いて，確認してほしい。
2) 道家達將・赤木昭夫『科学と技術の歴史』(放送大学教育振興会，1999年) 32頁。
3) B. ファリントン (出隆訳)『ギリシャ人の科学――その現代への意義――』上巻 (岩波書店，1955年) 93-94頁。
4) 特許法2条の「発明」の定義，同法29条の特許要件「産業上の利用」「新規性」「進歩性」である。
5) B. ヴィントシャイトは，ドイツの私法領域の概念法学 (パンデクテン法学) を形成することに貢献した (1817～1892年)。
6) R. イェーリングは，19世紀ドイツの法学者で利益法学・自由法学の先駆者である。彼の著作『権利のための闘争』は，不朽の名作といわれている。
7) 大判大正14・11・18民集4巻670頁。大審院において大正14年11月18日にあった判決で大審院民事判例集の4巻670頁以下に掲載されていることを表示する。
8) J. E. スティグリッツ (藪下史郎ほか訳)『スティグリッツミクロ経済学〔第2版〕』(東洋経済新報社，2000年) 6-7頁。
9) T. R. マルサス (1766～1834年) イギリス。
10) J. K. ガルブレイス (鈴木哲太郎訳)『経済学の歴史――いま時代と思想を見直す――』(ダイヤモンド社，1988年) 111-116頁。
11) C. R. ダーウィン (1809～1882年) イギリス。
12) 道家達將・赤木昭夫，前掲注2)，250-278頁参照。
13) G. J. メンデル (1822～1884年) は，えんどう豆の実験によって，遺伝法則を発見した。

14) F.Aハイエク（田中真晴・田中秀夫編訳『市場・知識・自由——自由主義の経済思想——』（ミネルヴァ書房，1986年）63頁。
15) 道家達將・赤木昭夫，前掲注2），274-275頁，八杉竜一『ダーウィンを読む』（岩波書店，1989年）237-239頁。
16) 自由が維持確保されている社会にあって，人が法律行為——たとえば土地や建物を売買するため契約を締結することなど——の実現を意欲する決定を，法律の専門用語としては「意思」と表現する。「意志」はこころざしを表現する。
17) 憲法60条1項「予算は，さきに衆議院に提出しなければならない」。
18) 労働基準法16条「使用者は，労働契約の不履行について違約金を定め，又は損害賠償を予定する契約をしてはならない」。
19) 「もしくは」は「若しくは」とも書く。
20) 「または」は「又は」とも書く。「若しくは」・「又は」は，あるものを選択する際に用いる接続詞で，単一で用いるときは，「公の秩序又は善良の風俗に反する……」（民法90条）のように「又は」を使用する。選択する語句に段階がある場合には，一番大きい段階の接続詞として「又は」を用い，他の小さい段階の接続には「若しくは」を使用する。例えば，憲法38条2項，民法876条の8の1項を参照。
21) 碧海純一『法哲学概論』（弘文堂，1964年）66-78，76頁。
22) 山田晟『法学』（東京大学出版会，1958年）20-24頁。
23) 碧海純一，前掲注21），66-78。
24) 碧海純一，前掲注21），76頁。
25) 川島武宜『民法講義 第1巻』（岩波書店，1951年）16頁。
26) 山田晟，前掲注22），30頁。
27) 田中英夫編著『実定法学入門〔第3版〕』（東京大学出版会，1974年）192-193頁。商法第1条は，「商事に関し，この法律に定めがない事項については商慣習法に従い，商慣習がないときは，民法の定めるところによる」とある。
28) 碧海純一，前掲注21），77-78頁。譲渡担保や白紙委任状付の株式の譲渡はこの例である。
29) 森末伸行『法思想史概説』（中央大学出版部，1994年）158-161頁。G.ラートブルフ（1878～1949年）は，ドイツの刑法・法哲学者として顕著な業績を残し，ワイマール共和国の司法大臣を担当し，社会民主主義者として，自らの思想を現実政治に実現するため尽力した。しかし，ナチスドイツが政権を奪取すると，大学教授の職を追われた。かような体験をへて，彼の学問的基本を表す法の価値規準の序列は，ナチス政権以前は，法的安定性・正義・合目的性であったが，以後のそれは，正義・法的安定性・合目的性へと変化した。私たちは，彼のこの変化のなかに含意された重要な「何か」を読み取り理解しなければならないであろう。人類の生存にとって環境問題への対応が重要な課題になっている国際社会において，価値規準の序列さらに要素そのものの検討が求められているのではないだろうか。

第2章　法的判断の推論的過程

　法律書の文章は「むずかしい」とか，「理解しづらい」といわれる。六法全書に収録されている民法や刑法といった法律の条文においてはなおさらで，平成18（2006）年改正前の民法のように，文章の体裁が旧仮名遣いのカタカナ表記で，そのうえ句読点が付されていなかったとなれば，一般人が「むずかしい」という感想をもつのは当然であろう。

　文章は，意味をもつ「ことば」の論理的集合として構成されている。このことは，小説・随筆・コミック本・法律書そして法律の条文などにおいても共通し異なるところはない。

　しかし，法律の条文は，他の文章とは異なり，裁判所による判決を導き出す法的根拠となるので，ことばのもつ法的概念および「要件と効果」という法的[1]論理構造に従って記述されているのである。したがって，条文に含まれている内容を理解し法的判断をするためには，その「要件・効果」というルールを熟知した上で，ことばのもつ法的概念を明らかにし，法的論理構成としての推論[2]的三段論法によって結論を導き出さなければならない（これらの過程を「法のド[3]グマ」という）。

　そこで，1では，「推論的三段論法」について解説する。2では，法律の条文（に含まれる法規範）構造，法解釈，要件・効果の関係を確認し，刑法や民法の条文を例に検討する。3では，独占禁止法の法規範構造について確認する。

1　三段論法

　六法で確認してみてほしいが，実際の法律条文は，抽象的な「ことば」を用いて法規範を文章化している。したがって，条文を構成している「ことば」のもつ意味や文章の内容を理解することは困難である場合が多い。法律問題を解

図表 2-1 法規範構造と法の推論的三段論法

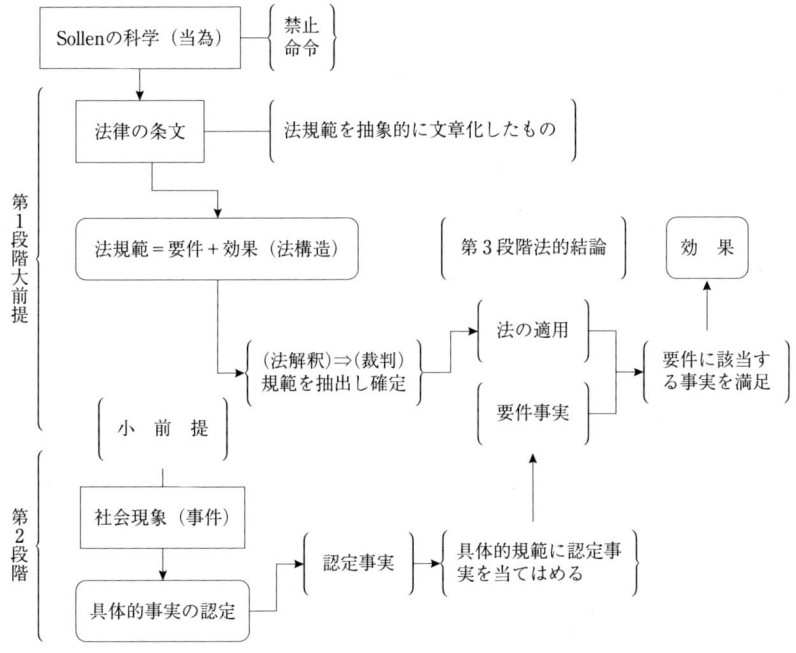

決するためには，条文を構成している「ことば」や文章をまず文理解釈し[4]，条文に含まれている規範の具体的な意味内容を明らかにして，その中から問題を解決するための裁判規範を抽出して確定する作業（科学としての法解釈過程[5]）が行われなければならない。

　ところで，社会は時代とともに進歩し，歴史は変化する。それにつれて，固定的な法律の条文と，流動する社会背景との間には隔たりが生じる。こうなると，文理解釈によって，その「ことば」のもつ意味や文章の内容から，進化した現代社会に適合した規範を具体的に明らかにすることは困難となる。さらに，条文に含まれる規範が，一部欠けることになる（欠けることを法律用語で「欠缺(けんけつ)」という）か，あるいは，まったく当初から完全な欠缺状態と同様になる場合も生じる。一部欠缺の場合には，規範のことばや文章の意味内容を勿論解釈，反対解釈そして類推解釈といった論理解釈によって，ことばのもつ意味や文章の

内容を補充し修正することになる。論理解釈によっても現代社会に合った規範を求めることができない場合には，裁判官は，条理・学説・現実社会の秩序を形成する行為規範を基礎に実質的な価値判断を伴う「自由な法の発見」や「生ける法」の発見により「あるべき規範」の抽出を行う[6]。このように，科学としての法解釈過程あるいは実質的価値判断を基礎にあるべき規範をつくりだす過程を経て得られる規範が，裁判規範とされるのである。ここまでの過程を第一段階の「大前提」という。

法的判断をするには，検察官が提起する起訴状の公訴事実や原告が提起する訴状の請求の趣旨・原因（紛争事実）にそって，裁判規範に該当する事実が認定される。つぎに，裁判規範に含まれる要件に，認定された事実を当てはめて（法の適用），刑法の犯罪構成要件や民法の法律要件に該当する事実（要件事実[7]）が認定される。この過程を第二段階の「小前提」という。

要件事実が明確になれば，要件・効果論によって法律効果が導き出される。これが，法的結論（判決・審判など）となり，判決書・審判書などといった文書の作成となる。この過程を第三段階の「法的結論」という。

(1) 各種の三段論法の確認

① 単純な三段論法
単純な三段論法とは，つぎの関係をいう。
$A = B \quad \Rightarrow \quad 100 = 10^2$
$C = A \quad \Rightarrow 10 \times 10 = 100$
$C = B \quad \Rightarrow 10 \times 10 = 10^2$

② 論理学上の三段論法
論理学上の三段論法とは，つぎの関係をいう。
すべての人間は　　　　いつかは死ぬ。（大前提）
シーザーは　　人間である。　　　　（小前提）
シーザーは　　　　　　いつかは死ぬ。（結　論）

③ 推論的法的三段論法——刑法199条——
以上を総合すると，推論的法的三段論法とは，つぎの関係として示すことができる。

「人を殺した者は，　　　　　死刑……に処す」。（抽象的法規範）
　解釈⇒具体的規範の抽出⇒裁判規範の確定
「ブルータスは，シーザーを殺した者である」。（具体的事実の認定）
　裁判規範の適用⇒要件事実の確定
「ブルータスは，　　　　　　死刑に処せられる」。（法的結論）
　法的効果⇒判決

　このように推論的法的三段論法とは，与えられたことばの意味（法の概念）や要件・効果という論理構造によって文章化された条文から具体的法規範を解釈によって明らかにして，裁判規範を確定し，裁判規範に認定事実を当てはめて，要件事実を抽出し，その結果として導き出される法律効果を法的結論（判決）とする過程をいう。

(2) 三段論法の意義

「法の支配」[8]は，何が法規範であり裁判規範であるかについての決定権を司法裁判所に専属させ，裁判官の判断を法のドグマを基礎とする推論的三段論法に拘束せしめることによって，実現される。つまり，前者は，法の支配の外部に向かったコントロールによって実現される司法権の政治的権力からの独立の確保維持（三権分立）を意味し，後者は，それの内部に向かったコントロール（法のドグマ）によって実現される公正な裁判の確保維持を意味する。このように，推論的三段論法の過程は，近代法の「法の支配」の思想と結びついて，司法の独立と司法の公正を司法の内部から保障する機能を有すると考えられる点に意義がある。

2　法規範構造，法解釈，要件・効果の関係

(1) 法律の条文と法規範

　法律の条文は，規範が要件・効果という規範構造に従って文章表現されているものをいう。ゆえに，法規範は，「ことば」によって構成された条文を解釈することによって明らかにされた具体的かつ実質的な当為（禁止規範・命令規

範）の内容をいう。

(2) 条文——法規範——の構造

条文＝(法律(構成)要件 ＋ 法律(構成)要件 ＋……⇒ 法律効果)

① 法律（構成）要件とは，法律によって規定された一定の事実をいう。
② 法律効果とは，法律によって規定された一定の法的結論をいう。

(3) 要件・効果論

要件・効果論とは，要件に該当する一定の事実（要件事実 α）が充足されると，一定の法律効果（法的結論 β）が生ずるという法的論理構造をいう。

【例題１】
　刑法199条を要件と効果の部分に区分せよ。
① <u>人を②殺した③者は，④死刑又は無期若しくは５年以上の懲役に処する</u>。
　構成要件の部分……①は行為の対象，②は犯罪行為，③は行為主体である。
　法律効果の部分は……④である。

(4) 法解釈

法解釈とは，条文を構成する抽象的な「ことば」に含意される法的意味内容（法的概念）を具体的に明らかにして，法規範を抽出する過程をいう。裁判規範は，この過程を認定事実の中で要件に該当する事実（要件事実）と繰返し対照することで，確定される。

【例題２】
　刑法199条の条文から殺人罪の規範を抽出せよ。
　「①<u>人</u>を②<u>殺した</u>③<u>者</u>は，死刑……５年以上の懲役に処する」（刑法199条）。
　　　（具体的な規範を抽出）↓
　「①殺意をもって（刑法38条）自分以外の生きている自然人」の
　「②生命を奪った（刑法199条）」
　「③14歳以上（刑法41条）の自然人」は，

第2章　法的判断の推論的過程

(5) 認定事実と要件事実

「認定事実」とは，事件や紛争を形成する具体的な事実および要素をいう。「要件事実」とは，認定事実の中で，法律（構成）要件に該当し法律効果を発生させる具体的事実をいう。要件事実は，民事訴訟法上の主要事実と一致する。

(6) 三段論法と要件・効果論の総合

つぎでは三段論法と要件・効果論を総合して，契約に関する抽象的な条文を解釈して明確にした具体的法規範（大前提）に，認定された具体的事実（小前提）を当てはめて（法の適用）要件事実を確定し，法的結論を導く訓練を行う。

(a)　契約が成立するための要件には，つぎのように4つある。

① 当事者

当事者とは，特定の法律関係において，社会生活上の諸利益を享受する権利者（自然人と法人）と拘束を受ける義務者の双方を同時に呼ぶ法律用語である。物権領域では，所有権者，地上権者などである。債権領域では，債権者，債務者，売手，買い手，賃貸人，賃借人などである。

② 目　　的

目的とは，法的保護に値する社会的利益が存する対象をいい，権利の「目的（物）」とか「対象（物）」と表記される。

③ 意思表示

意思表示とは，契約の申込や承諾のように，表意者が一定の効果を意欲する意思を表示し，法律が当事者の意欲した効果を認めてその達成に努力するものをいう。

④ その他

要物行為（物の給付・提供をいう）あるいは要式行為（届出をいう）である。

(b)　契約における要件・効果論とは，民法上の法律要件を充足することで，法律効果としての契約が成立するという法的論理構造をいう。

【例題3】

民法の法律要件のうち成立要件を題材に，売買契約（民法555条）が締結され成立するための要件（契約成立要件）と，すべての要件が充足されて生じる

（法律）効果の部分を，大前提となる民法555条でまず確認する。

売買は，①当事者の一方が②ある財産権を相手方に③移転することを約し，④相手方がこれに対して⑤その代金を⑥支払うことを約することによって，⑦その効力を生ずる。（※⑦は「成立する」と解釈して読み替える）
法律（契約成立）要件：当事者①④，目的②⑤，意思表示③⑥
法律効果：法的結論⑦（売買契約は成立する。）

(c)　要件効果論と推論的三段論法を総合して法的結論を導く訓練を行う。

【例題4】
民法555条（大前提）に具体的な認定事実（小前提）を当てはめて要件事実を確定し，法的結論を導いてみよう。
④上野英樹が，川島不動産㈱に対して⑤代金として3000万円を，三東銀行から借り入れて，⑥支払うことで買い取りを申込み，①川島不動産㈱が，同社所有の②土地と建物を，修理補繕後に，上野英樹に③売り渡すことを承諾したことにより，⑦当該契約は，2006年6月30日に成立した。

〔法律要件〕　〔要件の具体化〕　　　〔要件事実〕
1）当事者　＝売手と買い手　　＝　川島不動産と上野英樹
2）目　的　＝売買の対象と・代金＝　土地・建物と代金3000万円
3）意思表示＝双方の約束　　　　＝　川島不動産の承諾と上野英樹の申込

民法555条によって規定さる売買契約の成立要件が具体的規範として抽出され，これに認定事実を当てはめて，全ての要件を充足する事実が確定される――と同時に裁判規範も確定される――ことで，川島不動産㈱と上野英樹との間で締結された売買契約は，成立した〔法的結論としての法律効果の発生〕。

3　独占禁止法の法規範構造（要件と効果）

独占禁止法の条文は，要件と効果に該当する部分で構成されている。①要件としては，法主体（事業者），行為そして結果（経済学上の外部不経済に該当する部分）である。法的結論としての②法律効果の部分は，独禁法で禁止される類型や，それに対する是正・排除措置として設定されている。

【例題5】

　独占禁止法の私的独占に関する条文を使用して，禁止される私的独占の要件が満足されると，効果として私的独占禁止違反が成立し，公正取引委員会は，私的独占禁止違反を認定すること（要件の充足）によって，その法的結論として事業者に対して是正・排除措置を命じる（効果の発生）プロセスについて検討してみよう。

　(1)　禁止規範の要件
　（独占禁止法3条）
　「①事業者は（→独禁法2条1項），②私的独占（→独禁法2条5項）……を③してはならない。」

　(2)　定義規定の要件・効果
　(a)　独占禁止法2条1項
「この法律において，①『事業者』（効果）とは，商業，工業，金融業その他の事業を行う（要件）者をいう。」
　(b)　独占禁止法2条5項
「この法律において②『私的独占』（効果）とは，㋐事業者が，単独に，又は㋑他の事業者と結合し，若しくは㋒通謀し，その他いかなる方法をもってするかを問わず，㋓他の事業者の事業活動を排除し，又は㋔支配することにより，㋕公共の利益に反して，㋖一定の取引分野（商品的要素・地理的要素など）における㋗競争を実質的に制限することをいう。」
※㋐～㋗が私的独占（法的効果）を構成する「要件」である。
　(c)　日本インテル社事件の事実を例題に，認定事実のうちの何が独占禁止法2条5項の「私的独占」の要件に該当するか，について分析してみよう。
㋐日本インテル（IT）社は，㋖日本国内（地理的要素）のパソコン製造販売有力事業5社との間で，㋓AMD社製およびトランスメタ（TM）社製CPU（演算処理装置）の搭載数量を抑制させ，あるいは，2社との特定CPU製品を含む㋓取引を拒絶させ，その見返りとして割戻金や販売促進費を提供する契約を締結した。これによって，IT社は，㋖パソコン製造販売有力5社との3社製CPU市場（商品的要素）において，㋗同社CPUの取扱占拠率90～100％の維持を達成したことにより，私的独占が成立した（法的効果の発生）。
※認定事実のうち㋐㋓㋖㋗が，私的独占の構成要件に該当する要件事実である。

　(3)　命令規範による排除の効果
　（独占禁止法7条）

第1部　経済法を学ぶための基礎——法と経済——

図表 2-2　独占禁止法の条文構造の例

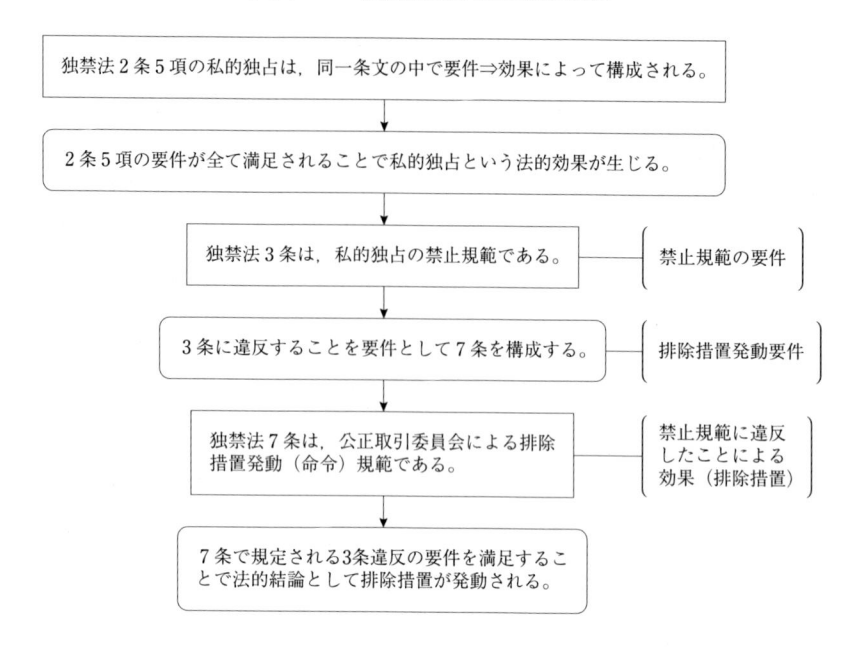

```
┌─────────────────────────────────────────────┐
│ 独禁法2条5項の私的独占は，同一条文の中で要件⇒効果によって構成される。│
└─────────────────────────────────────────────┘
                      ↓
┌─────────────────────────────────────────────┐
│ 2条5項の要件が全て満足されることで私的独占という法的効果が生じる。│
└─────────────────────────────────────────────┘
                      ↓
    ┌────────────────────────────────┐   ┐
    │ 独禁法3条は，私的独占の禁止規範である。│───│ 禁止規範の要件
    └────────────────────────────────┘   ┘
                      ↓
    ┌────────────────────────────────┐   ┐
    │ 3条に違反することを要件として7条を構成する。│───│ 排除措置発動要件
    └────────────────────────────────┘   ┘
                      ↓
       ┌──────────────────────────┐   ┐ 禁止規範に違反
       │ 独禁法7条は，公正取引委員会による排除│───│ したことによる
       │ 措置発動（命令）規範である。        │   │ 効果（排除措置）
       └──────────────────────────┘   ┘
                      ↓
       ┌──────────────────────────┐
       │ 7条で規定される3条違反の要件を満足するこ│
       │ とで法的結論として排除措置が発動される。│
       └──────────────────────────┘
```

「第3条……の規定に③違反する行為がある（禁止の要件に該当する事実が充足される）ときは，公正取引委員会は……事業者に対し……，違反する行為を④排除するために必要な措置（排除措置の効果）を命ずることができる。」

（4）独占禁止法3条（禁止規範）および7条前段と独占禁止法7条後段（命令規範）との関係は，公正取引委員会による排除措置発動の要件と排除措置発動の効果の関係にある。

法律の条文構造は，要件・効果という部分で構成されており，各々の条文は，禁止規定，命令規定，定義規定といった意義をもつ。また，要件と効果の関係は，前記したように同一の条文に規定されているとは限らず，排除措置発動の要件と排除措置発動の効果のように複数の条文に分散されて規定されることもあり，複数の条文間でも成立することを理解しておきたい。

1）「概念」とは，法的意味内容をもつ「ことば」の抽象的論理的集合をいう。

2）「ことば」のもつ意味内容を明らかにすることを解釈といい，条文を構成する「ことば」のもつ法的意味内容——法的概念——を明らかにし確定することを法解釈という。
3）このように，法的判断は，一定の意味をもつ「ことば」によって論理的に構成される法規範のもとで一定の枠内に拘束される。これを，「法のドグマ」という。
4）「文理解釈」とは，ことばや文章による表現の意味を明らかにすることをいう。
5）このように，裁判規範を認識し確定する過程は，予め与えられた法規範の客観的な認識という科学としての法にほかならない。
6）実質的な価値判断とは，価値の主体となる人々に共通な動機が契機となって，より多くの人々よって選択されるであろうことを内実とする。
7）刑法では構成要件事実（訴因）という。民法では（法律）要件事実といい，民事訴訟法では主要事実という。実務では，要件事実と主要事実を同義と解する立場で解説しているので，本書も同じ立場で解説を進める。
8）「法の支配」（Rule of Law）とは，国家権力を法（憲法）によって制限して，人々の自由・権利を保障する内容をもつ近代法の原理をいう。日本国憲法は，これらの機能を発揮する法的根拠を提供する国の最高法規である。

第3章　現代市民法の基礎──民法の働き──

　法律は，法律毎に目的を有し，その目的の実現を常に目指して，強制力の程度そして内容の異なる達成方法を各々規定している。六法で独占禁止法[1]や労働組合法[2]を開いてみると，各法律の条文の1条には，目的規定が置かれている。独占禁止法の目的を達成する手続および方法については，第2部第2章の独占禁止法に関する手続（公正取引委員会と裁判所）の中で解説するが，ここでは，民事・刑事・行政の各分野に分けて列挙してみよう。

　民　　事：損害賠償責任（独禁法25条，民法709条），差止請求（独禁法24条・84条の2）
　刑　　事：刑事責任（独禁法73条1項・89条以下）
　行　　政：排除措置（行政処分；独禁法7条1項・49条），課徴金の納付命令（行政罰；独禁法7条の2・50条），緊急停止命令（独禁法70条の13）

　このように，独占禁止法は，同法の目的を達成するために，民事，刑事，行政の各分野に属する達成方法を有する。
　民法および刑法は，それぞれの分野の専属の達成内容およびその方法が規定される基礎的な法律である。ところが，民法と刑法は，独占禁止法などとは異なり，法律のはじめに当該法律の目的が規定されていない。そこで，第3章は，民事法体系の基礎法である民法の目的や原理・原則などを説明しよう。

1　民法の目的

　市民法（以下では「民法」という）は，夫婦・親子などの身分関係や衣食住などの生活物資の取引関係を規律する目的をもつ私法の基礎法（一般法）である。これに対して，営業に関する組織や商業経済取引に適用するため合理的かつ画

一的な取り扱いを規定する特別法は，商法・会社法という。商法と民法の間には，「特別法は一般法に優先する」という効力適用関係がある[3]。

2 民法の指導原理

(1) 民法の三大原則
　私法（民法や商法）は，個人を国家権力から解放し，基本的人権（個人意思）を尊重する思想を基に，個人に形式的な自由と平等の原理を保障し，個人の自主性自律性の確立を理想とする法の領域を確立した。個人の形式的な自由と平等（当事者能力対等）の原理は[4]，民法において所有権の絶対性（財産権の保障），契約自由および過失責任の三原則に具体化された[5]。この原理・原則による日本の私法領域の近代化は，身分関係においては，個人主義の不徹底が残存しつつ，財産関係においては，個人主義の徹底が「もつ者」と「もたざる者」あるいは「生産者」と「消費者」という階層の分化を生ぜしめた[6]。

(2) 三大原則が資本主義経済にもたらした弊害
　かような状況にあって資本主義経済の発展の結果は，弱肉強食の競争の弊害を社会に出現させた。それは，財産の一極集中による貧困，経済における独占的状態や経済取引活動への自由な参入を許さない実質的な競争を制限する状況（私的独占・不当な取引制限）として現れ，あるいは，規制緩和の名の下に，企業の縦横無尽の活動による生活・労働といった社会および自然環境の破壊や公害といった問題として現れている。

(3) 弊害を生じた原因
　レッセフェール的資本主義経済の弊害（市場の失敗＝外部不経済）が経済取引の延長戦上に，あるいはその周辺に生まれている原因は，民法の個人主義的原理が私法関係の全てに徹底されたものではない点にもあろう。民法は，家族制度の中に「家制度」的な法律関係を残し，経済社会において企業集団とか系列関係といった集団関係に結びついた。かような企業社会は，会社人間をつくり

だし，家庭生活は，勤務先の企業のスケジュールにそってプログラムされていく。家庭生活に必要な物品を系列企業から購入し，預金などの金融機関の利用も系列銀行で行うといった，自分の頭で考えないベルトコンベアー的生活が，平成不況前までの日本社会では，当たり前のことのようにごく普通に行われていたのである。

本来，経済取引社会のあり方や内容は，需要と供給によって決定されるべきものであり，その決定権者たる当事者は，生産者と消費者とされる。[7]

企業は，民法の非近代的な側面（家制度的機構の残存する家族制度）と近代的な側面（民法の三原則）を利用して，企業本位のルールと集団（企業エゴ）をつくりあげ，経済取引社会の単独の決定権者たる独占的地位を確立した。他方で，個人は，家庭生活における非近代的な側面から脱しきれず，企業の論理に縛られ，個人の連帯としての一般消費者の意思の確立の認識に乏しかったといわざるを得ないであろう。それは，一般消費者が経済取引社会の決定権者としての一方当事者の地位を確かなものとなし得なかったという社会のあり方に結びついている。近代的側面と非近代的側面の混在する民法によって形成された日本の私法関係のあり方は，個人を一般消費者あるいは労働者という階層の中で堅く結びつける連帯規範の誕生を導き得なかった原因の1つと考えられる。

3 弊害発生の予防と損失補塡の達成方法

(1) 民法による達成

日本の民法は，主に，家族関係や取引の当事者関係において生じた紛争を内部解決するための規範として制定されている。したがって，経済取引や労働関係において間接的に生じ，あるいは生活環境において直接生じると予想される弊害を予防する規定は，きわめて少ない。[8] 実際に生じた弊害を除去・是正し，損害の補償を塡補させようとする民法の規定は，たとえば，民法1条の信義誠実の原則・権利濫用の禁止規定，民法1条の2の個人の尊厳と本質的平等の原則（この規定は解釈指針であり直接の救済是正規定ではない），民法90条の公序良俗違反無効規定，民法197条乃至200条の占有の訴，民法202条に基づく本権の訴，

民法709条以下の不法行為責任に基づく損害賠償請求に関する規定そして民法723条の原状回復規定などである。これらの規定のうち，現在，経済取引の当事者以外の第三者で損害を被った者が，民法で是正・救済を求め得る直接的具体的規範は，709条の事後救済規定と解されている[9]。しかし，709条の法律要件と効果の間の証明は，原告が証明責任を負う厳しい因果関係論によって支配されている。また，一般的抽象的な規定と解されている民法1条および90条は，紛争解決に適用することを控えるべきとされ，占有・本権の訴は，物的支配の要件が適用の障害となる。それゆえ，これらの規定は，環境悪化，健康被害そして経済損失といった市場の失敗を原因とする根本的な予防や救済に，十分な法的機能を発揮してはいない。

(2) 社会法による達成

国民の付託による近代国家は，貧困の救済や社会資本の充実に向けて，公共の福祉の理念の下に，法の裁量手続によって財産の再分配や社会資本の適正な配置を行ってきた。他方，行き過ぎた近代資本主義経済取引の弊害（財産の私的側面に過剰に傾いた振り子によって生じた労働問題，取引上の弊害＝私的独占，不当な取引制限など）の予防および是正は，国家が私法と公法の交差する領域に位置する社会法を制定し，担当機関がその法を適用し直接介入して規制することによって行われる。かような国家観を福祉国家という。借地借家法（民法の特別法），労働法[10]・社会保障に関する法律・独占禁止法[11]など（社会法）は，各分野において，人権としての財産権の社会的側面を重視した指導原理および達成方法を有している[12]。

【民法の基礎用語とその内容】

(a) 民　法

民法とは，人間の社会生活および取引上の規範をいう。言い換えれば，社会生活において，権利（義務）の主体・客体・法律要件，法律効果および効力を確定する際に適用される体系化・類型化された具体的判断基準としての法規範をいう。

(b) 権　利

権利の定義は，大きく3つに分類できる。人の意思を基礎とする説，意思では

説明がつかず利益とする利益説，2つの説の考えを併せもつ折衷説である。しかし，これらの説のそれぞれの表現は異なっているので，3つの説の中の代表的な定義をあげることとする。F. C. サヴィニーは，権利を人と人との関係において「具体化した意思の力」と定義した。R. イェーリングは，明確に権利を「法的保護に値する社会生活上の諸利益をいう」とした。この2つの定義が，民法709条で規定されている。川島武宜教授は，「権利とは，自律的人格を有する個人が，利益をめぐって対抗関係が存在するなかで，その個人的利益を守ろうとする場合に，社会において発生し貫徹される現実的意思の力をいう」と定義する。

① 権利には，人格権，財産権として物権・債権，知的財産権ほかがある。
② 民法の物権と債権の違いを明らかにすると，「物権」とは，物を直接排他的に支配（使用・収益・処分）できる権利をいうし，「債権」とは，債権者が債務者に対して一定の行為をするよう請求できる権利をいう。

(c) 義　　務
義務とは，権利に対応する法的拘束をいう。

(d) 法律関係
法律関係とは，人間の社会生活および経済取引において生じる権利義務関係をいう。
① 当事者の意思表示によって生じる法律関係としては契約があり，民法は13種類の典型契約（民法549条以降）を定めている。
② 当事者の意思に基づかずに生じる法律関係には，相続（民法882条）ほかがある。

(e) 権利の主体
権利の主体とは，社会生活上の諸利益を享受する人（自然人と法人）を意味する（特定の法律関係においては，権利者および義務者の双方を同時に呼ぶ法律用語として「当事者」と呼ばれる）。
① 物権領域としては，所有権者，地上権者などがある。
② 債権領域としては，債権者と債務者，売り手と買い手，賃貸人と賃借人などがある。

(f) 権利の客体
権利の客体とは，法的保護に値する社会的利益が存する対象をいい，権利の「目的物」とか「対象」と表記されることもある。権利の客体の態様は，次のとおりである。
① 人格権の客体は，権利者自身である。
② 財産権の客体は，物権関係では有形財，債権関係では他人である。

③　知的財産権の客体は，発明・意匠・商標・著作物や芸術ほかである。
　(g)　民法上の法律効果
　民法上の法律効果とは，法律要件を充足することによってもたらされる権利の発生・変更・消滅をいう。
　(h)　法律効力
　法律効力とは，法によって，法律効果の何をどの範囲にどの程度にまで及ぼすことができるかということである。

1）　六法とは，憲法・民法・刑法・商法・民事訴訟法・刑事訴訟法の6つの基本法をいい，これを語源として，法令を収録した書籍収録集を「六法」と呼称するようになった。
2）　独占禁止法は，「私的独占の禁止及び公正取引の確保に関する法律」の通称であり，独禁法は，略称である。
3）　我妻栄『民法講義Ⅰ〔新訂版〕』（岩波書店，1965年）1-6頁。
4）　法学者H. J. S. メインは，当事者能力対等の原理が前提（形式的な自由と平等の確保）とされる近代市民法において，人々が自由に法律行為を行うことができることを「身分から契約へ」と表現する（民法1条・1条の2・91条）。「法律行為」とは，意思表示を要素とし，その要素である意思表示（が法律要件に該当すること）によって，当事者の意欲したところに，ある一定の法的効果を発生させようとする行為をいう。
5）　契約自由の原則は，第一段階として契約の相手方を選ぶ自由（当事者選択の自由），第二段階として契約の内容を決定する自由（契約内容決定の自由），第三段階として契約方式を決定する自由（契約方式決定の自由），最終段階として契約を締結する自由（契約締結の自由）という四段階の内容を有する。
6）　我妻栄，前掲注3），7-12頁。
7）　A. スミスは，経済取引のあり方や内容は，需要と供給という「神の見えざる手」の予定調和の理論によって決定されると述べた。
8）　我妻栄，前掲注3），11頁。
9）　原島重義「わが国における権利論の推移」『法の科学』4，（日本評論社，1976年）60-100頁，「競争秩序と民法」『久留米法学』30号（1997年）49-52頁を参照。
10）　労働法という法律は存在せず，労働関係調整法，労働基準法，労働組合法の労働三法を総称していう場合がある。
11）　社会福祉に関する法には，社会福祉法，健康保険法，雇用保険法そして生活保護法などをふくむ。六法の社会法の欄を参照のこと。
12）　社会法の成立根拠および現代的課題については，第1部第5章1の社会法において解説しているので，参照していただきたい。
13）　川島武宜『民法講義第一巻』（岩波書店，1951年）46-47頁。川島説は，この文献に掲載された内容を筆者がまとめたものであることを，お断りしておく。

第4章　現代刑法の基礎

　独占禁止法の目的を達成するため，独禁法に違反する行為に対して，民事・刑事・行政の3つの分野に属する執行方法があることを示した。第4章では，現代刑法理論の基本原理および犯罪認定過程を概略しておきたい。

1　現代刑法の目的と機能

　日本国憲法が保障する基本的人権の尊重（憲法11条乃至13条）は，憲法31条の罪刑法定主義を刑法規範によって体系的に具体化することによって保障される[1]。刑法は，法によって保護される個人の利益を明らかにし（刑法の法益保護機能），何が犯罪となるか（犯罪の法律・構成要件[2]）を定め，犯罪に対する規範的な評価（刑罰）の種類と量（法律効果）を明らかにし（刑法の評価機能），処罰の限界（刑法の決定機能）を明確にする（罪刑法定主義という）ことで，恣意的な刑罰の判断および執行によって国民（犯罪者を含む）の基本的人権が奪われないように保障し（刑法の人権保障機能）[3]，もって社会秩序の維持・発展を図ることを目的とする実体法である。刑法の評価機能および決定機能が働くことは，犯罪の発生を抑止し予防することに結びつく（刑法の犯罪規制機能）。刑法の法益保護機能および人権保障機能は，社会構成員相互の関係を安定化する機能を有する（社会秩序維持・発展機能）[4]。しかし，刑法の本質的な性格は，違法な行為を国家権力の刑罰行使による威嚇という形式をもって抑止しようとする最も強力な法的規制手段である。したがって，他の民事的な予防・救済や行政的制裁によって，各種の法益が保護されるのであるならば，刑法の行使による刑罰の執行は控えられるべきで，行使しなければならないときに行使し執行すべきである（刑法補充性の原則という）。刑法の目的は，刑法自身のもつこれらの機能が過不足なく働くことによって達成される。

2　犯罪の認定過程と刑罰の軽重判断——罪刑法定主義理論の体系——

　犯罪の認定過程を図表4-1によって説明し，あわせて刑法の基礎用語も簡潔に解説することにしよう。
　ある事件で行われた行為を刑法上の犯罪と認定するためには，つぎの立証過程[5]が必要とされる。まず，行為に構成要件的故意（犯意）[6]あるいはその過失[7]が認定され，特定の犯罪の構成要件該当性[8]が充足されると，当該行為は，特定の犯罪の実行行為[9]と認定される。この実行行為は，違法性[10]を有すると推定されるから，違法性阻却事由[11]が認定されなければ，その実行行為は，違法性を充足するものとして確定する。さらに，違法な犯罪（実行）行為は，主観的要素としての責任能力（有責性）[12]・故意[13]・過失[14]を充足することで，犯罪として成立する。犯罪は，このように行為と責任の同時存在を立証する過程を経て成立するのである。刑罰の軽重の判断は，犯罪の結果（法益侵害の程度）だけでなく結果発生に至る犯罪行為の過程（態様・程度）や犯罪者の人格（形成過程含む）を斟酌して行われる。この判断姿勢は，「自ら非難に価する行為によって生じさせた結果の範囲を超えて刑罰を科せられることはない」とする責任主義を基礎とする。「責任なければ刑罰無し」という公式は，刑法38条1項の「罪を犯す意思がない行為は，罰しない」[15]という責任主義の原則規定において具体化されている。このように，責任主義は，罪刑法定主義とともに重要な刑法の指導原理に位置づけられている。

1）　刑法犯罪の成否は，構成要件該当性，違法性，有責性という三段階の過程で要求される各要件を証明することよって行われる。詳細は，専門課程による解説で学習していただきたいが，つぎの2節では，独禁法の学習に必要な範囲で犯罪の成否を認定する過程について概略する。
2）　「犯罪」とは，刑法の条文に規定された犯罪の構成要件に該当し，違法性かつ有責性を充足する実行行為（後掲注9）参照）をいう。
3）　F.リストがいう「刑法は犯人にとってのマグナ・カルタである」の意味は，このような意味として解される。
4）　刑法の法理自身のもつ機能は，刑法解釈の重要な規準を提供する。さらに，それは，

第1部　経済法を学ぶための基礎——法と経済——

図表 4-1　犯罪成立を認定する過程

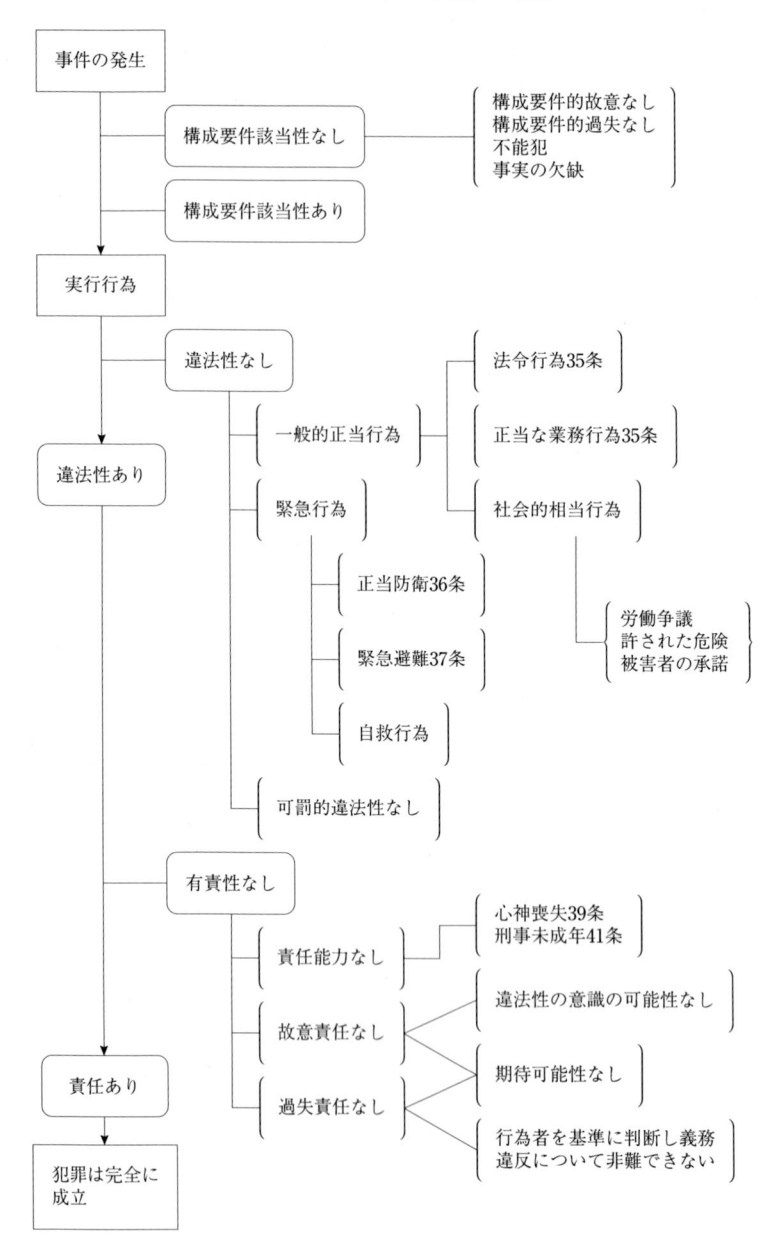

```
事件の発生
 ├── 構成要件該当性なし ──── 構成要件的故意なし
 │                          構成要件的過失なし
 │                          不能犯
 │                          事実の欠缺
 └── 構成要件該当性あり
         │
         ▼
       実行行為
         ├── 違法性なし ──┬── 一般的正当行為 ──┬── 法令行為35条
         │               │                   ├── 正当な業務行為35条
         │               │                   └── 社会的相当行為 ──┬── 労働争議
         │               │                                        │   許された危険
         │               │                                        └── 被害者の承諾
         │               ├── 緊急行為 ──┬── 正当防衛36条
         │               │              ├── 緊急避難37条
         │               │              └── 自救行為
         │               └── 可罰的違法性なし
         └── 違法性あり
                │
                ▼
            有責性なし ──┬── 責任能力なし ──── 心神喪失39条
                         │                    刑事未成年41条
                         ├── 故意責任なし ──┬── 違法性の意識の可能性なし
                         │                  │
                         └── 過失責任なし ──┼── 期待可能性なし
                                            │
                                            └── 行為者を基準に判断し義務
                                                違反について非難できない
            責任あり
                │
                ▼
          犯罪は完全に
          成立
```

30

犯罪を結果の側面だけでなく行為の側面からも判断すべく，行為の態様の違法性の有無を要求する重要なファクターとしての機能を有する。犯罪を結果の側面から判断する立場を「結果の無価値」といい，犯罪を行為の態様の社会的不当性の側面から判断する立場を「行為の無価値」という。犯罪の認定や刑罰の判断は，現在この両面から行われている。

5）「行為」とは，「意思によって支配可能な社会的意味のある身体の外部的動静をいう」。「作為」が人格の主体的現実化たる身体の動静とされる限り，行為は，積極的な作為も消極的な不作為も含む。「不作為」とは，期待された作為をしないことである。

6）「構成要件」とは，違法かつ有責な行為の類型をいう。個々の罪の構成要件は，刑事上の違法かつ有責な行為の法的犯罪類型を形成するので「犯罪定型」ともいう。

7）「構成要件的故意」とは，構成要件的要素である事実および結果を表象し意欲・認容した場合をいう。「構成要件的過失」とは，同上の事実および結果を表象したが認容しなかった場合で，結果発生を回避する注意義務に反する行為が認められる場合をいう。この2つの要素は，人の命を保護法益とする故意犯の殺人罪と過失犯の過失致死罪という犯罪類型を個別化する根拠（主観的要素）となり，さらに刑事裁判に際しての犯罪定型を特定しその罪刑の軽重を選択する際の機能性を有する。

8）その行為が犯罪の結果をもたらす現実的危険性のある場合を「構成要件該当性あり」といい，ない場合を「構成要件該当性なし」という。

9）「実行行為」とは，構成要件的結果をもたらす現実的危険性のある行為をいう。

10）「違法性」とは，社会倫理秩序たる全体の法秩序に反することをいう。

11）違法性阻却事由は，社会において具体的な諸々の態様として存在するので，条文の中に定型的に規定することはむずかしい。社会的な相当行為としては医療行為，高速鉄道運転行為などがあり，違法性を否定する要素（を含む行為）は，非定型とされる。違法性阻却事由は，構成要件該当性自体を否定する事由ではない点を注意しなければならない。

12）「責任＝有責性」とは，反規範的人格に対する非難ないし非難の可能性をいう。刑法は，罪刑法定主義と責任主義の二大原理に支えられており，有責性は，責任主義の「責任なければ刑罰なし」を具体化したものである。

13）犯罪事実を表象し意欲した場合を「故意」といい，表象し認容した場合を「未必の故意」という。「故意犯」とは，犯罪に該当する事実を表象し意欲あるいは認容しつつ犯罪行為を実行した直接的な反規範的人格態度が行為者に認められる場合をいう。

14）「過失犯」とは，犯罪に該当する事実を表象するも認容せずに，故意なき行為者がその行為による結果を予見し結果の発生を回避するための通常要求される注意義務を行わなかったため結果が発生したという，間接的な反規範的人格態度が行為者に認められる場合をいう。

15）刑法38条の1項は，口語体に改められたが，かつてはカタカナの旧仮名遣いで「罪ヲ犯ス意ナキ行為ハ之ヲ罰セズ」とされていた。この規定の背景には，フェイエルバッハのいう「法律なければ犯罪なし」「法律なければ刑罰なし」という罪刑法定主義による刑法の内部的側面からの人権保障という思想がある。

第5章 現代経済法の法律学的成立基盤

1 社 会 法

(1) 公法・私法・社会法

ここでは，経済法を学習する上で必要とされる公法・私法・社会法——実際には，私法と公法との間の分類は必要なのかという根本的な問題が指摘されているが——の内容を説明しよう。

(a) 公法と私法

公法とは，国家の権力機構を基礎として，国家相互の間・国家と地方公共団体との間・地方公共団体相互の間の関係，国家あるいは地方公共団体と個人の間の関係を規律する法で，並びに国家若しくは地方公共団体の組織・行為を規定する法をいう。私法とは，非国家権力機構を基礎として個人相互の間の対等な関係を規律する法をいう。この説は，理解しやすい分類とされている。しかし，国家あるいは地方公共団体と個人の間の関係を対等な関係として規律すべき場合もあり，公法あるいは私法のどちらによって規律するかについては，明確ではない。公法によるべきか私法によるべきかについての判断は，国家あるいは地方公共団体と個人の間の関係を規律する対象（目的，客体）は何かによってしなければならない。

この問題を社会生活における健康や安全の確保維持という視点から検討し，明らかにしてみよう。健康や安全の確保維持は，環境についての社会資本の整備によって図られる側面がある。電力施設の建設およびそれの供給，下水処理施設の建設およびそれの回収などは，費用と利益の均衡を保ちつつでは行い得ない莫大な費用を要する場合の代表例である。福祉国家は，個人相互の間の平等を維持しつつ，個人に最適な資源配分をおこなうべく採算性を度外視した特

第5章　現代経済法の法律学的成立基盤

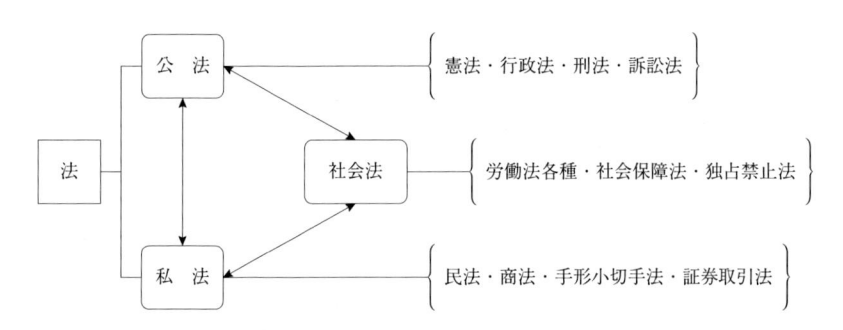

図表5-1　公法・私法・社会法の関係図

```
                公 法  ─── { 憲法・行政法・刑法・訴訟法 }
              ↗   ↕
          法          社会法 ─── { 労働法各種・社会保障法・独占禁止法 }
              ↘   ↕
                私 法  ─── { 民法・商法・手形小切手法・証券取引法 }
```

有の事業の経営や施設の管理が求められる[2]。電力供給に関する法や下水道の供給に関する法は，この分野における行政特有の取り扱いを規定した法であり，私法とは異なる公共の原理が働く公法の一つに位置づけられる。これに反し，「行政が営利ないし独立採算を旨として行う経済的経営活動に関する法[4]は，行政作用に係わるとはいえ，私法（民商法）と共通の原理にたつとみられるから，公法ではなく，行政に関する特殊な私法規定（私法の特別法）と性格づけられ[5]，これらの法の適用される関係は，通常の民事法関係と同質のものと扱われている[6]」。公法と私法の分類は，産業革命の初期までは，私法原理（個人の意思の合意）を基準にして，比較的区分しやすいものであった。日本国憲法の下にある権力の淵源（えんげん）は，民主主義の原理に立脚した主権在民の国民の意思に由来する。権力を行使する行政が国民に対し優位した地位に立つとする根拠は，どこにも存在しない。行政が国民に優位するのは，社会福祉国家を実現するため，公法・私法の二元論の機能する下で，法律によって個別・具体的に権限を与えられた限度にすぎない。したがって，分類そのものも内容も，現代福祉国家においては変化せざるを得ない[7]。上記図は，これらの法の関係を整理したものである。

(b)　社会法の制定

近代私法原理の所有権の絶対性と契約自由の原則[8]は，人々および財産を絶対（封建領主の）権力から解放した。自由な意思の現実化として財産の自由かつ対等な取引（経済活動）が保障された結果，人々は，商品交換の担い手（抽象的法

33

主体）として形式的な自由，平等，独立を獲得した。A. スミスの夜警国家論を基礎とする自由市場経済が，財産権の保障および契約の自由によって発展すると，人々は，「もつ者」と「もたざる者」——「使用者」と「労働者」，「生産者」と「消費者」——という階層（hierarchy）に属する具体的な法主体として存在するようになった。形式性・抽象性を本質とした市民法の原理は，実質的な自由・平等・対等性の実現を軽視あるいは無視する性格をもつ資本主義経済においては，企業資本の量の論理によって自由の拘束・不平等・非対称性に転化する性格を潜在的に有していた結果である。19世紀末には，雇用契約および労働条件について労使の交渉は，労働者が使用者（企業）に一方的に従属するという力の格差として現れ，また独占資本主義市場では，市場機構の調整機能の不全が弱肉強食の競争による弊害を生ぜしめた。労使間の対等性を実質的に確保し労働者の権利と利益を保護するためには，労働者の権利を具体的に団結権・団体交渉権・争議権として保障することが急務であった。国家は，それを実現するため労働法を定めて労使間の対抗関係に介入する必要があった。市場独占とか実質的な競争制限といった弊害を除去し，公正かつ自由な競争秩序を回復するため，私法原理による市場取引の領域に，国家が独占禁止法を定めて介入する必要があった。労働法・経済法・社会保障法といった社会法は，この公法と私法の交錯する領域に成立した法をいう。経済法——市場経済政策立法——の中心に位置する独占禁止法は，私法分野の民法，公法分野の刑法・行政法が混在する性格を有する国家的規制の法である。

(2) **社会法の現代的課題**——自律的人格としての財産権の再構成——

社会法に共通する普遍的な要素は，自由な人格が有する人の尊厳や生存権であり，それが社会的権利として保障される実質的なあり方は，具体的な社会的活動の領域において異なる。それでは，社会法は，どのような観点から再構築され実際に生じた問題に適用されるべきなのか，ということが課題となろう。筆者は，この課題について詳細に検討していないが，人間の尊厳を認識し確保し，人格の自由を社会の発展に結びつけるという理念に基づいて，労使関係や経済取引関係を検討するため，その根底に存する財産権の保障の意義を，人権

としての財産権の諸機能性という観点から述べておこう。

　人権としての財産権の諸機能性という観点から財産権の保障の意義を述べると，次のようにいえるであろう。まず，人権には，生命，健康，安全といった人間の生物的生存にかかわる根本的で重要な価値を有するものがある。この内容をもつ人権自体は，最も憲法的価値があり，つぎで分類する自律的人格を支える「人権としての財産権」より優先する。

　財産権を保障する意義とその対象は，第一は，自律的人格を支えるための物理的前提を提供する「人権としての財産権」であり，第二は，資本主義制度を維持するための「制度的保障の反射的利益としての財産権」である。第一の「人権としての財産権」は，第二の「制度的保障の反射的利益としての財産権」に優位する。棟居快行教授は，財産および財産権を，自律的人格を支える「道具」として機能化し，保障の第一の意義をつぎのように明らかにしようとしたのである。

　財産権概念に含まれる道具的諸機能は，自律性の要素に対応したつぎの5つの機能である。①精神的自由を中核とする人格的自由に対して物理的な外壁を形成し，財産法に基づく妨害排除機能によって保護機能を果たす（自由を保障する機能）。②平等な人格的自由を各人が思い思いに展開させるという人格の自由な発展に，機会資源を提供する機能と機会資源の平等なアクセスを保障する機能を含む──自由競争の確保を志向する「社会権的経済基本権」もこの契機の現れである──（機会均等を保障する機能）。③経済的生存を自力で果たすための営みや蓄えを保護する（自助的生存を保障する機能）。④人格的自由の行使一般という労働の成果の帰属を保障する（労働成果の帰属を保障する機能）。⑤財産権について指摘される社会的関連性から，政治・社会的過程への利害関係人としての具体的参加の糸口を保障する（政治・経済社会秩序の形成過程への参加を保障する機能）。財産権が人権として保障される根拠は，「憲法上の『財産権』概念」が自律的人格を支えるこれら5つの諸機能を全て含むと考えられるからである。これら財産権のもつ諸機能性を法制度として市民法の中において具体化したものが，私的財産権といえるであろう。

　P. サミュエルソンおよびG. S. アレキサンダー両教授は，財産権の①の機能

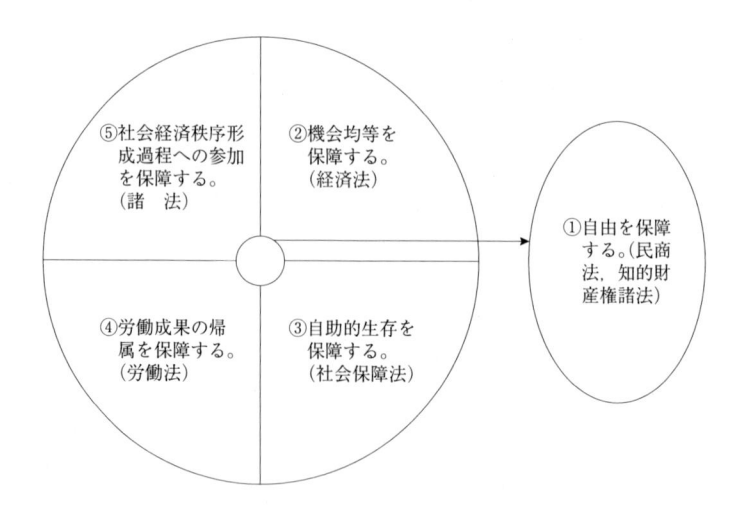

図表 5-2　財産権の諸機能性の体系

- ⑤社会経済秩序形成過程への参加を保障する。（諸　法）
- ②機会均等を保障する。（経済法）
- ④労働成果の帰属を保障する。（労働法）
- ③自助的生存を保障する。（社会保障法）
- ①自由を保障する。（民商法，知的財産権諸法）

を個人の選択の意思を最も効果的に満足させる交換機能を有する点から Commodity（商品性）として捉え（財産権の私的側面），②〜⑤の機能を適正な社会〔財産〕秩序を創造し維持するための重要な基礎を提供する点から Propriety（社会経済的秩序）として捉える（財産権の社会的側面）。財産権に対する考え方の論争は，この2つの側面のうち，どちらに論理のウェイトを置くかという歴史的な展開であったといえる（合衆国の法思想史上の弁証法的論理展開）というのが，財産権理論についての最近の研究成果の1つである[17]。

(3) 労 働 法

自律的人格としての財産権の再構成という観点から，労働法，経済法そして社会保障法の現代的課題およびこれらの法の相互関係を検討する。

(a) 労働法の基礎

市民法（民法）の法主体は，形式的・抽象的な自由・平等・対等性をもつ存在としての「人」である。これに対して，社会法の主体は，階層分化の進んだ市民社会や経済社会において具体的な特殊部分社会（集団）に属する「人」である。労働法は，法体系の中の社会法に属する。労働法が適用される対象は，

資本主義的生産構造の労働雇用関係において登場する「使用者」と「労働者」という2つの社会的階層である。[18]「使用者」と「労働者」の関係は，財産資本を「もつ者」と「もたざる者」という関係として，実質的な不平等，不自由および地位の格差を基礎として成り立つ雇用および労働過程における具体的（経済的・人格的・組織的）な支配・従属関係（「労働の従属性」という）であると説明されてきた。[19]雇用労働に従属性が存在する点は，経済不況に遭遇している時代にあっては顕著になるように思われる。つまり，技術が進歩しハード面の労働システムが効率的になっても，雇用関係，労使間の個人の人的関係（ソフト面の労働システム）については一向に進歩がないままなのである。

(b) 労働法の意義

憲法28条の労働基本三権に基づき，労働法は，労働者の団結権・団体交渉権・争議権を規定し，労働者の団体（組合）活動を通して，実質的な対等による自由な契約と労働経済環境の維持確保を目的とし，一定の成果を上げてきたのである。その反面，日本型資本主義システムの典型とされた終身雇用制，年功序列構造，企業内発明に対する低評価（企業による発明のフリー・ライド），許認可行政による経済構造の護送船団方式などが，[20]労使の人格の尊厳や実質的人格の自由な発展を阻害してきたことは否定できない。

1990年代にはじまった労使協調路線は，企業内組合を解体あるいは全く機能しない親睦団体化する事態となっている。その結果，勤務に適する労働環境についての労働者の請求窓口はなくなり，企業の人間性を無視した過剰な効率性の追求から，職場では，リストラという名の適法な事由のない解雇，代替休日なき休日出勤の黙示的強制，職場内いじめ，残業手当なきサービス残業，就業時間の延長，過剰労働の強制，過労死など，人間の尊厳や人格の自由な発展という理想とはほど遠い事態が生じているのである。組合は，このような事態への対応機能を弱体化するか，あるいは全く有せず，むしろ使用者側のかような事態を幇助し，不当労働行為に加担し共同実行し，あるいはその行為を事業者に代わって実行するまでになっているという。[21]

(c) 労働法の現代的課題——その理念——

それでは，労働法は，どのような観点から何を再構築し適用すべきなのか。

筆者は，この問題について労使関係の根底に存する財産権の保障（人権としての財産権の諸機能性）という観点から述べておこうと思う。

労働者は，自らの人格能力と創意工夫を発揮することにより，人格的自由の行使として労働成果の帰属（正当に評価算出された労働報酬の受取り）が保障され（④の機能），当事者としてあるいは利害関係人として労働社会秩序過程に参加し貢献することが可能となる（自律性および道具的機能のうち⑤の機能）。これらは，労働者の自由な人権主体としての個人の尊厳，人格能力の自由な発展という内容をもつ権利として言い換えることが可能であろう。財産や財産権には，労働者のこれらの権利を実現する機能が含まれているのである。

1990年代に組合という団体が，有名無実となり，労働者個人が主体とされる尊厳，労働者人格・能力の発展および労働者の生存に関する権利の実現は，遠いといわざるを得ないものと思われる[22]。

労働者の文化的な生存の権利を具体的かつ実質的に実現し維持し確保するためには，「人権としての財産権」の視点から，労働法を再検討し法解釈し個別の事案に適用する具体的な作業が必要であろう。つぎに，制度破綻してしまった労働組合の存在理念や組織構造を，「人権としての財産権」を実現し監督するための組織・制度として再構築する必要があろう。これは，労働法分野において，重要な現代的課題に位置づけ得るものと思われる[23]。

(4) 経済法（独占禁止法）——その理念——

社会法の基本理念が文化的「生存権」，「自由人権主体としての個人」の尊厳や「人格の自由な発展」の権利であることは，(2)で述べた。労働法は，この3つのうち「生存権」の原理を基本理念とし，他の原理を軽視してきた（ことで「文化」の脱落する）傾向があることも既に指摘したとおりである。

「身分から契約へ」という法の世界は，従属的身分関係の拘束から解放され，形式的抽象的な自由・平等・対等独立性が保障された人々によって形成された市民社会を意味する。個人は，財産権の保障と契約の自由を活用し，市民社会を社会的分業制に基づく商品生産社会である自由・放任主義的（レッセ・フェール）経済社会として構築した。自由主義経済の取引は，流通機構として構築

された市場の「神の見えざる手」によって行われる。これが A. スミスの夜警国家による予定調和である。自由主義経済は資本を基礎に巨大化し，その結果として構築された資本主義経済社会は，「もつ者」と「もたざる者」の階層分化を顕著にした。形式的な自由・平等・独立性を実質的に保障するため，労使関係においては労働法が，経済活動においては経済法（独占禁止法）が制定されて，国家は，私法関係に介入せずという国家形態から，実質的な自由・平等・独立性を保障するため，国家が積極的に介入する国家形態へと変化した（これを「近代福祉国家」という）。

経済法は，商品・サービスの一定の取引分野（市場）において経済活動を行う事業者の一群（特殊な部分社会に属する中小・大規模事業者・事業者団体・消費者など）を法主体とし，これらの法主体の活動（組織構造・行為）を規制の対象とする。経済法のなかでも独占禁止法は，「市場における事業者の公正かつ自由な競争秩序維持→事業者の創意工夫→消費者の利益保護の理念の下に，事業者とくに中小事業者や個人事業者を含めて事業者の創意工夫と『人格の自由な発展』のために，市場支配者（独占・寡占事業者）から不当に『公正かつ自由な経済活動』を行う権利を奪われない自由を強調[24]」することにある（独禁法1条）。経済法は，人権としての財産権の道具的機能を社会権的経済基本権（②と⑤の機能）として具体化しているのである。

(5) 社会保障法
(a) 社会保障法成立過程の概略

工業生産の拡大は，物的資源だけでなく，人的資源（労働力）の維持，確保も求めた。一方，「もたざる者」は，生活の糧を得るために，自らの能力を資源として分業労働に従事し反対給付として賃金を得ることで応じた。産業革命による生産手段の進歩は，生産の効率性を飛躍的に高めた反面，労働者を常に障害の危険と同席させたのである。労働者は，障害をうけた瞬間から，自分のみならず家族の生活の糧を失った。産業革命以後，科学技術の開発による社会の発展は，許された危険の法理の導入とともに，労働者に対して，ますます危険性の高い業務に従事することを余儀なくさせた。労働災害に遭遇した労働者

の生活を保障する制度が必要とされるようになったのである[25]。

　1900年代はじめの国家は，私的関係に介入せずの前提を維持し，専ら民間人による慈善事業（ボランティア）で対応していたにすぎなかった。しかし，1920年代の大恐慌を境に，アメリカ合衆国は，ニューディール政策の一環として社会保障に取り組みはじめた。欧米諸国の政府は，私法関係では十分に対応しきれない生存権による人権保障と人的資源（労働力）の確保・維持そして再生の観点に立って，法制化された労働災害の救済制度，つづいて傷病制度についての運用を担うこととなった。社会保障制度は，さらに法主体の普遍化（部分的特定社会人——社会的弱者——が社会的多様化によって各層の自律的社会人へ移行）やその内容の拡大（生活保障給付→社会復帰プログラム給付→介護制度等への拡大）を繰り返す過程を経て，社会法体系の中で制度化され確立してきている。

　日本の国家が社会法体系の一環として近代社会保障制度に取り組みはじめたのは，第二次世界大戦後の日本国憲法のもとで民主主義，基本的人権の尊重が宣言された後のことである[26]。社会保障制度は，現在，社会保障の主体・内容の拡大そして国家財政の逼迫を原因として，国家制度としての維持が困難になりつつあるとされ，規制緩和政策によって，民間への移行や民間委託が行われつつある。このことは，社会保障の理念に影響を与え，法制度も様々な角度から検討され再構築（という名の一部改悪が実行）されてきている。

(b) 社会保障法（制度）の異同

　当初，学説は，「社会保障とは，国が，生存権の主体である国民に対して，その生活を保障することを直接の目的として，社会的給付を行う関係である」[27]と解して，社会保障制度における国家と国民との関係を給付の主体と給付される主体という一方通行的な給付の当事者関係として捉えた。それは，日本国憲法25条の生存権を法的根拠とする給付制度のシステムであった。

　日本経済は，戦後50年で飛躍的な発展を遂げたが，1993年報告[28]および1995年勧告[29]において，社会保障の給付対象となる人間像は，「弱者」という給付保護対象者だけでなく，むしろ経済社会に積極的に復帰する意欲をもった自律的人格の個人像を中核としたものとして捉えられてきてもいる。再構築後の社会保障の当事者は，国家と国民，さらに国民相互，国民と地域・職域へと拡大し，

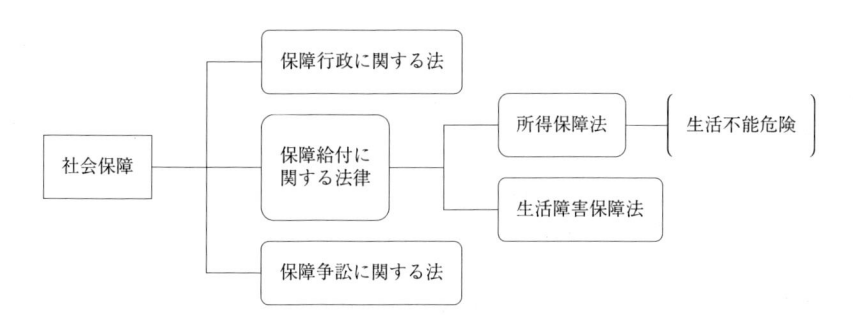

図表 5 - 3　社会保障法の体系

```
                  ┌─ 保障行政に関する法
                  │
                  │                    ┌─ 所得保障法 ─── 生活不能危険
社会保障 ─────────┼─ 保障給付に ──────┤
                  │   関する法律        └─ 生活障害保障法
                  │
                  └─ 保障争訟に関する法
```

後者の二つの場合には、国家は、社会保障を実行する責任主体としてではなく、管理責任者としての地位に移行する（社会保障における国家の地位の相対化）[30]。

(c)　**再構築される社会保障法の理念**

　社会保障の法主体および内容の拡大と多様化は、現在では、高齢者対象住宅の保障領域およびその環境水準の確保も、保障の中に組み込むべきと表明されるまでに至っている。再構築される社会保障は、日本国憲法25条の生存権と並行して、自由な人格に基づく個人を基礎としその特定社会人的連帯つまり「憲法上、あえていえば、25条2項（の社会福祉・社会保障）あるいは29条2項（を）規範的根拠（として）見出し得ることによって確立する」と考えられている[31]。重化学工業から情報科学技術の時代へと移行し、少子化・高齢化へと向かう社会は、経済法、労働法および社会保障法の歴史上で、物的資源だけでなく、人的資源（労働力）の維持、確保そして再生が求められるとする点ではじめて一致したのである。最近では、社会保障の法理念である生存権の理念を人間の尊厳から捉え直そうとするものや、社会保障法の目的を、自律した個人の主体的な生活の中に人格的利益を実現するための基礎を固め条件を整えることにあるとする見解が出現した。この立場は、日本国憲法13条の個人の生命・自由及び幸福追求に対する国民の権利を根拠とし、社会保障の根本的な規範を再考しようとするものである[32]。

　社会保障法の理念は、生物的生存権としての人権そして「人権としての財産権」の諸機能性（自律性および道具的機能の③⑤）によって実現される文化的生

存権でなければならないといえよう。

(6) 経済法と労働法と社会保障法の関係

ここでは，経済法と労働法あるいは社会保障法との関係を述べて，社会法のまとめとしたい。以上で述べたように，経済法，労働法そして社会保障法の各々は，「人権としての財産権」の諸機能性のどれをもつかによって，その社会的権利として保障される実質的なあり方（主体・客体・目的など）や具体的な保護領域およびその方法（どのような形式か）において異なるのである[33]。この3つの法律の相互の関係については，人の尊厳・生存権の原理を根底にもつ自律的人格の実現および発展という観点に立って，これまで詳細に論じられたことはほとんどなかったといってよいであろう[34]。

最近，丹宗曉信教授は，『経済法総論』[35]の中で，経済法の観点から「本来生存権思想は『自由人権主体としての個人』の尊厳や『人格の自由な発展』の権利を原理として内包しているべきもので」……「そのような意味において生存権は，社会法の規定となる原理であ〔り〕」……「財産権の絶対化を修正し，資本の弊害を矯正するための権利で〔あって〕……私有財産制を基礎とする社会秩序を超越するための社会革命原理ではない[36]」と論じている。労働法は，労使の雇用関係において生じる「もつ者」と「もたざる者」との間の平等と自由の実質的均衡の確保を，特殊の部分社会において団体的に実現しようとした。個人主義の徹底しない日本の労働界では，労働法の効果が企業内組合，終身雇用，年功序列などの日本的な資本主義労働慣行を作り上げることになったのである。しかし，資本主義経済の成熟と不況は，経済産業構造を重化学工業中心から情報科学技術およびサービスといった情報通信の競争力を重視する構造へと変化せしめたことで，談合体質をもつ産業構造，契約そして労働慣行は，徐々に解体せざるをえなくなっている。談合的体質から解放され，労働者個人の人格意思を実現するため，経済法と「労働法は，公正かつ自由な競争原理による労働市場秩序維持により，労働者の創意工夫を発揮させることによる労働者の『人格発展の自由』と労働者の利益保護とを，消費者の利益保護にいかに連動させる法理論として構築していくかが今後の課題となろう[37]」という。

資本主義的自由市場経済の運用維持は，経済法と社会保障法との間の相互補完関係なくしては行い得ない。なぜなら，人類は，不況，恐慌あるいは市場の外部性という資本主義市場経済の惹き起こす困難な課題を市場原理だけでは，十分解決することに成功していないからである。「世界の先進資本主義国は……社会保障制度という手段を用いながら，資本主義市場経済のもたらす反社会的側面を補完してきているのである」[38]。「社会保障法上の主体は，生活上の困窮者とかハンディキャップを負った特殊部分社会集団人で，一般的には『市場』の外にいる部分社会集団人である」[39]。社会保障制度および各種の保険制度は，失業者・生活保護者・高齢者・児童等，本来市場経済に乗ることの困難な者や市場および労働経済から脱落せざるを得なかった者を，生存権をもつ生活者として自由市場経済に乗せると同時に，再び経済社会の中に戻していくという二つの機能を有する社会制度として存在すべきである。このような制度が確立されて，資本主義自由市場経済も（有効）競争原理も，健全なシステムを有し十分な機能を発揮し得るものとして，はじめて認知され得るのである。高齢化・少子化の進む社会および時代を迎えて，経済および労働市場が健全な社会制度たり得るには，経済法と社会保障法が相互に補完する関係であることが，より求められるであろう。[40][41]労働市場秩序維持をはかるための労働法と連動し，自由市場経済の運用維持を支える社会保障法と相互補完関係にある経済法は，どのような法理論をもって独占禁止法政策を展開すべきか——効率性か公正か——について，第7章で検討する。

2 経済法（独占禁止法）の基礎

(1) 市民法から経済法へ

(a) 契約法理論

市場取引においては，消費者と生産・販売者，大規模事業者と中小個人事業者との関係は，需要と供給の各々の法主体として具体的に認識されるべきであるとされる。なぜなら，契約自由の原則は，契約当事者選択の自由，契約内容決定の自由，契約方式決定の自由，契約締結の自由を内容とするからである。

契約当事者選択の自由があるということは、特定な取引に際して、一定の領域（市場）に同業他社が多数存在することを意味する[42]。契約内容および契約方式の決定の自由があるということは、契約内容および方式の選好によっては契約の相手方を自由に変更できることを意味する。契約締結の自由があるということは、前者3つの内容が充足された上で、契約が、「商品（価値）の外にあるすべての力から分離解放……」され自由な「……人の意思による媒介・決定」によって締結されることを意味する[43]。これら4つの内容が全て備わって、はじめてその契約は、個人の実質的に自由な意思によって締結された適法な契約と判断され、期待される契約効果がもたらされるのである。

(b) 資本主義的自由市場経済の下における契約自由の破綻

従来から日本の経済取引は、大規模事業者を主体とした大規模事業者主導によるものであったと解するのが正しいであろう。それは、他方当事者の消費者や中小個人事業者には、外観上は契約自由の4つの内容がすべて実現されているようにみえても、実質的には、契約締結の自由のみ実現されているにすぎなかったからである。事業者間のカルテル締結による製品・サービス価格の一律化（契約の相手方選択の不自由）、銀行取引契約の約款化（契約内容決定の不自由）、消費貸借や賃貸借契約の例文化（契約方式の不自由）などといったものが代表例である。

資本主義的自由市場経済の下では、近代市民法における諸々の自由は、いわゆる「自由」と「経済に本来的に内在している支配（力）……が……不可分一体として」[44]内包されているゆえに、「一方当事者における自由の量は、相手方（他方当事者）の有する支配（力）の量によって制約される」[45]と考えられる。したがって、契約自由の4つのうちのどれか1つでも欠ければ、当該経済取引には、自由を制約する支配（力）の存在またはその行使が推定され得ると考えるべきである。すなわち、そこには、契約の自由という名を借りた弱肉強食の形式的な契約の自由があるだけである。資本主義経済において、市場独占、カルテル、不公正な取引、約款等の適法性の判断や、それらから発生する法律効果（たとえば不本意な義務の履行、市場独占による弊害、消費者選択の制限などの問題）の解決は、当事者意思の探求によっては適切な解決を行い得ない。

(c) 契約法理論の修正原理

契約自由の4つの内容が全て充足される契約は、どのような場合に締結されるかについて、つぎに検討しよう。製品・サービス（私的所有権）が市場に提示され、当該市場で契約の締結（需要と供給）をめぐって複数（あるいは多数）の同業他社の間で取引競争が行われれば、一方当事者（需要）の契約の自由を制約しようと行動する他方当事者（供給）の市場における支配（力）は、「競争」によって減殺される。これによって、一方当事者の選択の自由のための扉がより広く開かれ、契約の実質的な自由が保障される。市場において経済取引の「自由」と「支配（力）」とのバランスを維持するためには、市場および経済取引において「競争」原理が公正かつ自由に機能して競争秩序が維持されることが必要である。[46] 契約の適法性や契約効果の問題を解決するためには、市場において競争原理が公正かつ自由に機能しているかという観点からも判断されるべきである。現代の資本主義的自由市場経済においては、契約自由の4つの内容を実質的に保障する「競争」原理は、契約法理論を修正する法原理（社会的評価規準）として位置づけられるであろう。

(d) 市民法理論の修正原理——競争原理——

経済活動は、取引に限られず、技術開発および生産段階も含まれる。日本の経済においては、同業他社間の「協調」が重視される傾向があった。その原因は、経済人、法律学者をはじめ多くの分野の人々の間で経済活動における「競争」原理がいわゆる受験競争と同列のように捉えられて社会にとっては好ましくないとする考え方に支配されており、それゆえ競争原理が経済活動の秩序を維持する法原理として理解されてこなかった、[47] という点に求められる。いいかえれば、日本の近代市民法の下にあっては、当事者が財産（権）を使用・収益・処分するための意思の探求（生活の論理）とアダム・スミスの「神の見えざる手」による経済活動の決定（市場の論理）とは相いれない対立的なものと解されていたといえるであろう。しかし、「市場の論理」は、「具体的な取引社会によって様々な規範的秩序として現実化している（のであり）……『力による歪み』として批判すべき点と、競争秩序としての合理性を認めるべき点」[48] の2つの面があり、後者において、市場の論理と生活の論理は、重なり合うもの

として考えられるべきである〔⇒(2)の市民法と経済法（縦の契約関係と横の競争関係）の交差を参照〕。

資本主義的自由市場経済の技術開発・生産・取引という各段階における経済秩序（製品・サービス等の価格や数量の決定）は，競争原理が機能し需要と供給のバランス（アダム・スミスがいう『神の見えざる手』）によって決定されるという予定調和の原理が前提とされる。それでは，日本では理解されがたい「競争原理」の「競争」とは，どのような内容をいうのであろうか。すなわち「競争概念」が問題となる。

(e) **競争概念――有効競争――**[49]

競争概念については，多くの学者によって検討されてきたが，今日では，弱肉強食のような競争ではなく，J. M. クラーク，E. S. メイソンによって確立された「有効競争」が一般的な概念となっている[50]。この有効競争について，学者の間で共通する認識は，市場における競争につぎの諸要素が満たされているのであれば，競争が公正かつ自由（有効）に行われており，市場における結果も良好であると考える点にある。その要素の判断手順は，まず，市場を「市場構造」「市場行動」「市場成果」という３つのカテゴリーに分類し，その中にさらに細かい規準項目を設定する。つぎにそれらを用いながら経済活動を分析し，つぎの規準に適合する市場には，公正かつ自由な競争が行われる市場（産業）構造が存在し，市場において供給者相互の間（場合によっては需要者相互の間も含む）に公正かつ自由な（技術開発・経営）革新，生産および取引（配分）競争が行われていると判断するのである。

【有効競争の内容――判断規準――】
① 市場構造規準とは，イ，集中度があまり高くないこと，ロ，市場参入が容易であること，ハ，極端な製品の差別化がないこと，そして二，市場に需要の成長および価格の弾力性があることをいう。
② 市場行動規準とは，イ，価格および製品について共謀がないこと，そしてロ，競争者に対して強圧政策がないことをいう。
③ 市場成果規準とは，イ，製品や生産過程の改善のために絶えず圧力がかかっていること，ロ，コストの大幅な切り下げに応じて価格が引き下げられること，

ハ，企業の多くが適正規模にあること，ニ，販売活動における資源の浪費を下げること，そしてホ，慢性的な過剰能力がないことをいう。

　当該市場が公正かつ自由な競争を確保し得る市場構造，市場行動および市場成果を有するものとして認定されると，これらのプロセスを経て，当該経済活動において行われる技術開発，生産および締結される契約は，事業者や一般消費者の「実質的な自由意思」によって行われた適法なものと判断されることになる。有効競争の内容は，後述する「産業組織論」における競争市場の分析基準として使用される（第6章2産業組織論(2)の(a)③競争市場の分析方法67頁を参照）。
　契約法においては，「実質的な契約の自由」が保障されがたいために，市場取引において，「消費者」「中小・個人事業者」は，契約の一方当事者の地位から実質的には排除され，契約の相手方を選択する自由をもたない契約締結者の地位[51]に拘束されざるを得なかった。「有効競争」原理を貫徹することによって，「消費者」「中小・個人事業者」は，市場取引において，契約の実質的な一方当事者の地位に位置づけられる，つまり，「実質的契約の自由」が保障されるのである。有効競争は，企業に生産の非効率性を避けることや積極的に技術革新することを要求するから，有効競争過程を保護することが経済の公正な過程を基礎にした経済取引の期待を満足させ[52]，消費者の選択を増大させるのである[53]。

(f) 公正概念

　「公正かつ自由な競争」の競争概念は，(1)の(e)で説明した。ここでは，「公正」の概念について説明しておこう。公正の内容も，明らかにされていることが少ないので，ここでは，丹宗曉信教授の「公正」概念[54]によって説明しておこう。第一は，市場の有効競争機能を維持することで，非独占者（中小・個人事業者）や消費者の利益を保護し，もって配分的正義（契約による市場取引）を実現しようとする意味。第二は，良品廉価な商品やサービスの提供（能率競争）を意味する。第三は，国家による補助金や特権付与等を行うことによって経済活動の前提条件に差別を設けることなく，情報が真正且つ公平に公開・提供されることで，事業者の経済活動（研究開発・製造・配分）の自由が，人類（および広い意味では生物）の生存・健康に適する自然・社会環境の保全改善に十二分

第1部　経済法を学ぶための基礎——法と経済——

図表5-4　市民法と経済法（縦の契約関係と横の競争関係）の交差

[図：革新（技術・製品の研究開発）→生産→配分・流通→消費者・消費／市場構造→行動→成果／横⇔独禁法・競争／情報／公正—自由—独立／縦⇔民法・契約]

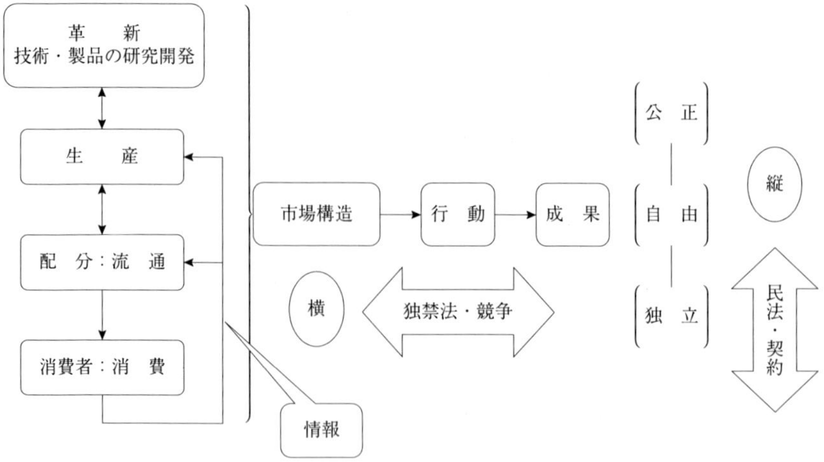

に配慮する事業者に対して，平等に保障されるという意味である。

(2)　市民法と経済法（縦の契約関係と横の競争関係）の交差

　市民法においては，「抽象的普遍的な平等者の自由な世界……が前面に現れ，具体的特殊的な不平等な関係とそこにおける支配と強制の世界は……捨象され背後に隠蔽される」傾向にある[55]。後者を市場経済において具体的に述べれば，それは，市民法を媒介として形成されたり，また契約の効果として生ずる自由競争の制限や公正競争の阻害によって，経済的強者と経済的弱者が，市民法的関係の背後に存在すること（経済的弊害）をいう。したがって，有効競争は，経済的弊害を除去し，経済活動の実質的自由および平等を確保する（市民法理論を修正する）法原理である。

　市民（契約）法は，経済活動を当事者間での縦の契約（権利義務）関係として法律構成し，他方，経済法は，経済活動を市場の構造，市場行動，市場成果の3つのカテゴリーに分類して，当事者間での横の競争関係（不公正な取引方法は一部の縦の関係も含む）として法律構成する。このように，市民法が規律する法律関係と経済法が規律する法律関係の間には相違があるのである[56]。

経済法の効果・効力が契約（経済取引）関係に影響を及ぼす法域を，どのように構成すべきかを検討する。経済取引において，当事者の意思が規律する市場取引（契約）関係を縦の関係と設定し，競争原理が規律する市場取引（競争）関係を横の関係と設定すれば，経済法の効果・効力が契約関係（当事者間の契約の効力）に影響を及ぼす法域は，縦の関係と横の関係とが立体的に交差する部分（民法90条の公序良俗＝競争秩序と解する部分）である。[57] このことは，当事者間において締結された契約の効力の適法性や法律効果の妥当性が，当該市場における経済取引関係に影響を及ぼす範囲すなわち縦の関係と横の関係とが立体的に交差する部分で問われることを意味する。

1) ハブ空港の構築事業などは，莫大な費用を要する社会資本整備（略して「インフラ」）の1つであるが，健康や安全の確保維持という目的のためではなく，それの整備によってもたらされるだろうプラスの経済効果を目的として行うものである。
2) 経営は，組織や契約などの様々な形態や方式を含む意味である。
3) 伊藤元重『ミクロ経済学——続編「入門経済学」——』（日本評論社，1992年）280頁。市場における自由な取引だけでは望ましい資源配分が実現できず費用と利益の均衡を保ち得ない状況を，「市場の失敗（market failure）」という。
4) この法分野には，公営住宅法や水道法などがある。
5) 「私法の原理」については注8）を参照。
6) 原田尚彦『行政法要論〔全訂第3版〕』（学陽書房，1997年）17-18頁。
7) 原田尚彦，前掲注6），16-26頁を参照されたい。
8) 「私法の原理」とは，市場において当事者間で成立する契約によって実現される望ましい資源配分とか費用と利益の均衡をいう。
9) A.スミスは，国家の役割を外交と警察権の行使による治安の維持の2つであるとした。これを「夜警国家論」という。
10) 丹宗昭信「経済法（学）の独自性——『統制』概念による経済法の統一的体系化の試み——」渡辺洋三編『法学文献撰集7 法と経済』（学陽書房，1972年）214-225頁，末川博『法と自由』（岩波書店，1970年）48頁。
11) 調整機能とは，生産され取引される製品・サービスの価格や量が，市場における需要と供給（「神の見えざる手」）によって調和する過程（予定調和論）の作用をいう。
12) 独占禁止法は，「私的独占の禁止及び公正取引の確保に関する法律」の略称であり，市場における「自由競争制限」（市場支配）と「公正競争阻害」（不公正な競争）に対する国家的規制法の中心に位置づけられる。
13) 丹宗曉信・伊従寛『経済法総論』現代法律学全集50（青林書院，1999年）217-224頁。

第1部　経済法を学ぶための基礎——法と経済——

本書は，民法，商法，労働法および社会保障法と経済法との関係を，歴史的観点から，あるいは法理念および法理論の観点から論じており，市民法と社会法の関係を理解する上で参考になる。

14）「労働者」あるいは「労働組合」と「使用者」との関係を，「労使関係」と略称することがある。

15）棟居快行『人権論の新構成——憲法論集1——』（信山社，1992年）251-269頁。

16）髙橋明弘『知的財産の研究開発過程における競争法理の意義——知的財産権概念の私的側面と社会的側面——』（国際書院，2003年）298-301頁。

17）Gregory S. Alexander, Commodity & Propriety —— Competing Visions of Property in American Legal Thought 1776- 1970 ——（The University of Chicago Press, 1997）at 2-6, 13-15, Pamela Samuelson, The Future of the Information Society and the Role of Copyright in it（1997），邦訳：㈶知的財産研究所訳『情報社会の未来と著作権の役割』ⅡP研究論集3（信山社，1998年）60頁，以上の文献については，髙橋明弘，前掲注16），298-301頁を参照。

18）経済法あるいは社会福祉法の法的保護の主体や法の内容については，後に述べるところを参照。

19）林迪廣「労働法の基礎概念——労働の従属性をめぐる問題——」菊地勇夫編『社会法綜説——労働法・社会保障法・経済法——（上）』九州大学社会法講座三十周年記念（有斐閣，1959年）77-97頁は，労働の従属性を経済的・人格的・組織的の3つの従属性に分類して詳しく説明している。

20）「護送船団方式」とは，ある産業に新規参入するには，行政庁の許認可を必要とする場合に，既存企業は，当該産業に新規参入が行われないために許認可のハードルを高くするよう行政庁に働きかけて，許認可の段階で新規参入が行われないようにする方法をいう。

21）「娘・息子の悲惨な職場」『週間エコノミスト』（2005年3月22日号）20頁以下。

22）丹宗暁信・伊従寛，前掲注13），222頁。

23）毎日新聞経済部記者中村秀明「発信箱：労組に競争力はあるのか」（毎日新聞，2004年3月18日（木）朝刊）。「……『春闘』は，誰が，何を闘っているのか……。労働組合って誰の代表なのだろう。最終利益1兆円でも『賃上げ』を口にしない労組だってあるのだ。……組織の存在自体が目的になっている……印象が，企業内組合には強い。」「評論家の吉本隆明さんは昨秋，ある講演会で『身内の待遇を問う〔ので〕なく，生産の現場を足場にする〔ので〕なく，なぜ消費の現場，市民社会に足場を築こうとしなかった〔の〕でしょうか』と労組批判を展開した。」「最大の理由は，『競争』を考えなかったせいだと思う。だから，ライバルと必死に競い合う経営者にはなめられるし，市民社会には飛び込めない……もし労組が競争原理をある程度肯定的に捉えていたら，春闘もちがう風景だったろう（略）」。

24）丹宗暁信・伊従寛，前掲注13），222頁。

25）イギリスやフランスでは，人々のボランティアや労働者の自主的な組織システムが，

国家の社会保障制度の形成に大きな影響を与えた。日本やドイツでは，国家主導による恩恵的制度化の傾向が濃い。
26）日本の現行社会保障制度は，第二次世界大戦以後に，民主主義国家による基本的人権の尊重の理念の下で，新たに社会法体系の一環として社会保障法によって制度化されたものである。それは，戦前の救恤(あわれみ)思想を基礎とした「人民相互の情宜」による救貧・救護制度とは，全く切断された別個の異なる法的性格をもつ制度である。
27）荒木誠之『社会保障法読本〔第3版〕』(有斐閣，2002年)249頁。
28）総理府社会保障制度審議会事務局「社会保障将来像委員会第一次報告——社会保障の理念等の見直しについて——」(1993年2月14日)。
29）総理府社会保障制度審議会事務局「社会保障体制の再構築(勧告)——安心して暮らせる21世紀の社会をめざして——」(1995年7月4日)。
30）久塚純一・古橋エツ子・本沢巳代子『テキストブック社会保障法』(日本評論社，1998年)16, 19頁。
31）加藤智章・菊地馨実・倉田聡・前田雅子『社会保障法〔第2版〕』(有斐閣，2003年)56頁。
32）加藤智章・菊地馨実・倉田聡・前田雅子，前掲注31), 56-57頁。
33）石川利夫『大学と民法とゼミの周辺——あるセミナーライフ回随想——』(評論社，1984年)35-38頁。石川教授は，夜警的国家観から文化的国家観に移行すると，経済取引においては，「市民法の原理も……旧来の民商法ルールにまかしきれず……法の理念的転化として社会経済的弊害を除去し修補しようとする……経済法の領域を意識しなければならず……ここに，債権法的対応の実質的展開の第二の局面があらわれてくる」という。
34）菊地勇夫編，前掲注19)。本書は，社会法に共通する理念問題をとりあげて，各論者が詳細に論じている。
35）丹宗暁信・伊従寛，前掲注13), 217-233頁。
36）丹宗暁信・伊従寛，前掲注13), 222, 230頁。
37）丹宗暁信・伊従寛，前掲注13), 224頁。
38）丹宗暁信・伊従寛，前掲注13), 226頁。
39）丹宗暁信・伊従寛，前掲注13), 230頁。
40）丹宗暁信・伊従寛，前掲注13), 229頁。
41）1970年代末に規制撤廃の一環としてアメリカで行われた介護福祉制度方式が日本でも導入され，国家は管理監督者の地位に後退し，民間事業者が責任主体，介護事業者が執行主体となる。これは，2005年末に建築工事の許可申請手続において，民間確認事業者が許可責任主体となり，国家が管理監督者の地位に後退したことによって審査が杜撰となり大量の欠陥住宅が供給され大きな社会問題となった例と同様な構図となり注意を要する。
42）林敏彦『経済学入門〔新訂〕』(放送大学教育振興会，2004年)72頁。ワルラス，アローそして宇沢弘文は，一般競争均衡(市場経済は，需要と供給が一致する均衡価格を探り当てる機能に優れているとする理論)が成立する市場においては，多数の経済財を多

第1部　経済法を学ぶための基礎——法と経済——

数の企業と多数の消費者の間に最も効率的に配分（パレート最適資源配分）する機構が備わっていることを立証した。本書第1部第6章1(3)(e)一般均衡理論を参照。

43) 川島武宜『所有権法の理論〔新版〕』（岩波書店, 1987年）32頁。
44) 川島武宜「経済統制法と民法」『川島武宜著作集 第1巻』（岩波書店, 1982年）12, 20頁。
45) 末川博, 前掲注10), 48頁。
46) 川島武宜, 前掲注43), 289, 312頁。
47) K. D. エドワーズ（小西唯雄・松下満雄訳）『大型企業と競争政策』（ぺりかん社, 1969年）16-17頁。「アメリカ合衆国の政治社会は……政治権力を分散することによって個人の自由を守ろうとする。競争を信じることは, この政治的信念から当然生ずる経済的帰結にほかならない」とされる。
48) 船田正之「現代契約法の新たな展開と一般条項(4)」NBL518号（1993年）32頁。
49) 丹宗暁信編著『経済法』（放送大学教育振興会, 1996年）85-91頁の詳説を参照。
50) 小西唯雄『反独占政策と有効競争〔増補版〕』（有斐閣, 1975年）153-154頁。
51) 単に当該契約を締結するか否かの意思決定のみ許された当事者を意味する。
52) 丹宗暁信・伊従寛, 前掲注13), 144-146頁。
53) William G. Shepherd, "Theories of Industrial Organization", *Revitalizing Antitrust in Its Second Century— Essay on Legal, Economic, and Political Policy*——（1991）at 40.
54) 丹宗暁信・伊従寛, 前掲注13), 144-146頁。
55) 川島武宜, 前掲注43), 293頁。
56) 丹宗暁信・伊従寛, 前掲注13), 174-178, 182-184頁。
57) 丹宗昭信, 前掲注10), 231頁。丹宗教授は,「『統制（＝支配＝自由競争の制限と公正競争阻害）』を媒介とする経済的従属関係は, 私人対私人の市民法的関係を前提として成り立つものであり, その意味で市民法と経済法とは二重の重層構造をなしている」と述べる。

第6章　現代経済法の経済学的成立基盤

　第6章では，当為・規範科学（Sollen）としての経済法（独占禁止法）を学ぶにあたって，経験・分析（Sein）科学としての経済学および産業組織論における理論（原理・法則および重要な項目）を確認しておきたい。

1　ミクロ経済学——縦の経済関係——

(1)　経済学とは
　経済学（Economics）は，個人や事業者が財やサービスの取引を行う際に，限りある社会資源をどのような観点から選択し，その用い方をどのように決定するか（ある項目に数値を与え，それが他の項目にどのように影響し，どの程度変化を生ぜしめるか）を考察し分析する科学である。

(2)　製品およびサービス価格の形成——価格決定の二分法——
　製品やサービスが生産され取引される場合に，事業者は，それらの価格や数量をどのように決定するのだろうか。製品やサービスの価格は，経済学では，投入した費用を積み上げ決定する方式（マークアップ原理による「費用方式」決定価格）と，需要と供給が均衡する点において決定される方式（予定調和原理による「需給方式」決定価格）がある。これは，価格決定の二分法といわれる。ここでは，製品やサービスの価格が，どのような要素によって構成され，いかなる過程によって調整され，最終的に消費者によって支持される価格の決定プロセスについて確認する。

(a)　製品およびサービスの価格の構成要素
　製品やサービスの価格は，これらを生産し販売する3要素（土地，原材料，労働）を諸費用として算定し，これに効率的な一定の利潤（効率的報酬）を付加し

て構成される。しかし，その一定の利潤が不正な方法によって程度を超えて獲得される場合には，非効率な利潤に転化し，当該事業者の事業活動に独占禁止法が適用される場合が生じる。設備の「拡大や研究・革新に再投資されるという事実は，〔非効率な〕超過利潤を正当化するものではない」し「限度を超えた利益は，効率的な機能とは関連がない」ことを認識しなければならない。

　(a) 諸費用：諸費用は，取引費用＋社会的費用によって構成される。

　① 取引費用：取引費用には，情報収集のための費用，土地や建物の購入費用，設備導入費用，原材料費購入費用，加工費用，光熱費，販売・運送費用，宣伝広告費ほかが含まれる。

　② 社会的費用：社会的費用には，自然・社会環境等を保護し維持し，または改善する費用，各種税金などが含まれる。

　(b) 一定の利潤（効率的報酬）：一定の利潤（効率的報酬）は，正常な利潤と超過利潤によって構成される。

　① 正常な利潤：正常な利潤とは，事業者が，公正かつ自由な（有効）競争機能を有する市場において得られる効率的報酬の合計（競争的利益率を基とする利潤）をいう。効率的報酬には，投下諸費用（資本）に対して社会的貢献に応じた報酬（社会的貢献の報酬）と技術革新や優位性獲得を動機付けとして事業計画を誘発するのに十分な報酬（誘引的報酬）が含まれる。

　② 超過利潤：製品やサービスが生産され取引される市場は，競争市場であっても，完全情報が保障されるものとは限らない。むしろ，事業者相互の間，事業者と消費者との間においては，情報の非対称性の存在が一般的である。事業者は，資本（諸費用）を投下したとき，事業計画についての不確実性によって超過利潤を得る。超過利潤は，危険報酬と予想外の利潤によって構成される。

　(i) 危険報酬：危険報酬とは，競争市場において，事業者の投資に含まれる危険性（客観的には数量として測定可能な不確実な費用）に対して支払われる正常利潤の割り増し分の利益をいう。

　(ii) 予想外の利潤：市場の不完全性を含む動態的市場において，将来の需要および費用についての見通しの誤りや調整の遅れ（客観的に測定不可能な狭義の不確実性）が生じた場合，事業者は，次善条件に対応するため付加諸

第6章　現代経済法の経済学的成立基盤

費用を投入しなければならない。予想外の利潤とは，その付加諸費用に相当する正常利潤の割り増し分の利益をいう。

(c)　非効率的利潤：非効率的利潤とは，市場の失敗（経済法では独占や不当な取引制限など）の弊害として発生する不正・不当な利潤をいう。

(b)　**製品およびサービス価格決定のプロセス**

① 　価格の形成過程

生産販売を開始する当初においては，事業者は，投入した費用を積み上げる方式によって安定化政策を目指すか，あるいは商品の差別化政策を基本に綿密な市場調査を実施して，A. スミスのいう「神の見えざる手」に導かれた需給関係の均衡点に接近した価格を決定するかのどちらか一方を選択する。

(i)　投入費用積み上げ（マークアップ）式価格設定：

(イ)　第一次価格決定者は，財やサービスの生産・販売事業者である。

【算　式】

　　（諸費用　＋　一定の利潤）　×　生産・販売量

　　　　↓　　　　　↓

　（取引費用）＋〔効率的な正常利潤〕←〔社会的貢献報酬〕＋〔誘引的報酬〕

　　　＋　　　　　　＋　　　　　　　　　　　　　　　＋

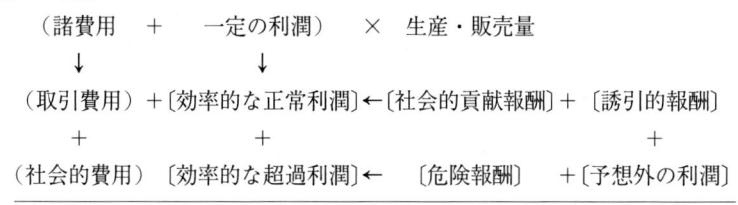

　（社会的費用）〔効率的な超過利潤〕←　〔危険報酬〕　＋〔予想外の利潤〕

製品・サービスの生産・販売量
⇒発売価格≒効率的価格

(ロ)　生産・販売状況によっては，価格の調整を要する場合がある。この場合には，市場における他社の同種・類似品の市場価格を参考にする。

(ii)　需給関係の精査予測によって導かれる価格：消費者による選好（支持）価格＝競争事業者に対抗するための価格（競争価格）＝効率的価格

② 　弊害価格の設定過程

弊害価格は，私的独占や不当な取引制限などによって設定される価格であり，第一次設定価格＋非効率的利潤として公式化が可能であろう。

55

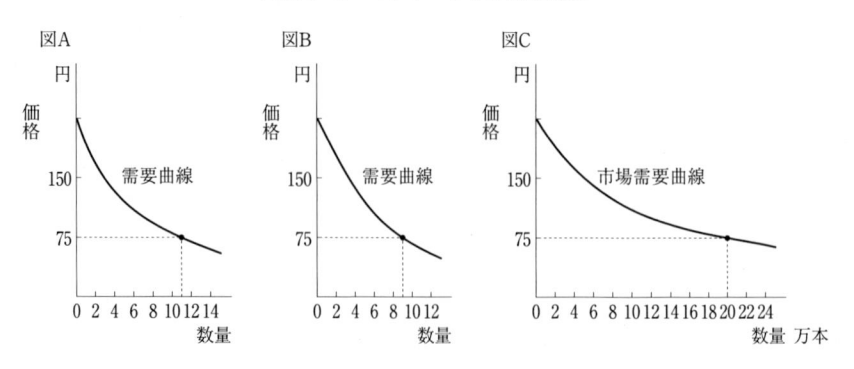

図表 6-1　ペット・ボトル茶の需要

図A　　　　　　　　　図B　　　　　　　　　図C

（縦軸：円・価格、横軸：数量）

図A：需要曲線、価格75のとき数量10
図B：需要曲線、価格75のとき数量8
図C：市場需要曲線、価格75のとき数量20（万本）

(3) 需要と供給の均衡法則——予定調和[8]——

(a) 需要と供給

前記した価格の形成過程においては，事業者による製品やサービス（以後では生産財という）の価格や数量の決定は，投入費用積み上げ価格方式と需給関係の精査予測によって導かれる需給価格方式があることを確認した。

ところで，実際には，事業者は，費用（供給）条件と市場における需要条件の2つの側面を精査して，生産・流通量と価格を決定するのである。

① 需要曲線

需要 (demand) とは，個々の経済の主体（個人や事業者など）が与えられた価格の下でその生産財を購入する量をいう。一般的には，ある生産財の価格が上昇すると，経済主体は，その財の需要を減少させ，価格が下降すると，経済主体は，その財の需要を増加させる。この関係をグラフで表すと，左上方から右下がりの曲線（需要曲線という）となる。生産財が取引される場を市場というが，その生産財の流通市場における市場全体の総需要量の合計は，個別消費者の需要曲線を水平方向に足し合わせて（図A+B）求めた左上方から右下がりの市場需要曲線 (market demand curve) で表示（図C）される[9]。

② 供給曲線

供給 (supply) とは，個々の経済の主体（個人や事業者など）が与えられた価格の下で，その生産財を販売したい量をいう。一般的に，ある生産財の価格が

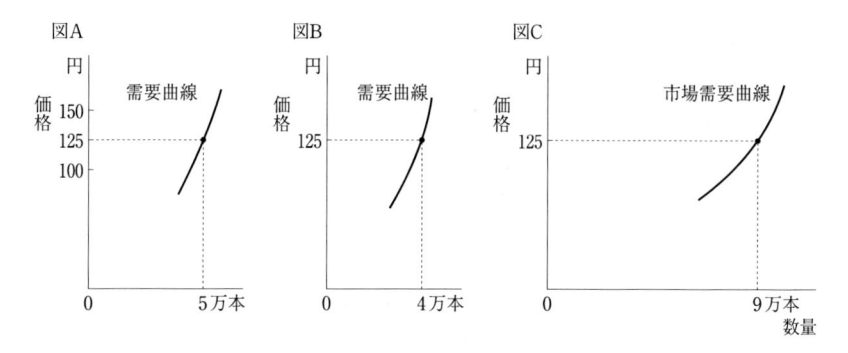

図表 6-2　ペット・ボトル茶の供給

図A　価格（円）：100, 125, 150／数量 5万本　需要曲線
図B　価格（円）：125／数量 4万本　需要曲線
図C　価格（円）：125／数量 9万本　市場需要曲線

上昇すると，経済主体の事業者は，その財の供給を増加させ，価格が下降すると，その財の供給を減少させる。この関係をグラフで表すと，左下方から右上がりの曲線（供給曲線という）となる。その生産財の流通市場における市場全体の総供給量の合計は，個別企業の限界費用曲線を水平方向に足し合わせた（図A＋B）もの，左下方から右上がりの市場供給曲線（market supply curve）で表される（図C）。[10][11]

図表 6-3　市場均衡価格と市場均衡取引量の関係図

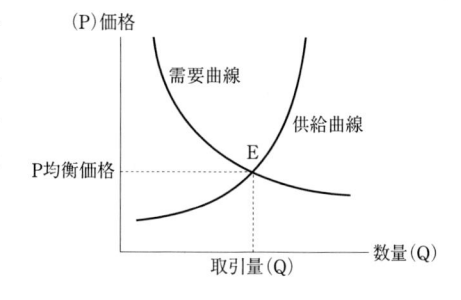

(P)価格　需要曲線　供給曲線　E　P均衡価格　取引量(Q)　数量(Q)

(b) 市場による予定調和──市場均衡価格および取引量──

市場は，ある生産財について，売手と買い手が価格やその他の条件を考慮して，取引を成功させようと努力し実現（予定調和）させる場をいう。

需要曲線（D）と供給曲線（S）が交わる点（E）は，需要量の大きさと供給量の大きさとが過不足なく釣り合った状態を示す。この両曲線の交わる点（E）の縦軸のP点で市場において決定される価格が，市場均衡価格（market equilibrium price）であり，横軸のQ点で市場において決定される取引量が，市場均衡取引量（market equilibrium quantity）である。[12]

57

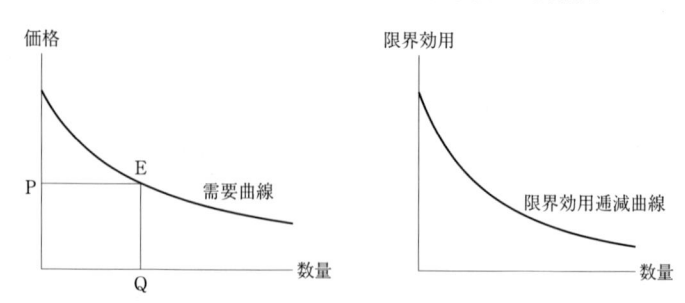

図表 6 - 4　需要曲線と限界効用逓減の法則との関係図

(c) **市場均衡価格と限界効用・限界費用**

① 需要曲線上の均衡価格 P と限界効用

効用とは，財を購入した人（消費者）が味わう満足度をいう。そして，もう1単位多く消費することで消費者が味わう満足度の上昇分を限界効用という。したがって，均衡価格 P によって財を購入した全ての消費者は，この均衡価格 P に等しいだけの限界効用を得ていることになる。消費量が増えるに応じて，1単位消費することから得られる満足度は，次第に小さくなる。これを，限界効用逓減の法則という[13]。限界効用曲線＝需要曲線の関係にある。

② 供給曲線上の均衡価格 P と限界費用

ある財の生産に要した総費用を生産量で割って得られる生産物 1 単位あたりの費用を平均総費用といい，ある生産量を基準としてもう 1 単位生産量を増やすのに要する総費用の増加分を限界費用と呼ぶ。財の供給者である事業者は，市場価格とその財の生産に要する限界費用とが一致するように生産財を選択しようとするから，その財を生産する全ての事業者の費用は，均衡価格 P に等しくなるのである[14]。

(d) **資源の最適配分と事業者の最大利潤**

① 資源の最適配分

限界費用を社会の視点から言い換えれば，生産財を追加生産するために「社会が犠牲にしなければならない資源の価値を表している[15]」ということになる。したがって，「ある財が均衡価格で取引されているとき，社会がこの財の 1 単

位の生産のために犠牲にする資源の価値と，その追加1単位の消費によって消費者の間に生れる満足の上昇分とが一致しているということになる。これは，この財の生産と消費を巡って資源が最適に配分されていることを意味している[16]」ということになる。限界効用と限界費用は，均衡価格Pに合わせるように限界効用

図表6-5　資源の最適配分の図

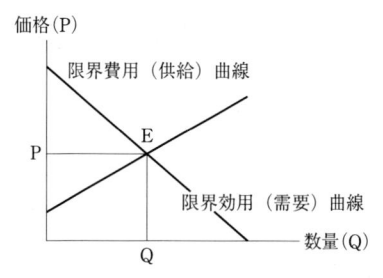

価格(P)

限界費用（供給）曲線

限界効用（需要）曲線

数量(Q)

曲線と限界費用曲線とが交わるE点において一致するのである。経済学では，このことを社会の視点から観察して，「資源の最適配分」が実現されているという。

② 個別事業者の最大利潤

事業者が利潤の最大化を図ろうとするとき，どのような経済上の諸条件を要するか。事業者は，「生産物の市場価格が限界費用を上回る間は……増産に伴って利潤を増加させることができる。逆に，市場価格が限界費用を下回るならば，増産によって……利潤を減少させることになる[17]」。したがって，事業者が最大利潤を獲得し得る生産量は，生産物の市場価格と限界費用とが等しい場合ということになろう。

(e) 一般均衡理論が実現される市場（競争市場）とは

① 一般均衡理論とは

実際の市場経済においては，事業者も製品もサービスも数えきれない種類と量が存在し，日常的に存在し生産され取引され消費されている。ある財に対する需要と供給は，その財についての価格や品質だけでなく，他の多くの財についての価格が影響すると解される。同じことは，各々の財にとってもいえることである。「そうした需要や供給の相互依存を考慮に入れて，経済全体に存在するすべての財の市場における需給均衡条件を書き表せば，それはすべての財の価格の関数としての総需要と総供給が一致することを表す連立方程式の体系となる。……これがレオン・ワルラスに始まった一般均衡論の社会観である。すべての市場において需要と供給を一致させる財価格の体系は均衡価格体系と

図表 6-6　競争均衡の図

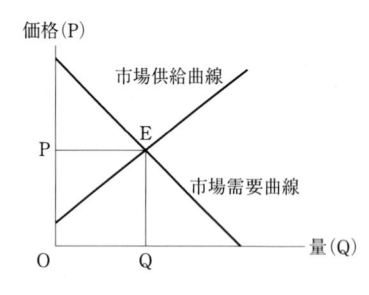

価格(P)

市場供給曲線

P　　　E

市場需要曲線

O　　Q　　　　　量(Q)

呼ばれる」[18]。この一般均衡論の「競争均衡が最適資源配分をもたらすという命題は，多数財，多数企業，多数消費者の一般均衡分析の枠組みでも成立する」とK. アロー，G. デブルー，宇沢弘文などによって証明された[19]。つまり，社会的利益は，スミスのいう「神の見えざる手」に導かれる競争均衡によってより促進され得る[20]。

② 競争均衡市場とは

競争均衡（competitive equilibrium）は，多数財，多数企業，多数消費者が存在する市場によって形成される一般均衡分析の枠組み（仮に公正かつ自由な競争という）を基礎に総需要と総供給とが一致するときに成立する[21]。競争均衡市場とは，かような競争均衡が成立する市場をいう。競争均衡をグラフで表すと，市場需要曲線と市場供給曲線が交わる点（競争均衡価格E）で成立する。

市場需要曲線は，個別消費者の限界効用曲線（需要曲線）を水平方向に足し合わせたものであり，市場供給曲線は，個別事業者の限界費用曲線（供給曲線）を水平方向に足し合わせたものと言い換えることが可能である[22]。

(f)　競争均衡市場が実現する最適資源配分

① 市民主権社会における選好と効用

市民社会は，政治や経済に関する選択を，個人が自らの価値判断によって評価して，多くの選択肢から選好するよう求める。これが，個人主義を基礎にした市民社会のあり方である。市民社会では，個人の選好による選択肢が個人の効用を最大化する。一般均衡論によれば，個人の効用を足し合わすことが，社会的効用をもたらすことになろう（社会的効用関数）。

② 市民主権社会において資源を効率的に配分する（パレート効率性）とは

個人（消費者）が，経済市場に数多く存在する選択肢から，1つを選択するとすれば，選好には効用実現可能性の高いものから低いものへと順序序列が形成される（これをパレート順序という）。そうすると，効用実現可能性が高く消費者に支持される選択肢と支持されない選択肢が存することとなる（これを効用

の実現可能性フロンティアという)。いずれかを選択して，どちらも効用を満足するより良い選好配分は，存在し得ないが，社会が，資源を両者の間に適切に配分することによって，一定の効用を実現することが可能となる（これをパレート効率的な効用配分という）。パレート効率的な効用配分は，「もはや何人の効用を引き下げることなく，何人かの効用を引き上げることは不可能な配分」あるいは「誰かの効用を引き上げようとすれば，必ず誰かの効用を引き下げなければならない状態」として説明される。[23]

③ カルドア・ヒックス基準（パレート効率性の補完）

パレート効率性は，価値判断を伴うものであるから，根強い二律背反が生じると，当事者間の一方あるいは双方に，精神的わだかまりや経済的損害が生じることも予想される。そこで，現実の解決策として，N.カルドアとJ.R.ヒックスは，選択肢にパレート順序を認め得ない場合に，補償の可能性を導入することによって，順序の決定を社会的に可能にすることを提唱した。この原理は，経済活動が他方当事者に損害を生ぜしめ，あるいは第三者に金銭面に関する外部不経済をもたらす場合に，一定程度の解決の扉を開いたものとして評価される反面，現実の対応面に格差と受忍限度を超えた忍従感を強いる側面そして法の整理・制定の不足やその適用の遅れが指摘されている。[24] また，技術面に関する外部不経済（ある経済主体の技術面の活動が他の経済主体の効用，生産可能性あるいは費用に関してマイナスの影響を与える現象）[25]，自然環境の保護および社会環境の適正化という問題を解決する法理論の構築も法整備も，遅々として進まない状況にあり，カルドア・ヒックス基準の限界が，T.シトフスキーによって指摘されている。[26]

(g) 社会的余剰

資源の社会的配分が最も効率的に行われる場合とは，すべての事業者によって生産された財の総生産量が，すべての消費者が消費する総消費量と一致していなければならない。言い換えれば，資源の社会的最適配分が実現されるためには，消費者の限界効用と事業者の限界費用も一致していなければならないということを意味する。

図表6-7　社会的余剰の図

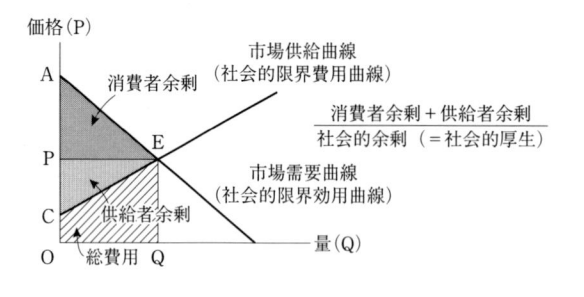

① 消費者余剰と供給者余剰（生産者余剰含む）

個別の需要曲線＝個別の1単位の消費から得られる限界効用を表すことから，それ（グラフの0⇒Q個分の需要曲線の高さ）をすべて足し合わせると，総効用すなわち社会的限界効用が求められる（四角形の面積AOQE）。つまり，社会的限界効用曲線＝市場需要曲線の関係が成立するのである。

当該財を購入するためには，消費者は，価格0⇒Pを支払わなければならず，すべての消費者が支払う支出金の合計は，四角形の面積POQEとなる。すべての消費者が手にする効用（四角形の面積AOQE）から支出金の合計（四角形の面積POQE）を差し引いて消費者が得る余剰（三角形APE）は，消費者余剰という。

個別の供給曲線とは，個別の1単位の生産で投入される限界費用を表すことから，それ（グラフの0⇒Q個分の供給曲線の高さ）をすべて足し合わせると，総費用すなわち社会的限界費用が求められる（四角形の面積COQE）。つまり，社会的限界費用曲線＝市場供給曲線の関係が成立するのである。

すべての事業者の合計総売り上げは，すべての消費者が支払う総支出の四角形の面積POQEと一致する。事業者の総売上（四角形の面積POQE）から事業者の総費用（四角形の面積COQE）を差し引いた三角形PCEは，生産者余剰を含む「供給者余剰」という（以下の説明では「供給者余剰」で統一する）。

② 競争均衡市場と社会的余剰の最大化

「社会的余剰（social surplus）」とは，この消費者余剰（三角形APE）と供給者余剰（三角形PCE）を合計したものであり，三角形ACEの面積で表される。資源配分の社会的最適性は，社会的余剰の大きさで測られ得る。[27]

市場が競争的均衡を実現する機能を有する場合には，市場は，一般競争均衡において，多数の生産・供給事業者と多数の消費者との間で社会的効率性を最

大化（パレート効率性を実現）するように，その生産財の取引を可能とする。

(4) 市場の失敗（私的独占・不当な取引制限ほか）

経済学の命題は，諸国民の富の最大化を社会的厚生の促進として捉えて，競争均衡市場において，社会的余剰（＝消費者余剰＋供給者余剰）の最大化が実現されると考える点にある。しかし，市場が有している競争均衡機能は，完全というより，むしろ不完全なものであり，市場は決して万能ではない。市場が経済資源の最適配分の実現に失敗する原因は，ここにある。

(a) 市場の失敗

「市場の失敗（market failure）」とは，自由市場経済において，市場取引以外で実現される社会的に好ましくない影響（外部不効果[28]）をもたらし，あるいは市場を実質的に存在し得なくさせることによって，経済活動や経済成果（資源配分）に歪み（外部不経済[29]）を生じさせる場合の2つをいう。ここでは，経済法を学習する前提として，つぎの「市場の失敗」の例を想定する。

(b) 独占禁止法に関する市場の失敗の例

① 生産（取引）量の抑制と高価格の設定

自由経済市場において，財の生産・供給量を操作し価格を設定する力（市場支配力とか市場力という）を有する独占的事業者やカルテル（不当な取引制限）を締結して集団化した事業者は，財の生産・供給量を抑制し限界費用を上回る価格を設定する場合に，諸国民の富の最大化（資源の最適配分）を，社会的厚生すなわち社会的余剰（消費者余剰＋供給者余剰）において，実現し得るのであろうか。

② 独占・カルテルによる弊害（死重的損失）の発生

競争均衡市場において得られる社会的余剰は，三角形 ACE（消費者余剰 APE＋供給者余剰 PCE）の面積に相当する（以下では，面積比較する）。

ところで，独占的あるいは独占化した事業者やカルテルによって集団化した事業者らは，生産財の生産・販売量を $Q \to Q'$ に抑制して費用を削減し，やがて市場価格を $P \to P'$ にまでつり上げて，より高い利潤をあげようと企図するであろう。かような操作によって得られる社会的余剰は，ACFE'（消費者余剰

図表 6-8 取引規制による死重的損失の図

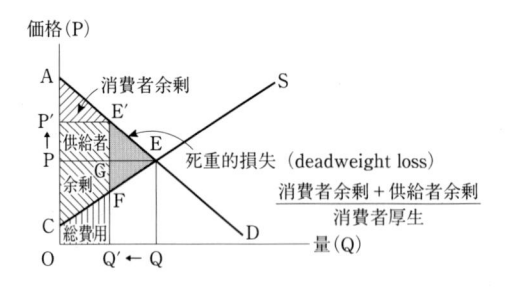

AP′E′ + 供給者余剰 P′CFE′)である。これを分析すると、消費者余剰は、均衡市場における三角形 E′GE と四角形 P′PGE′ を失ったことになる。他方、供給者余剰は、均衡市場における三角形 GFE を失うと同時に消費者余剰分の四角形 P′PGE′ を得ることになる。すなわち、独占やカルテル市場において得られる社会的余剰は、ACFE′ の部分となり、他方、均衡市場において得られる三角形 E′GE と三角形 GFE を足し合わせた三角形 E′FE は、完全に失われることになる。この三角形 E′FE の面積は、独占やカルテル市場においては、消費者余剰としても供給者余剰としても永久に失われることになる社会的余剰の部分であり、「死重的損失（deadweight loss）」と呼ばれている。

自由市場経済において、市場支配力を有する事業者やカルテル集団化した事業者が独占を企図しあるいは超過利潤の獲得を企図して、人為的に生産や市場取引を操作すると、自由市場経済は、市場経済のもつ競争均衡機能を発揮し得ず、最適資源配分に失敗する（外部不経済が生じる）のである。[30]

(c) 死重的損失を生ぜしめる市場についてハーバード学派・シカゴ学派からの評価

① ハーバード学派

ハーバード学派は、消費者余剰（一般消費者の利益）を競争均衡市場においてもたらされる三角形の APE の部分と解する。独占やカルテル市場において得られる消費者余剰は、AP′E′ である。この消費者余剰 AP′E′ は、競争均衡市場で得られる消費者余剰 APE から P′PEE′（P′PGE′ + GEE′）が差し引かれたものである。P′PEE′ は、消費者に全く帰属しない部分──三角形 E′GE は全く消滅し、四角形 P′PGE′ は消費者余剰から供給者余剰に移行する部分──である。2つの市場における消費者余剰を比較すると、APE ＞ AP′E′ である。また、同学派は、競争均衡市場において、供給者余剰を PCE の三角形の部分と

解し，さらに，社会的余剰を消費者余剰 APE と供給者余剰 PCE の合計 ACE の部分で構成する。

　同学派の消費者余剰とは一般消費者利益（消費者選択の自由）の確保・拡大を意味し，各余剰（消費者・供給者および社会的余剰）は，競争均衡市場において技術・製品・サービスなどが研究開発（革新），生産そして配分されることによってもたらされることを前提とする。それゆえ，同学派によれば，独占やカルテル市場において得られる各種余剰は，競争均衡市場によって得られる社会的余剰（ACE）から市場の失敗によって完全に消滅した余剰（消費者余剰 E′GE ＋供給者余剰 GFE）を差し引いて，そして，消費者余剰から供給者余剰に移行させられた部分（P′PGE′）を加算した部分（ACFE′）で表示される。これは，同学派によれば，外部不経済の結果と評価されることとなる。したがって，ハーバード学派の産業組織論においては，独占もカルテルも，ともに市場の参入障壁の存在が測定されるゆえに，原則として反トラスト法適用の対象となるという結論が導かれるであろう。[31]

　②　シカゴ学派

　競争均衡市場で得られる供給者余剰は，PCE である。独占・カルテル市場で得られる供給者余剰は，P′CFE′（PCE－GFE＋P′PGE′）である。2 つの供給者余剰を比較すると，PCE＜P′CFE′ である。独占・カルテル市場において加算された供給者余剰の四角形 P′PGE′ の部分と失われた供給者余剰 GFE を比較して，P′PGE′＞GFE の関係が成り立ち得る場合には，シカゴ学派は，供給者余剰の増加を技術革新による企業の国際競争力増進の指標とみる。供給者余剰の増加分は，まず「企業最大収益の原理」を基礎に企業に帰属させ（企業優先の論理），やがてそれは，市場や社会福祉などの機構を通じて二次的に国民に株式配当・労働報酬・寄付・社会的貢献として再配分される。したがって，シカゴ学派は，P′PGE′＞GFE という関係の成立を，国際競争力重視政策支持のよりどころとする。シカゴ学派は，努力の結果として獲得した独占が生む供給者余剰＋消費者余剰の合計 ACFE′ を厚生経済学の観点から「消費者厚生（Consumer Welfare）」と称して，独占を反トラスト法の適用から回避する傾向にある。[32]しかしながら，シカゴ学派も，カルテル行為を複数の事業者の悪質な

目的による行為として位置づけ，反トラスト法の適用を回避してはいない。

2 産業組織論——横の経済関係——

(1) 産業組織論とは

現代の経済政策は，一般的には「社会的余剰」の最大化，学説によっては「消費者厚生」を増進することにあるとされる。実際には，経済政策の目的は，経済の成長，物価の安定，所得の公正な分配そして完全雇用を実現し，進歩と効率性を高め，自然および社会環境の保全と改善そして公共財の整備（「経済成果」）を促進することにある。[33]

産業組織（政策）論とは，経済の革新・生産，流通（配分）そして消費過程の各々において，市場が満足に機能して，企業相互間あるいは消費者相互間で公正かつ自由な競争（有効競争）が行われているか否かについて，各々の過程ごとに構造・行動そして成果基準を適用して判断し，何か改善の余地があれば，そのための措置や法政策を示すことを目的とする研究分野をいう。

アメリカ合衆国において萌芽した産業組織論は，E. S. メイソン，J. M. クラークが市場を競争政策促進の観点から分析する手法を用いた新しい市場分析の科学分野である。[34] ハーバード学派は，かように解する傾向にある。他方，シカゴ学派は，産業組織論をミクロ経済学の一部であると考える傾向にある。[35]

(2) 産業組織論についてハーバード学派とシカゴ学派の異同

まずハーバード学派とシカゴ学派の産業組織論の異同を明らかにしよう。

(a) ハーバード学派

① 産業組織論の基礎概念および産業組織構造

ハーバード学派は，自由市場経済における資源の経済的効率性と所得配分の公正さが，需要と供給についての十分な情報を伴う市場の公正かつ自由な競争（有効競争）によってもたらされる（市場の機能は絶対なものではなく不完全である）と考える。この観点から，ハーバード学派は，産業組織基礎理論および市場支配（力）形成の理論を構造（基点）→行動→成果（情報）⇒構造（行動）のプロ[36]

セスと捉える傾向にある[37]（SCP パラダイムという）。

② 競争政策（反トラスト法）の目標

ハーバード学派に共通する反トラスト法（競争政策）の目標は，(i)望ましい経済成果の実現（イ，資源利用の効率性，ロ，進歩性——技術革新の効率性，ハ，生産と雇傭の安定性，ニ，所得の公正な分配を達成すること），(ii)競争過程の達成・維持および促進，(iii)企業行動（公正な取引）基準の設定，(iv)巨大企業の不当な成長の防止（大企業権力の制限）にある。

③ 競争市場の分析方法（産業組織理論）

ハーバード学派は，市場における技術・経営の革新，生産，配分（流通・消費）という各段階が公正かつ自由に行われているかどうかの判断を，「市場構造」「市場行動」「市場成果」という3つの分類毎に細かい基準項目を設定することによって行う。すなわち，それらの各基準を用いながら経済活動を分析し，つぎの基準に適合する市場には，公正かつ自由な競争が行われ得る市場（産業）構造が存在し，市場において供給者相互の間（場合によっては需要者相互の間も含む）に公正かつ自由な（技術開発・経営）革新，生産および取引（配分）競争が行われていると判断する。当該市場において競争機能が正常に働いているかどうかについては，市場における有効競争の内容が産業組織論の分析基準としても応用されている[38]（第1部第5章2(1)(e)競争概念（有効競争）46頁を参照）。

【産業組織論の分析基準】
① 市場構造基準（イ，集中度があまり高くない。ロ，参入障壁がない。ハ，極端な製品の差別化がない。ニ，市場に需要の成長および価格の弾力性がある。）
② 市場行動基準（イ，価格および製品について共謀がない。ロ，競争者に対して強圧政策がない。）
③ 市場成果基準（イ，製品や生産過程の改善のために絶えず圧力がかかっている。ロ，コストの大幅な切り下げに応じて価格が引き下げられる。ハ，企業の多くが適正規模にある。ニ，販売活動における資源の浪費を下げる。ホ，慢性的な過剰能力がない。）

④ 報酬の貢献的帰属と市場構造の基点との関係

ハーバード学派の産業組織論で展開される理論構成によれば，同学派は，経

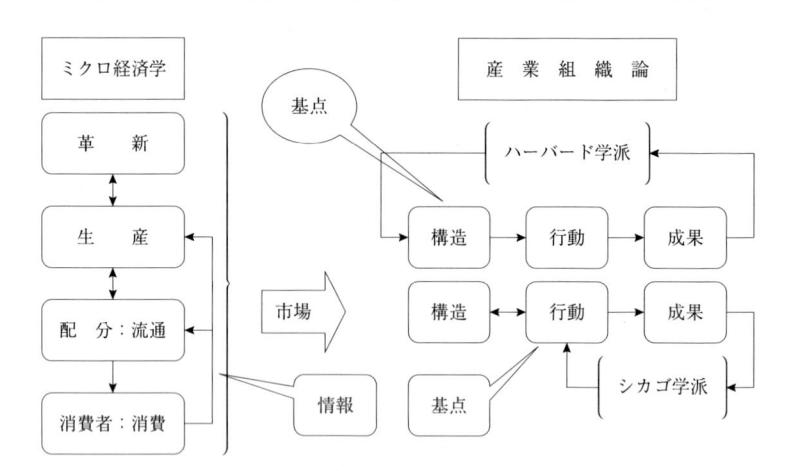

第1部　経済法を学ぶための基礎——法と経済——

図表 6-9　ミクロ経済と産業組織論（ハーバード学派とシカゴ学派）

済取引で得られる利益が，まず消費者に帰属し，つぎに消費者に支持され大きく社会貢献をした企業に報酬として帰属する（貢献報酬）と解する。したがって，ハーバード学派は，市場・産業構造が正常に形成されているかどうか，その後に市場が正常な機能を発揮しているか，一定ののぞましい成果をもたらしているか，それがどのように市場構造（行動）に影響するかを重視する（市場構造→市場行動→市場成果→市場構造→市場行動）のである。

(b)　シカゴ学派

① 産業組織論の基礎概念および産業組織構造

シカゴ学派は，市場のもつ財やサービスの需給調整機能に十分な信頼をおく。この観点から，シカゴ学派は，産業組織基礎理論および市場力（市場支配）[39]形成の理論を行動（基点）→成果（情報）⇒行動（→構造）のプロセスと捉える。

② 競争政策（反トラスト法）の目標

このことから，同学派に共通する特徴は，反トラスト法（競争政策）の目標を経済効率性の促進の一点に集中し，その他の目標を排除する点にある。

③ 報酬の帰属と市場構造の基点との関係

事業活動の効率性によって得られる利益は，消費者厚生概念による理論構成を介して，シカゴ学派の産業組織論で展開される「企業最大収益の原理（企業

優先の論理)」を基礎に，まず，経済発展に寄与する当該事業者に事業の維持発展のための報酬として帰属し，つぎに消費者に分配される[40]。シカゴ学派は，複数事業者で市場力を発揮するための事業者間の行動（カルテルの締結）に専ら焦点を合わせて反トラストを適用し，他方では，市場構造を直接問題にする独占[41]は，反トラスト法の適用対象外と考える傾向にある。

(3) 縦と横の関係
(a) ミクロ経済学（縦の関係）

　ミクロ経済学は，限りある社会的資源について選択し決定する科学である。すなわち，ミクロ経済は，当該資源（技術・製品・サービスなど）が革新（研究・開発），生産そして配分（流通・消費）という3つの段階のうち，いずれかの段階に投入されることを所与として，特定の数値を仮定すると，その他のすべての点の数値がどのように変化するかを分析する Sein としての分析科学と言い換えることが可能である。

　市民法は，財産の絶対性を保障し，契約（の自由）を介して，資源（技術・製品・サービスなど）が革新→生産→配分（流通・消費）という縦の当事者間で川上から川下に移転する関係を規律する Sollen としての規範である。

(b) 産業組織論（横の関係）

　産業組織論は，まず，ミクロ経済における資源（技術・製品・サービス）の革新・生産・配分（流通・消費）の三段階を，個別に革新市場・生産市場・配分市場として捉え直す。つぎに，横の関係として捉えることのできる事業者相互や消費者相互が，各市場（産業）のどのような構造において，どのように行動し，その結果として，どのような成果が生じるかについて，競争促進の観点から市場における構造・行動・成果の各判断基準を適用して，市場の状況を分析する。産業組織論は，かような Sein としての分析科学をいう。

　経済法のなかでもとくに独占禁止法（競争政策）は，産業組織論による分析結果（市場経済における革新・生産，流通（配分）そして消費過程の各々の段階において，市場が正常に機能しないため弊害が生じている場合）を基礎に，事業者相互あるいは消費者相互間で公正かつ自由な競争（有効競争）が行われるよう，改善

措置や法政策を示すことを目的とする Sollen としての法規範の研究分野であるといえよう。

【経済法と独占禁止法の関係】
　経済法（有効——公正かつ自由な——競争原理）は，革新・生産・配分という各々の市場において行われる競争者間の競争のあり方（横の関係）を規律するSollen としての規範である。私的独占や不当な取引制限（カルテル）の弊害は，製品やサービスの価格および生産量・取引量についての支配や事業者間の共謀（略奪的事業活動）によって生じる。独占禁止法は，同法が略奪的事業活動に適用されることにより，市場が正常な取引機能を回復し，非効率的利潤を除去して，当該製品やサービスの価格を効率的な価格や競争価格に修正する社会法に属する経済規範である。

1) William G. Shepherd, "Efficient Profits v. Unlimited Capture, as a Reward for Superior Performance: Analysis and Cases", *Antitrust Bulletin* vol. 34 (1989) at 124, 127.
　　J. S. ベイン（宮澤健一監訳）『産業組織論』下巻（丸善，1970年）435頁。
2) J. S. ベイン，前掲注 1)，435頁。ベインは，「永続的な長期化するあるいは慢性的な超過利潤は……非効率的な配分成果を示す……所得分配における不平等性の増大は，超過利潤の有害な効果として評価され得る」という。
3) William G. Shepherd, *supra note* 1), at 124.
4) F. H. ナイト（奥隅栄喜訳）『危険・不確実性および利潤』（文雅堂書店，1959年）66，85，303頁。
5) A. スミス（大内兵衛・松川七郎訳）『諸国民の富』（岩波書店，1969年）145，679頁。「商品の市場価格は，実際にそれが市場へもたらされる量と……人々の需要との割合によって規定される」。
6) 価格安定化政策は，価格を一定化し，継続的な利潤の維持を企図するので，競争維持政策を否定する形態をとる傾向にある。他方，価格差別化政策は，販売過程において価格を差別化することで顧客を獲得し商品の販売を促進しようとするもので，原則として競争維持政策に沿ったものといえるが，しかし，市場における競争者を故意に排除して独占の形成に向かうおそれがあるし，公正な競争を阻害する場合には，独禁法違反に問われる。価格の安定化政策の方法としては，管理価格（後掲注 7) 参照），価格カルテル（競争事業者間の横の結合による水平的共同行為）そして再販売価格維持行為（生産業者と販売業者間の縦の結合による垂直的共同行為）などが代表的なものである。
7) 丹宗昭信『独占および寡占市場構造規制の法理』（北海道大学図書刊行会，1976年）327-336頁。狭義の管理価格とは，当該市場において，他の事業者と協議をせずに一定期間不変な価格を設定し得る能力（価格先導力）をもつ事業者（プライスリーダー）が設

定する価格をいう。ここでの弊害価格とは，管理価格のうち，企業が，需給の変動に対応する自由な価格の変動（競争原理）に反して，先導性に基づいた共謀，カルテルそして再販売価格維持行為を行って価格を決定する意味の価格をいう。

8) 林敏彦『需要と供給の世界――ミクロ経済学への招待――』（日本評論社，1982年），同『経済政策1』（放送大学教育振興会，2002年），『経済学入門〔新訂〕』（放送大学教育振興会，2004年），J.E.スティグリッツ（藪下史郎ほか訳）『スティグリッツミクロ経済学〔第2版〕』（東洋経済新報社，2000年）。需要と供給の均衡法則に関しては，以上の4冊を参考に構成し説明することにしたい。
9) J.E.スティグリッツ，前掲注8），17-19頁。
10) 林敏彦，前掲注8），『経済政策1』48頁。
11) J.E.スティグリッツ，前掲注8），20-22頁。
12) 林敏彦，前掲注8），『経済学入門〔新訂〕』15-16, 67-68頁。
13) 林敏彦，前掲注8），『経済学入門〔新訂〕』28, 69頁。
14) 林敏彦，前掲注8），『経済学入門〔新訂〕』52, 69頁。
15) 林敏彦，前掲注8），『経済学入門〔新訂〕』69頁。
16) 林敏彦，前掲注8），『経済学入門〔新訂〕』69-70頁。
17) 林敏彦，前掲注8），『経済学入門〔新訂〕』55頁。
18) 林敏彦，前掲注8），『経済学入門〔新訂〕』71-72頁。
19) 林敏彦，前掲注8），『経済学入門〔新訂〕』72頁。
20) A.スミス，前掲注5），679-680頁。
21) 生産量を戦略的な変数として，競争事業者の生産量を所与要件として，事業者自らの利潤を最大化するため製品やサービスの生産量を決定する競争戦略を「クールノー競争」という。価格を戦略的な変数として，競争事業者よりも安価な価格を設定することから利潤の最大化を図る競争戦略を「ベルトラン競争」という。
22) 林敏彦，前掲注8），『経済政策1』48頁。
23) 林敏彦，前掲注8），『経済政策1』33-36頁。
24) この問題は，高層ビル建築によって建築主が得る利益と，それによって周辺住人が被る採光被害，風害に対する補償との間に事実上生じるギャップを考えると理解しやすいであろう。
25) この問題は，知的財産権そのものの過度の保護強化あるいは保護範囲の過度の拡大が，当該知的財産分野への新規参入を困難にし，また，それを可能にする法理論の遅れが生じている状況を想定すると，理解しやすいであろう。
26) 林敏彦，前掲注8），『経済政策1』39頁。
27) 林敏彦，前掲注8），『経済政策1』72-74頁。
28) 「外部効果」とは，市場における取引以外で実現される経済的に好ましい影響をいい，好ましくない影響を「外部不効果」という。
29) 「外部不経済」とは，取引によって契約当事者以外の人々にマイナスの経済効果が及ぶ現象をいう。

30) 林敏彦，前掲注8），『経済学入門〔新訂〕』70頁，『経済政策1』51-52頁。
31) William G. Shepherd, "Theories of Industrial Organization" First, Fox, Pitofsky, *Revitalizing Antitrust in its Second Century*, (Quorum Book, 1991) 37 at 50-57.
32) Robert H. Bork, *The Antitrust Paradox — A Policy at War with Itself* ——, (THE FREE PRESS, 1993) at 90-91, Richard A. Posner, *Antitrust Law —— An Economic Perspective* ——, (The University of Chicago Press, Chicago and London, 1976) at 18-20.
33) 小西唯雄『産業組織政策』（東洋経済新報社，2001年）8頁。
34) J. M. クラーク（岸本誠二郎監修）『有効競争の理論』（日本生産性本部，1970年）440-447頁。
35) G. J. スティグラー（神谷伝造・余語将尊訳）『産業組織論』（東洋経済新報社，1975年）iv, 1頁。
36) K. ケイセン・D. F. ターナー（根岸哲・橋本介三訳）『反トラスト政策――経済的および法的分析――』（神戸大学経済経営研究所，1988年）95頁以下。ハーバード学派が問題とする市場支配力とは，「価格に関する先導制・報告・協定，特許プール，排他的な取引契約などの慣行が行われ，」……「費用および需要条件に直面する企業に対して，競争的市場が強制する行動とは異なる仕方で，〔主導〕企業が持続的に行動できる場合」をいう。この市場支配力が長期にわたって維持されるということは，新しい売手が市場に参入する際に参入障壁があることを意味する。市場支配とは，経済取引が行われた結果，かような状態が商品的・地理的・時間的な一定の取引分野で生じている場合をいい，その判断は，市場占拠率の算定や価格支配の発生の有無等によって行なわれる。

　　日本の裁判所は，市場支配力を，価格・数量・地域などを決定する力と解する（野田醬油事件：東高裁判昭32・12・25高裁民集10巻12号743頁）。
37) これをハーバード学派のS（structure）C（conduct）P（performance）パラダイムという。なお，第7章3注11）も参照のこと。
38) 小西唯雄，前掲注33），114頁。「『産業組織論』は，主として『分析的視点』に重点がおかれるから，これらの基本概念は，もっぱら『Sein』（～である）の視点から整理される」ので，存在を分析する科学に位置づけられる。したがって，分析基準は，「集中度が高くない」とか，「参入障壁がない」と設定される。これに対して，有効競争概念を論じる独占禁止法の競争（産業組織）政策は，「『Sollen』（～すべきである）の視点から整理・表現される。したがって，判断基準は，「集中度があまり高くないこと」とか「市場参入が容易なこと」と設定される。この点の差異を認識することは，重要である（第5章2(1)(e)の競争概念を参照）。
39) 宮井雅明「反トラスト法における市場力の研究」『静岡大学法政研究』1巻1～4号，2巻1・2号（1997年）より引用する。シカゴ学派が問題とする市場力とは，競争均衡価格（製品一単位を新たに生産するのに要する費用＝限界費用に等しい）を上回って価格を設定し得る単独企業ないし複数企業の力をいう。市場力の有無は，市場集中率＝ハーフィンダール・ハーシュマン（HHI）指数（類似の代替可能な商品で需要の交差的価格

第6章 現代経済法の経済学的成立基盤

の弾力性が働く拡大された関連市場に参加する企業の市場占拠率を二乗したものの合計）の算定，市場参入の容易さなどで判断する。市場力は，市場メカニズムの正常な働きの障害となり，資源配分上の死重損失——失なわれる供給者余剰と同消費者余剰の合計——を発生せしめる可能性を有する。シカゴ学派が反トラスト事件として問題とするのは，市場力を複数の企業で発揮するための企業間カルテルであり，市場構造を直接問題にする私的独占は，反トラスト法の適用対象外と考える。したがって，反トラスト摘発の端緒は，競争均衡価格を上回った商品の出現ということになる。

40) Berkey Photo v. Eastman Kodak Co. 2d 263（2d Cir. 1979）Cert. denied, 444U. S. 1093（1980）：この事件は，アメリカ合衆国裁判所の反トラスト法政策が，経済構造を重視し私的独占の禁止を中核とするハーバード学派の理論から，1980年代の経済効率性を優先し独占に寛容なシカゴ学派理論へ大きく転換したと説明される場合に，必ず引用される代表的な事件の1つである。

41) アメリカ合衆国のマイクロソフト事件についての1999年11月5日（事実認定），2000年4月3日（法的結論），2000年6月7日（是正措置命令；United States of America v. Microsoft Corp., Civil Action No. 98-1232 / TPJ）：連邦地方裁判所は，マイクロソフト社を，基本ソフトウェアおよび閲覧ソフトウェア市場における独占企業と判断し，同社を基本ソフト分野と閲覧（応用）ソフト分野の2社に分割することをはじめ各種是正措置を命令した。この時の政府は，民主党のクリントン政権（ハーバード学派）であった。2001年11月3日毎日新聞によると，「独禁法訴訟で米国司法省は，マイクロソフトと和解で合意」と報道された。この時の政府は，共和党の現ブッシュ J. r. 政権（シカゴ学派）であった。民主党の産業政策は，市場・産業構造を重視するハーバード学派に依拠し，共和党の産業政策は，市場・産業行動を重視するシカゴ学派に依拠するといわれている。マイクロソフト事件への裁判所の対応の仕方に，両政権と両学派の違いが顕著に表われている。但し，シカゴ学派は，前ブッシュ政権の新自由主義を必ずしも全面的に支持しているわけではないことを述べておきたい

第7章　独占禁止法政策（産業組織論と競争理論）の選択

　第7章では，現在の日本の社会経済構造が依拠する産業（市場）組織論は，均衡のとれた経済（独占禁止）政策・労働政策そして社会保障政策の民主的な選択を基礎としたものであるか否か，今後の日本の社会経済構造が依拠すべき産業（市場）組織論およびその政策は，何に依拠すべきかについて検討したい。

1　縦の関係と横の関係の交差

　市民法と経済学との関係，経済法と産業組織論の関係，そして，これらの間の相互関係を明らかにすることで，法（Sollen）と経済（Sein）の「縦と横との交差関係」の意味を体系的に明らかにしておきたい。
　市場を流通という大河の縦の関係から観察し，革新・生産・配分という3つ[1]の段階を経済分析する科学が，ミクロ経済学であり，財産資源の絶対性を保障することによって，資源（技術・製品・サービスなど）を川上から川下に革新→生産→配分という縦の当事者相互の間を権利義務関係として規律する当為・規範科学が，市民法（所有権の絶対性，契約自由の原則）である。市場を横の関係から観察し，各市場における企業相互あるいは消費者相互の構造・行動そして成果についての基準を適用して，各々の市場の状況を分析する科学が，産業組織論である。また各市場における企業相互あるいは消費者相互という競争者間の競争のあり方（横の関係）を規律する規範が，経済法である。経済法の中でも，市場における競争秩序を維持し，窮極的に一般消費者の利益を確保して民主的経済の発展を目的とする規範が，独占禁止法（国家的規制の法）である。独占禁止法が適用される財産関係・契約関係の領域は，縦と横の関係が立体的に交差する部分ということになろう。

第7章　独占禁止法政策（産業組織論と競争理論）の選択

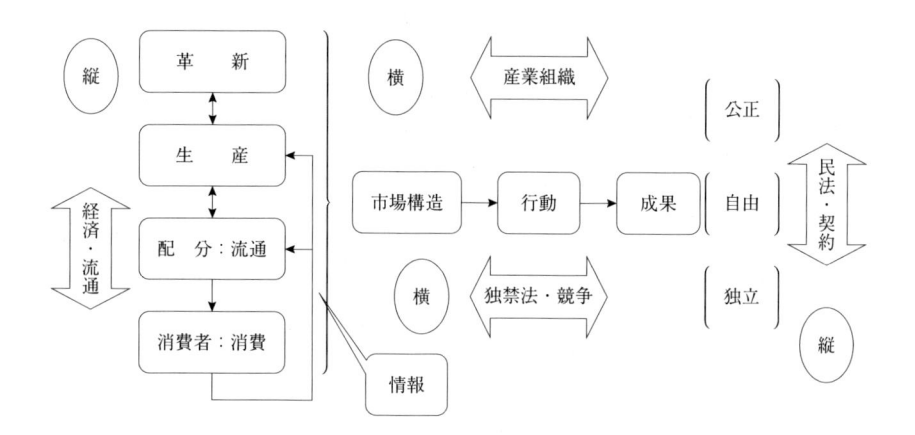

図表7-1　法と経済の縦と横の交差関係図

（縦）革新 → 生産 → 配分・流通 → 消費者：消費

（横）産業組織／独禁法・競争／情報

公正・自由・独立／民法・契約／縦

経済・流通　市場構造 → 行動 → 成果

2　日本の社会経済構造改革が依拠する産業（市場）組織政策

　経済活動（市場・産業の構造・行動がどのようなプロセスを経て成果をもたらすのか）は，経済関係を縦の関係として捉えるミクロ経済学の観点からだけでは，正確に把握することは難しいであろう。アメリカ合衆国のマイクロソフト事件に代表される私的独占や不当な取引制限（競争制限事件）といった市場の失敗（または「外部不経済」ともいう）の例は，産業組織論の視点から分析してみると，政府による経済政策および裁判所による法政策の違いを鮮明にする。アメリカ合衆国の代表的な産業組織論の2つの立場は，各々独自の目標をもち，それを支える確固たる理論を有している。

　シカゴ学派は，経済レッセフェールを基本姿勢とするので，国家による規制を緩和（許認可といった公的参入障壁を撤廃）した。これによって，当時は，事業者の新規参入が容易になったといわれていた。[2] 事業活動の効率性によって事業者に最優先で帰属した利益は，シカゴ学派においては，利益配当や社会寄付という再分配を経由して，二次的には国民・消費者に分配される構造が前提とされているのである。しかし，他方では，シカゴ学派流の「大企業の自由を保証すれば，経済効率が向上する」という考え方は，大企業の傘下に入ることを嫌

75

い，独自路線を進もうとする事業者および新規参入をすませた多くの事業者の事業の維持発展を難しいものにしている事実や[3]，利益の二次的再分配機能が十分に働かず国民・消費者相互の間の所得格差がより広がり大きくなった事実からも，無条件で支持されるわけではない[4]。このシカゴ学派の理論と現実の間で生じたギャップに対しては，「現実の経済成果についていささか『楽観的』であった」といえるであろうという批判もある[5]。このように，シカゴ学派流の産業組織政策による経済の舵取りは，市場経済システムの理論的基礎・実践的基盤が整備されているとされるアメリカ合衆国においても，かなり難しいのである。

　日本では，繰り返される建設・備品に関する入札談合[6]や備品ネットワーク構築事件が，毎週1つはマスコミによって報道されている。入札談合の本質は，競争関係にある事業者間での「もつ者」「もたざる者」の典型的な例として，経済的支配者が経済的従属者を傘下に収め，従属者は支配者に従って利益の分配に預かるという関係あるいは同程度の力をもつ事業者の協調関係の側面がある。かような建設談合によって，国民が被った損失は，毎年1兆円になるといわれている。さらに，研究開発・生産・流通といった各段階において力の拮抗した複数の事業者が，知的財産権等を利用（例えば特許プール）してネットワークを構築し（ネットワーク効果）市場を囲い込み（ロックイン現象）新規参入を困難にして（ボトルネック効果），利益を確保する例も出現している[7]。日本の経済構造改革は，規制緩和政策を核に推進することで，能力ある者の市場参入を容易にしつつ[8]，市場経済から退出を余儀なくされた者の社会（市場経済）復帰が容易にできる社会形成を目指したはずであった。しかし，市場への参入退出の自由を謳歌し得たのは，大手事業者であった。経済規制緩和および税金の大幅逓減を受け，スーパーなどの大手小売業は，地域市場に容易に参入し地域社会の中小事業者を市場から駆逐した後，不採算市場と判断すると，その後のコストを社会的コストに付け替えて，市場から撤退し地域社会の空洞化を生ぜしめた[9]。顕著になってきたといわれる日本の所得格差[10]は，所得の二次的再分配の法システムを十分に整備せずまた機能し得ない日本の経済社会構造を前提としている。かような社会経済構造の下で生じた所得格差は，シカゴ学派の産業組織

論で展開される「最大収益の原理」のうちの企業優先の論理を実践した結果として，あるいは消費者利益の優先そして自己責任を唱えながら，費用対利益の効果を考慮せず超過費用の一部あるいは大部分を社会的費用として付け替える事業者のフリーライド（ただ乗り）の姿勢によってもたらされた，社会的・経済的弊害の1つであろうとは言い過ぎだろうか。経済政策および競争政策の目標を経済効率性の促進の一点に集中し，自己責任のスローガンの下にフリーライドを行う事業者が多く，市場のもつ経済取引機能に十分な信頼を置かないあるいは置けない日本社会において，中小事業者の経済活動の自由が尊重されて，富の再分配機能が十分に働き一般消費者の利益が一次的あるいは二次的に確保される民主的な経済の発展は，ほんとうに維持されるのだろうか。

3　均衡のとれた経済（独占禁止）政策・労働政策そして社会保障政策の選択

　日本の経済社会において，シカゴ学派流のレッセフェール的経済政策は，日本の経済活動の改革にある程度貢献し得たとはいえ，当初目指した経済構造改革は，現段階では十分に成功し得たとはいえないように思われる。経済構造改革は，労働・社会保障・経済分野の各システムの基盤を相互補完的なものとして把握しなければ達成し得ないものである。しかし，日本の構造改革の視点は，市場経済を支えるためにどのような労働・社会保障を行うべきかという側面からの政策が先行し，労働および社会保障を支えるためにはどのような経済政策や競争（独占禁止法）政策を実施しなければならないかという視点が抜け落ちているように思われてならない。これは，日本社会の思考過程における縦割り構造中心の弊害の現れの一側面ともいえよう。
　ハーバード学派流産業組織論は，市場が万能でなく不完全なものであるという思想をもち，シカゴ学派とは異なり，市場機能の万能さに懐疑的である。したがって，経済政策および競争（独占禁止法）政策の目標は，望ましい経済成果の実現の中に，効率性のほかに生産および雇用の安定性や所得の公正な分配を達成することが含まれ，事業活動の基準の設定，そして巨大企業の不当な成長の防止（大企業権力の制限）などが設定されている。ハーバード学派には，労

働政策，社会保障政策との関連性から経済政策・競争（独占禁止法）政策をどのようなものとして位置づけるべきかという側面が存在し，また，ゲーム理論の導入で情報の非対称性や取引費用の視点から企業の戦略的行動および市場の動的な状況の分析が可能となった（経済分析の方法論が飛躍的に進歩した）といわれているのだが，その精度は未確認である。[11]

国家財政の赤字が膨大となった現在では[12]，労働雇用政策や社会保障政策に割り当てられる財源は，限定されざるを得ないであろう。かような状況下で，国際競争力強化という美名の下に，米国共和党政権の推進するレッセフェール型経済政策・競争政策を継続して大手企業の気儘な自由を謳歌させるのか，それとも，生活経済格差が顕著になりつつある日本社会では，労働雇用政策や社会保障政策と連動して相互補完関係を図り得るような経済政策・競争（独占禁止法）政策に舵を切り転換をはかるのかが[13]，いま問われているのである。

1) 林敏彦『経済学入門〔新訂〕』（放送大学教育振興会，2004年）87頁。経済学においては，「配分」は，資源配分などのように複数の財やサービスを多くの主体に配ったりあるいは割り当てたりする場合に用いる。「分配」は，所得分配とか利益分配などのように資金や所得など単一のものを多くの主体に配るときに用いる。本書でもこの区分による。

2) W. アダムス編（金田重喜監訳）『現代アメリカ産業論〔第8版〕』（創風社，1991年）169-200, 174頁。アメリカ合衆国の旅客航空市場では，1981年に新規参入規制が完全撤廃され，1985年までの間に，航空輸送会社数10社が新規参入を果たしたといわれている。それまでの旅客航空市場は，約6社によって支配される状況にあった。

3) W. アダムス編，前掲注2），174, 179頁。1985年までに新規参入を果たした航空輸送会社は，1987年には，50社余が破産あるいは吸収合併されて消滅したと報告されている。規制撤廃によって旅客航空市場に新規参入した「翼をもつ資本」（航空機）は，既存航空輸送会社からの報復をもちこたえるためには，技巧・人材確保，運営を行うための相当な資金を要する。しかし，新規参入した会社はどれも，料金値下げおよび大手の合同運動に対抗して生き残ることはできなかった。W. アダムス，J. W. ブロック編，同書第10版，217-221頁，235-236頁。1978年から1983年までを激動の競争の時代，1984年から1988年までを市場力回復（路線の弾力性激減）の時代，そして1990年代は強力な独占袋小路の時代と呼ばれている。1990年代，旅客航空市場では，激烈な航空券価格戦術および航空輸送業の高い利潤率によって市場力が強力に働き，大手10社による市場集中が進んだ。その結果，サービスの質が低下し，利用客の長蛇の列が生じて混み合い，航空便の遅れがしばしば発生している状況にある。

4) Eastman Kodak Co. v. Image Technical Services 504 U. S. 451 (1992)：この事件は，

第7章　独占禁止法政策（産業組織論と競争理論）の選択

　1980年代の経済効率性を優先するシカゴ学派の理論を重視したアメリカ合衆国反トラスト法政策が，1990年代には，古典的理論（ハーバード学派）をゲーム理論や戦略的行動論を加味することで進化させた理論（ポスト・シカゴ）へ移行しつつあることを説明する場合に，必ず，引用される。奇しくも，Kodak事件は，ハーバード→シカゴ，シカゴ→ポスト・シカゴへと反トラスト法政策の理論が転換しあるいは移行する契機となった。

5）　石原敬子『競争政策の原理と現実――アメリカの反トラスト政策をめぐって――』（晃洋書房，1997年）51-73頁。

6）　独禁法48条に基づいて，公正取引委員会によって積極的排除措置（勧告）が命ぜられた入札談合事件は，平成12年度に10件（公取委取扱事件719件），13年度に33件（同248件），14年度に30件（同561件），15年度に14件（同468件），16年度に22件（同219件），17年度には33件であった。

7）　公取委平9・8・6審決集44巻238頁〔三共ほか10名に対する事件〕（公正取引委員会が平成9年8月6日に審決して公正取引委員会が刊行する審決集44巻238頁に掲載されている三共ほか10名に関する事件をいう）は，パチンコ機製造技術市場における有力10社の出資により設立された㈱日本遊戯機特許運営連盟が中心となり，特許等の知的財産権を管理運用することで，パチンコ機製造技術市場の独占を企図した――ボトルネック効果――事例である。公取委審決平10・12・14審決集45巻153頁〔マイクロソフト事件〕は，パソコンのハード会社や小売販売会社に対してパソコンの基本ソフト（OS）と応用ソフト（アウトルックやエクセル）を抱き合わせて生産・販売するよう拘束した――ロックイン現象――事例である。

8）　毎日新聞2006年3月22日付朝刊では，リストラや団塊世代の大量定年によって激減する従業員の補充とそれに伴う技術の継承，年金生活者向けビジネスへの参入をねらって，2006年度の新卒採用を増員する企業が大幅に増えたことを報じている。日本経済新聞2007年3月18日付朝刊では，2007年度の新卒者の採用数は，さらに増加し，採用内々定は，4月上旬に繰り上がる傾向にあるようで，経済景気の回復の兆しも，大幅増員の要因としてあげているが，いかがであろうか。その後2008年に，アメリカ合衆国のリーマン・ショック（サブ・プライム・ローン）事件を端緒に，金融市場が世界的規模で破綻し，各国は，未曽有の経済恐慌に陥っている。

9）　この代表的な例としては，千葉県木更津市の地域社会空洞化に認められる。この地域では西友ほか数店のスーパーが市場より撤退することによって，生活用品の購買不能という市民生活崩壊の危機に直面した事態をあげることができよう。駆逐された中小事業者の市場経済への復活や従業員個人の社会復帰だけでなく，深刻な地域社会生活構造の再生が問われている。もはや，構造改革では追いつかない。社会組織構造そのものの再生が問題となる段階に至っているのである。

10）　2006年3月において，生活保護を受けている人口は，100万人を超えたという。この数字には，年金受給者が含まれていない。この数字が増加する限りは，経済社会への復帰を容易にすべき社会的基盤が，整備されているようには思われない。毎日新聞2009年10

第1部　経済法を学ぶための基礎──法と経済──

月20日付夕刊では,「厚生労働相は,国民の貧困層の割合を示す指標である『相対的貧困率』が,06年時点で15.7％だったと発表した」という記事が報道されている。この貧困率は,先進国で際立つ高水準(先進30国中27位で4番目に悪い)とされる。

11)　大川隆夫「第7章新産業組織論」小西唯雄編『産業組織論と競争政策』99-110頁(晃洋書房,2000年)。シカゴ学派は,独占・寡占市場が規模の経済性から生じるのであり,ハーバード学派のSCPパラダイムでは,構造・行動・成果の相関関係が証明されただけで,因果関係は証明されておらず,独禁法を適用して規制すべきはカルテルに限るべきと批判していた。これに応えて,ハーバード学派流産業組織論は,市場規模・科学技術そして市場参入機会などを所与要件として,市場シェア・製品差別化といった市場構造が研究開発・生産量・広告宣伝などの市場決定行動を規定し,それら市場行動が費用・価格・利潤といった市場成果(公正と効率性)を規定するという因果関係の分析を,ゲーム理論の導入によって可動的な戦略的行動──情報の非対称性・取引費用など──といった視点から可能とした。この進化した理論を,新産業組織論(NIO＝New Industrial Organization)という。

12)　財政赤字を招いた大きな原因の1つは,政官財の癒着の構図によってもたらされた弊害にある。行政は,建物の建築を民間業者に発注し,建築業者は,入札という方法で偽装された談合によって建築を請負って,談合の参加者全員が建築報酬を分け合う。議員は,支払らわれた金額から政治献金という名のバック金を受取り,でき上がった建物には,行政の役人や議員が極端に安価な賃貸料で入居する。政官財が癒着することで民主制を悪用した検証なき税金の垂れ流しは,生産的な社会的余剰として機能し得ない,なるべくして財政赤字を生ぜしめた悪質な原因といえよう。これらを払拭できないにもかかわらず,福祉財源を確保するためと称して,消費税やその他の税金率を大幅にアップする政府の方針に,国民が容易に賛同するとは思えないし,また賛同すべきではないであろう。

13)　小西唯雄・和田聡子「市場経済の特徴とその批判論(上)(下)」『公正取引』2006年8月670号28頁,同2006年9月671号76頁。

第2部

独占禁止法

第1章　独占禁止法の歴史

　第2部では，経済法体系の中核に位置づけられる「私的独占の禁止及び公正取引の確保に関する法律（以下では「独占禁止法」または「独禁法」という）を中心に，その制定史，手続規定そして実定法の内容について学習する。
　市民革命は，自由・平等・平和を憲法理念として掲げ，これを，市民法においては当事者能力対等の原理として確立し，所有権の絶対性・契約自由そして過失責任という三原則として具体化した。1700年代後半からはじまった産業革命は，この三原則を基礎に，生産を飛躍的に高めた。貨幣経済と交通機関の発達に裏付けられた市場の形成および権利・義務の保障システムの確立は，流通の円滑化をもたらした。そこで得られた利益は，拡大再生産のための資本に投下され，莫大な富は，繰り返し再生産に投下された。自由な経済活動は，資本主義経済システムを誕生せしめた。その結果，「もつ者（資本家）」と「もたざる者（労働者）」という新たな階層社会が形成された。「もつ者」による資本主義経済の舵取りは，「生産者」と「消費者」という階層の分化を確立し，独占資本主義経済を誕生せしめ，1800年代後半には，生産や取引市場において独占・競争制限・および公正競争の阻害といった独占資本主義経済の弊害があらわになりはじめた。これらの弊害を禁止し防止し，あるいは，これらを排除することによって公正かつ自由な競争秩序を維持して消費者の利益を確保するためにアメリカ合衆国反トラスト法が制定されたのである。1900年代末からは，科学の高度な革新によって技術分野の独占という問題が生じ，独占禁止法は，特許や著作権といった知的財産権との関係を含む理論をどのように構築するかという観点にたった新たな歴史の段階に入ったと解すべきであろう。
　法律を運用（解釈・適用そして執行）する者の使命は，第一に，社会経済関係における当事者間の権利義務の適正な配分を執行し得る環境を整えること，第二に，実社会の事実関係において，それの配分が歪曲した場合に是正を働きか

けることにある。法律の執行は，国家による強制力を伴う。日本において独占禁止法を執行するのは，国家機関である公正取引委員会である。それゆえ，立法した際の法律制定の趣旨・目的などを理解しておくことは，制定後のその法律（本章では独占禁止法）の解釈・適用および執行（以下では運用という）の方向性を決定づけるので，たいへん重要である。中小事業者を含む消費者ら（国民）は，独占禁止法が法の支配（Rule of Law）[5]に基づいて運用されるよう常に関心をもち，歪みが生じている場合には，是正を働きかけなければならない（独禁法45条1項）。

　第2部第1章では，独占禁止法の基礎を提供したアメリカ合衆国反トラスト法（シャーマン法，クレイトン法，FTC法，ロビンソン・パットマン法，セラー・キフォーバ法などを総称して反トラスト法という）の制定史（時代背景・法の制定経過および立法目的）が学習の対象となる[6]。本章の目標は，法の支配に基づき，日本の独占禁止法の政策立案・運用およびそれらの検証に役立ち得る諸知識（反トラスト法が制定された趣旨・目的そしてそのバックボーンを構成する法思想とは何か）を理解することにある。

1　アメリカ合衆国の反トラスト法

(1)　アメリカ合衆国建国期の「草の根民主主義」思想

　建国期のアメリカ合衆国（以下では合衆国という）は，抑圧され続けたヨーロッパのアングロサクソン系移民によって構成された市民社会の連合体であった。したがって，それ以外の移民や先住民は，市民として社会の形成に参加することから排除されていた。それゆえ，個々の市民は，相互に契約を結ぶことによって権利義務関係が生じるという社会を想定した。各州の組織と権力は，その社会を基礎に成立し，その上に連邦組織が構築されて連合国家としての権力が成立していた。合衆国の建国は，J.ロックの政治思想とプロテスタンティズムの禁欲思想に支えられ，アングロサクソン系市民の内部にある力を基礎に行なわれたといえるであろう。この建国期における合衆国の政治・経済体制は，理念としての「草の根民主主義」といわれる。その精神は，連邦政府の権力を最

小化し,市民個人の生命保護と財産権を保障することによって,自由な機会均等を保障することを何よりも優先されるべき重要課題としていた点に現れている。

この草の根民主主義は,建国期のジェファソニアン民主主義[7]によって代表される。1820年代から1830年代のジャクソニアン民主主義[8]は,草の根民主主義の側面をもちつつも,連邦政府による介入を拒むため州権力を強化し,それが地域間の利害対立の激化を誘発して,南北内乱(南北戦争)へと進んだことは,歴史の皮肉であった。北部の勝利とは,連邦統一派の勝利すなわち利害調整者として連邦機関が社会の前面に登場してくることを意味する[9]。

(2) 南北戦争後半からシャーマン法制定(1865～1890年)までの概略

経済産業界は,南北戦争の前半においては,全経済過程を通じて混乱し重大な打撃を被ったが,後半には,むしろ軍需物資の生産増大によって,新しい源泉と新しい市場を開拓し発展した。経済産業界は,1873年から1879年までの恐慌時に一時停滞するが,それ以後に再び成長を続け,やがて産業の集中から独占資本の形成へと進む。

(a) 産業集中から独占資本形成へと進む要因

産業革命による蒸気機関,電力,電信電話通信の利用および大陸横断鉄道の建設は,新しい技術の導入による工業製品の大量生産,大量輸送そして大量消費を可能にした。それは,産業のあり方を家内工業からマニュファクチュアへ,さらに工業の近代化(工業化された規模の拡大)を要求する。この工業化される近代産業に対応するためには,事業者は,莫大な資本の投入そして集積を必要とした。経営規模の拡大と資本の集積は,産業集中から独占資本を生ぜしめた。この時期において,資本を集積せしめた第二の要因は,個別資本が集中化することによって生じた事業者間における競争の激化であったという事実にある。

(b) Pool と Trust

南北戦争後半から軍需景気によって拡大した市場は,戦後に生じた恐慌によって縮小し,軍需景気によって過剰生産された製品は,消費できずに不良在庫と化した。その結果として,事業者間においては,「喉笛を切るような競争」が生じ激化した。この事態に対応しつつ市場における優越的な地位を確保する

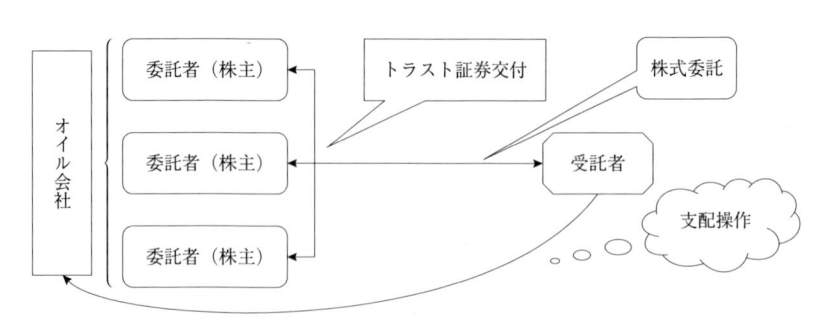

図表1-1 トラスト（信託制度）

ため，各事業者は段階的にPoolとよばれる各種カルテルの締結という手段を講じた結果，産業の集中が生じた。Poolとよばれるカルテルは，Common Law上では無効とされる[11]ので，抜け駆けやPoolの及ばない範囲で事業競争が生じた。その結果，事業者は，より実効性のある法的手段を求めて1880年代にトラスト（trust[12]・信託制度[13]）を利用した（トラストの説明は注12）を参照）。

(3) シャーマン法（反トラスト法）の制定

(a) 反トラスト運動

トラストを利用して資本が集中し，独占資本による市場の支配が顕著になると，まず，西部地区において，鉄道会社が工業貨物輸送を優先するために行った事業経営戦略（安価・優先利用など）は，西部地区の農民との間で利益対立（高価格，劣後利用など）を生ぜしめた。農民による鉄道批判（グレンジャー活動）が開始されたことを契機に，消費者（高価買い入れを理由とする），中小事業者（中間財を大量生産することによって限界費用を下回る低価格で納品を余儀なくされる事態が生じて事業継続が困難になったことを理由とする）などを中心に反トラスト運動が全国に拡がり展開された。反トラスト体制を現実化するためには，各州レベルによる取引制限および独占化に対応することでは足りず，連邦による統一的な対応を要した。

1889年に，共和党のB.ハリソンがアメリカ合衆国第23代大統領に就任すると，1890年には，反トラスト（Anti-trust）法の基礎法となる「不法な制限およ

び独占に対し取引および通商を保護する法律」（以下では，「シャーマン法」と記す）が，制定され施行された。

(b) シャーマン法の内容と問題点

① シャーマン法の内容

シャーマン法は，1条の取引制限（Restraint of Trade）[14]と2条の独占化（Monopolization）[15]の実体規定そして手続規定を含む8つの条文から構成されている。シャーマン法は，事業者が同法1条，2条に違反した場合には，事業者に対し刑事罰を課し，排除措置（日本の行政処分に相当する）および財産没収の処分を行い得るとし，そして損害を受けた私人は当該事業者に対して3倍額の損害賠償を求め得ると規定した。

② シャーマン法の問題点

(i) シャーマン法適用の範囲

シャーマン法が制定されたことにより，すでにトラスト形態によって資本の集中を実現していたほとんどの巨大事業体は，自らトラストを解消し，資本の集中を持株会社方式という新しい形態に移行して行い，反トラスト運動からの非難をかわした。持株会社とは，特定の会社が他の会社の株式の多数を保有することによって結合し支配しようとする方法をいう。制定されたシャーマン法は，カルテル事件[16]を違法としたが，新しい持株会社方式によるトラスト[17]を禁止できなかった。その結果，「シャーマン法は，協定に強く，トラストに弱い」と批判されるようになり，一部では，シャーマン法の強化が求められるようになった。

(ii) 当然違法の原則

トランス・ミズリー河鉄道運賃組合協定事件の最高裁判決において，E. D. ホワイト，S. J. フィールド，H. グレイおよびG. シラス Jr.の4判事（少数意見）は，営業の制限や独占化には，条理的（「合理的」という意味）なものと不条理的（「不合理的」という意味）なものがあり，前者はシャーマン法に違反せず，後者のみがそれに違反すると解すべきであると主張した。

しかし，ハーランはじめ5判事（多数意見）は，営業の制限や独占化という事実には，「条理」「不条理」を区別するものは何もないから，カルテル行為の

存在のみで「当然違法（per se illegal）」であると主張し，その後この解釈（ジョン・マーシャル・ハーラン解釈という）は「当然違法」原則としてシャーマン法を解釈する際の指針となった。この最高裁判決は，シャーマン法の解釈指針について，その後当然違法原則と条理の原則（rule of reason）[18]との対立を生む結果となった。

解釈の余地を許さないハーラン解釈は，国家に「当然違法」という強制力をもって，市場に介入する可能性を許すものであった。それは，合衆国の建国以来，「合衆国の伝統的な法慣習，すなわち『国家』は『社会』に従うというあの慣習を踏みにじり，『社会』は，『国家』に従うという新しい法理論の提示であった[19]」ため，1900年代になると，シャーマン法の改正が求められるようになった。

③　1900年代の「当然違法の原則」から「条理の原則」へ

持株会社方式によって事業を再組織して資本を集中させた代表が，スタンダード・オイル社とアメリカン・タバコ社である。

（i）スタンダード・オイル事件[20]

1899年に「固い結合」といわれる持株会社として再組織されたスタンダード・オイル・ニュージャージ社は，石油精製部門を中心に，水が川上から川下に流れるように，原油を生産し加工し石油製品を販売する部門に至るまで垂直的な統合を達成した。同社は，統合された各分野の計画・管理・調整を専門職能別にかつ中央管理システムによって実行した。合衆国連邦政府は，石油製品の取引を独占する，あるいは制限する同社の共謀行為（取引を制限し独占を図る内容を有する営業上の契約・協定および結合）をシャーマン法1条および2条に違反するとして，同社を裁判所に提訴した。具体的には，同社およびロックフェラーをはじめ個人は，共謀して鉄道会社から競争他社の石油会社よりも優遇された運賃価格（運賃率）の提供を受け，さらに莫大なリベートを獲得する手段にニュージャージ社の前身であるスタンダード・オイル・オハイオ社を利用した。オハイオ社は，優遇運賃価格を利用してより規模の小さい競争相手を結合し，同種の独立事業者を廃業や倒産に追い込んだとして，合衆国連邦政府によって提訴された。

第 1 章　独占禁止法の歴史

(ii)　アメリカン・タバコ社事件[21]

　アメリカン・タバコ社は，1890年に，国内の紙巻きタバコ分野で95％の製造流通販売競争を展開していた主要 5 社が株式合併によって再組織された事業者である。同社は，トラスト活動の拡大を図るため，嚙みタバコの分野で徹底的な価格競争を展開して，1898年に嚙みタバコ分野の主要 5 社を獲得し，その後莫大な資金を投入して関連競争30事業者を買収して直ちに閉鎖した。同社は，同社によるこれらの事実がシャーマン法 1 条，2 条に違反するものとして，合衆国連邦政府によって裁判所に提訴された。

(iii)　裁判所の判決──法の解釈・適用の変更──

　スタンダード・オイル社は，74社ある子会社のうち33社が分離され，アメリカン・タバコ社は，14の事業者に分離分割された。1911年のこの 2 つの判決において注目すべき点は，裁判所が判断を当然違法の原則から「シャーマン法のもとでは取引の不当な制限だけが違法である」という条理の原則に移行した点にある。すなわち裁判所は，トラストを「良いトラスト」と「悪いトラスト」に区別し，後者のみをシャーマン法に違反すると判断したのである。不当な制限とは，「通常の方法による事業力の推進」と比較対照して「独占しようとする特定な意図」により独占化への積極的な推進（「他の事業者を取引から排除し，結合の手段によって継続的な事業の支配権を集中させることを目的とした」）行為をいうとした。このように，裁判所が「独占の意図，行為の目的そして他社事業（営業権）の排除」をシャーマン法の私的独占の構成要件として設定したことは，「独占」に関心を向ける以上に，同法 2 条の独占化に関心を向けて，シャーマン法 1 条の不当な取引制限に近似したものとして解したといえるであろう。したがって，「結合の規模，あるいは当該生産物の総産出量に占めるシェアは，他企業の競争の自由に影響を及ぼす略奪的行為を伴う場合にのみ重要な判断となり得る[22]」ということになろう。

　スタンダード・オイル事件の判決を受けて，裁判所は，アメリカン・タバコ事件では上記したシャーマン法の私的独占の構成要件に加えて，諸々の市場状況を新規参入業者に対する市場参入障壁として認定して，「条理の原則」をより精緻化した。これら 2 つの判決は，反トラス法の法理論の歴史的基礎を提供

したものとして，評価されている。

しかし，条理の原則がシャーマン法の解釈適用に定着するようになると，事業者側は，事業計画の合法性と適法性を正確に予測することが困難であると批判するようになった。さらに，シャーマン法は，「既成事実だけを対象としているとみられ，そのために弊害を初期の段階で狙い撃ちする効果的な法的手段がない結果になっている」という問題が提起されるようになった。[23]

(4) クレイトン法・連邦取引委員会（FTC）法（反トラスト法）の制定

民主党選出のW. ウィルソンが大統領[24]に就任すると，1914年には，クレイトン法と連邦取引委員会法が制定された。これらは，前記した批判や問題提起に応えて，シャーマン法を補充強化（一部改正）するために設けられた法律である。[25]

(a) クレイトン法

クレイトン法は，条理の原則の定着を前提として，独占を萌芽の段階で摘み取るため，「価格差別」（2条），「抱き合わせおよび排他的取引契約」（3条），「株式取得・合併」（7条），「取締役の兼任」（8条）の違反・禁止を規定した。これによって，反トラスト法は，現実的競争効果を侵害する場合だけでなく，著しく競争（潜在的競争効果）を減殺する結果をもたらす蓋然性ある行為を違法とし，独占を未然に防ぐことを可能とした。[26]

ダンベリー帽子製造工事件の組合結成活動にはシャーマン法が適用されたが，クレイトン法6条は，労働組合加盟に関する活動が反トラスト法適用の範囲内にないことを認めた。

(b) 連邦取引委員会（FTC）法

連邦取引委員会法（Federal Trade Commission Act）6条は，独立行政委員会として連邦取引委員会を設立する根拠を提供し，同委員会に独占の実態調査を行う権限および公表権限を与えた。さらに，連邦取引委員会法5条は，同委員会に対して，事業で行われる慣行の継続的な実施の結果として潜在的競争効果を減殺する蓋然性があると認められる不公正および欺瞞な取引方法を禁止する権限を与えた。[27]

(5) ロビンソン・パットマン法（反トラスト法）の制定

1929年にはじまった世界恐慌は，深刻なものであった。アメリカ経済も混乱に陥った。1933年にF. D. ルーズヴェルト[28]が大統領に就任すると，彼は，政府が経済に積極的に介入することの必要性を説き，政府と事業者ビジネスとの協調連携体制を基本に破壊的な競争を排除し，事業者と組合との協調によって雇用を確保し，需要の拡大を図るニューディール政策を実施した。反トラスト法に関しては，政府承認の下同法の適用除外範囲を拡張し，産業のカルテル化を進めて経済産業界の復興を図った（全国産業復興法の制定）。しかし，このカルテル化による政府の広範囲な介入は，事業者，中小事業者，消費者，労働者の間で不評であった。最高裁は，1935年に全国産業復興法を違憲と判決した。

これを受けて，ルーズヴェルトは，経済の協調路線を変更して，反トラスト政策の促進へと舵をきった。1936年には，ロビンソン・パットマン法が制定された。この法律は，クレイトン法による価格差別の規制範囲をさらに広げ強化したものである。

(6) セラー・キフォーバ法（反トラスト法）の制定

クレイトン法7条は，「株式取得・合併」を規制しているが，脱法行為としての資産取得には適用されない。そこで，1950年には，H. S. トルーマン大統領[29]のもとで，セラー・キフォーバ法が制定された。同法は，事業者による資産取得が競争を実質的に減殺することになるか，独占を形成するおそれのある場合に，株式取得や合併を禁止すると同様に資産取得も反トラスト法による規制の対象としたのである。

(7) 合衆国による反トラスト法の運用傾向について

第二次世界大戦後の合衆国における反トラスト法の運用について，民主党は，独占およびカルテルに厳しい姿勢（事業者の分離分割など）で臨むのに対して，共和党は独占を反トラスト法の適用から除外する傾向にある。このように合衆国による反トラスト法の運用は，政権担当政党の政治的傾向，経済論・経済政策そして産業組織論・産業組織政策と密接に関係して，異なっているといえる

であろう。[30]

2 日本の独占禁止法

 日本において独占禁止法がはじめて制定されたのは，1947（昭和22）年のことであった。ここでは，独占禁止法が，太平洋戦争の敗戦という時代背景を背負って，何を目標に何を現実化すべく誕生したのか，また，その後の日本の経済社会のあり方にどのような影響を与えてきているのか，あるいは経済状況やそのシステムによってどのような影響を受けてきているのかについて概観したい。

(1) 太平洋戦争敗戦による社会経済の民主化政策と独占禁止法の誕生

 日本は，1945（昭和20）年8月15日に，ポツダム宣言を受諾することで太平洋戦争に敗れ，連合国の統治下に入った。連合国は，ポツダム宣言で日本の政治・経済そして社会の民主化を求めた。民主化政策を現実化するために日本は，憲法を改正して象徴天皇制に移行し，民法を改正することでアグナチオ的（封建的）家制度からコグナチオ的（夫婦の結びつきを中心とした家庭）家族へ再構成するとともに，農家における地主・小作制度を廃止して農地解放を実施した。さらに，経済の民主化を実行する政策として，持株会社が禁止されて，三井・三菱・住友・安田の四大財閥が解体（1945（昭和20）年11号指令）され，過度の経済力集中が排除（1947（昭和22）年法207号——地主・小作制度の廃止も経済力集中排除の意味をもつ——）され，また私的な統制団体（たとえば戦時体制下で新聞の合売制度を実施するための軍部主導による統制団体など）が解散（1945（昭和20）年8号指令）となった。これらによって構築されつつあった民主的な経済秩序およびその構造を恒久的に維持するための基本法として，独占禁止法は，1947（昭和22）年に制定された（「原始独占禁止法」という）。原始独占禁止法は，統制経済や戦時経済体制からの決別を目標に，集中規制を徹底するため合併を一切認めないという徹底的に競争重視の性格を有していた。

(2) 政府主導による経済復興と独占禁止法の機能不全

しかし，他方では，戦争によって疲弊し混乱した経済社会を復興させるために政府主導による（ときには支配的な）政官財一体の経済政策が実施され，また事業の参入や展開に政府による許認可が必要とされたことによって，「経済憲法」と称される独占禁止法は，基本法として期待される機能を十分に発揮する地位を獲得するまでには至らなかった。独占禁止法は，国内経済の状況やアメリカ合衆国経済の影響を受けやすく，戦後の高度経済成長段階を迎えるにあたって，数度の改正によってカルテルの適用除外規定（独禁法24条の3）が盛り込まれたり，共同行為の禁止規定が削除（独禁法4条）されたり，また集中規制が緩和されたことで現在の日本の資本主義経済体制の枠組みが徐々に形成された。

1970年代に中東から生じた世界的オイルショックによって，日本は未曾有の不況とインフレーションを同時に経験するという「スタグフレーション」に突入した。石油価格の高騰，生活物資の売り惜しみそして買い占めなどといった反社会的行為が世論によって強く批判され，再び各種の規制が導入されて，独占禁止法は，戦後はじめて強化の試みがなされることになった。しかし，1973（昭和48）年改正案は，財界の反対で立法に至らず，1977（昭和52）年に改正された。ところが，改正によって導入された規定――独占的状態の企業分割（独禁法8条の4），金融会社の株式保有に対する制限5％ルール（独禁法11条），大規模会社の株式保有に対する総量規制（独禁法9・10条）――などは，独占禁止法発動のための要件が厳格で実効性は薄く，「画に描いた餅」状態であった。独占禁止法に違反する行為を行った事業者に課せられる課徴金制度は，このときの改正によって導入されたものである。[31]

(3) 規制（Regulation）から規制緩和（Deregulation）へ

日本は，1980年代からはじまった日米構造協議において，高い関税や政府許認可という参入障壁によって貿易摩擦が生じていると米国政府によって批判された。諸外国は，GATT（関税および貿易に関する一般協定）のウルグアイ・ラウンドが開催される頃には，日本市場の閉鎖的構造体質を政府による「許認可

行政」「行政指導」とか「護送船団方式」という用語によって表現するようになった。そこで，日本政府は，1990年代のバブル経済末期から崩壊後の長期不況期にかけて，より大胆な規制緩和（実際には関税や規制の撤廃）や法的根拠なき行政指導の禁止を実施して，護送船団市場から競争重視の市場へと転換をはかることとなった。

　1995（平成7）年には，GATTウルグアイ・ラウンドでWTO（世界貿易機関）が創設された。参加締約各国が国内外の取引を「ボーダレス市場」において行うことに合意したことで，取引は，比較優位という競争機能の働くグローバル経済市場において，促進されるよう期待された[32]。また，バブル経済崩壊後の長期不況期には，生産や流通の系列化によって肥大した効率性の低い馴れ合い型の生産流通構造が批判され，合理化による良品廉価な製品やサービスの提供が求められるようになった。1990年代の情報通信技術機器の急速な発展普及は，事業者に，情報を合理的に利用する観点からコスト・プロフィットを徹底する経営を求め，あるいは情報そのものを取引の対象とする情報社会を生んだ。金融の世界では，事業者のメインバンク制度が崩れつつあり，金融事業と証券事業の間の障壁は解消されたり低く変化する傾向にある[33]。コスト・プロフィットの観点から比較優位原則を徹底する取引が貿易摩擦を解消し，公正かつ自由な競争機能を発揮する市場は，能力のある者の市場参入を容易にして，市場経済から退出した者の市場経済社会への復帰を容易にすると期待された。国際競争力を高めるというスローガンの下に日本の政官財民は，2000年代を迎えこぞってかような経済社会を目指した，いや，目指したはずであった（米国のレガノミクスや小泉経済構造改革）。

(4) 誤解される「競争」概念

　しかしながら，「競争」ということばのもつ意味からは，いつしか「公正かつ自由」な側面が抜け落ち，「競争」はレッセフェール型の「何でも自由」という意味をもつことばとして勝手に理解され一人歩きしはじめている。昨今では，大小を問わず事業者は，「適正な手続過程を経て適正な利益」を獲得するのではなく，「競争に勝って儲けるため」に，違法行為・偽装行為（例えば，談

合，カルテルの締結，製造元・原材料の購入先・製造期日および消費期限の虚偽記載，使用薬剤の不実記載あるいは使用禁止防虫剤の使用など）を懲りずにあえて故意に行うまでになっている。事業者の幹部が好んで使用する「コンプライアンス（法令遵守の意味）」が，虚しい掛け声にしか聞こえないのは，筆者だけであろうか。

　独占禁止法の世界にあっても，「画に描いた餅」状態が現れてきているように筆者には思われるが，この点についてはすでに第1部第7章の「独占禁止法政策の選択」において述べたところであるし，また第2部第2章，第6章そして第10章において，あらためて指摘したいと思う。

1）　この三つの原則を，「近代市民法の三大原則」という。当事者能力の対等性，所有権の絶対性そして契約の自由を近代市民法の三大原則と考える立場も存する。
2）　労使間が対等な立場で雇傭契約を締結し，労働者に労働環境の維持・改善のための権利を実質的に保障するため制定された法律が，労働法である。
3）　米国では，1890年にシャーマン法，1914年にクレイトン法，1936年にロビンソン・パットマン法などの法律が制定され，これらを総称してアメリカ連邦反トラスト法（Anti trust law）という。日本では，1947年に「私的独占の禁止及び公正取引の確保に関する法律」が制定され，1949年以後経済状況や経済政策の変更に伴い法律改定および改正されてきている。1947年の法律を原始独占禁止法と通称し，現行法は，2005年に改訂され2006年1月4日より施行された改正法を，さらに2009年に改訂，2010年に施行された改正法である。
4）　この論点については，紙面の関係から多くを述べることはできないが，私は，つぎの視点を指摘しておきたいと思う。高度に進んだ資本主義経済によって当事者あるいは第三者に生じた被害（経済学でいう「外部不経済」という弊害）および権利の帰属や濫用の問題は，近代市民法の三原則を基礎にしただけでは，根本的に解決するには十分ではない。独占などの問題は，経済社会の振り子が，財産権のもつ2つの性格のうちの1つである「私的側面」に傾き不均衡が生じることによって生じる。財産権の私的側面が財産の極端な集中および支配・強制（弱肉強食）として前面に現れてくると，アンバランスを是正し調整するため，財産権のもつもう1つの性格である「社会的側面」からの調整によって是正を強く働きかけることが必要となる。独禁法，労働法，消費者法などは，かようなアンバランスを社会的側面から是正する働きをもつ法律である。科学技術の独占・競争制限の問題は，科学技術市場だけでなく，科学技術の研究開発過程においても，顕著に現れている。1990年代からのマイクロソフト社によるコンピュータ基本ソフト技術に関わる問題があげられよう。日本では，平成9年（勧）第5号，公正取引委員会・

第2部　独占禁止法

　　審決集44巻238頁，「三共ほか10名に対する件」のパチンコ機の特許プール事件をあげることができる。知的財産権の各法律もかような観点からの法解釈および適用，さらにかような観点を採り入れた立法が強く望まれる。第2部第6章4を参照。
5）　戸波江二『憲法〔新版〕』（ぎょうせい，1998年）8頁。「法の支配」とは，憲法の最高法規性，権力によって侵されない個人の人権，法の内容・手続の公正を要求する適正手続（due process of law），権力の恣意的行使をコントロールする裁判所の役割に対する尊重をいう。
6）　第2部の第1章は，楠井敏朗『アメリカ資本主義と民主主義』（多賀出版，1986年）348頁所収の「一九世紀のアメリカ民主主義」，同『法人資本主義の成立――20世紀アメリカ資本主義分析序論――』（日本経済評論社，1994年）297頁所収の「アメリカ独占禁止政策の成立とその意義」を参考に構成した。
7）　ジェファソニアン民主主義とは，アメリカ合衆国第3代大統領T.ジェファーソンが在任中の政治経済体制をいう。彼が建国当時に起草した独立宣言は，当時のアメリカ人の精神的および政治的思想――J.ロックの草の根民主主義思想――を表現したものとされている。
8）　ジャクソニアン民主主義とは，アメリカ合衆国第7代大統領A.ジャクソン在任中の政治経済体制をいう。
9）　楠井敏朗，前掲注6），『アメリカ資本主義と民主主義』348-350，364-368頁。
10）　小原敬士『アメリカ独占資本主義の形成』（岩波書店，1953年）20頁によれば，鉄鋼，罐詰，石炭，煙草，製糸，硝子，アルミニウム，火薬，ウィスキーなどの業界において行われた価格統制を図る価格カルテル，紳士協定プール，生産協定プール，販路協定プールそして特許プールが，代表的なものである。
11）　カルテルは，日本の民法上では，1つの契約で相互に義務関係を生ぜしめる非典型契約の双務契約に属する。
12）　事業者によって利用されたトラストは，受託トラストである。受託トラストとは，トラストに参加しようとする競争会社の株主（信託に委託者）が，自らの有する株式を受託者に信託して引渡し，委託者は，株主としてのすべての権利を失うと引き換えに，受託者からトラスト――信託――証書を受け取り，証書の所持人として利益の配当を受ける。受託者は，過半数を超える株式を取得する。これを利用して，受託者は，受託者の傘下において結合する事業者に役員を送り込み，あるいは，兼任させて，それによって，株式の議決権を行使して各社の事業を支配し利益の配当を受けて，トラスト証書の所持人たる委託者にその利益の一部を配当するというプロセスを経由して，トラストを実行する。
13）　小原敬士，前掲注10），26-36頁。スタンダード・オイルの石油トラストをはじめ，ウィスキートラスト，砂糖トラスト，綿実油トラスト，亜麻仁湯トラスト，鉛トラスト，綱具組合トラストなど，1890年までには，15のトラストが誕生したといわれている。
14）　シャーマン法1条は，「数州の間のまたは外国との間の取引もしくは商業を制限するすべての契約，トラストまたはその他の形態による結合もしくは共謀」を違法とする。

15) シャーマン法2条は、「数州の間のまたは外国との間の取引もしくは商業の一部を独占し、または独占を企図し、もしくは、その目的をもって他の一人または数人と結合し、もしくは、共謀をする」ことを違法とする。1条・2条に違反した者に対しては、罰金もしくは懲役、またはこれらの刑事罰が併科される。
16) シャーマン法に違反するカルテル事件としては、Trans-Missouri Freight Ass'n, v. U. S. 166U. S. 290, 17S. Ct. 540. 41L. Ed. 1007 (1897) のミズリー河鉄道運賃組合協定事件、Addyston Pipe & Steel Co. v. U. S., 85F. 271 (6thCir. 1899) のアディストン・鉄管会社事件がある。トランス・ミズリー河鉄道運賃組合協定事件は、18の州際鉄道会社が運賃組合を結成して、ミズリー河の南部および西部における貨物運送の手数料を決定するため、協定を結んだことを不条理としてシャーマン法に違反するかどうかが争われた事件である。アディストン鉄管会社事件は、ガス・水道・下水に使用する鉄管を製造する6社が、36州の市場において、相互の競争をやめ価格を統一するために協定を結んで、各社の代表各1名によって構成される役員会が、価格の決定や共同入札を行っていたことを不条理としてシャーマン法に違反するかどうかが争われた事件である。地裁および高裁は、当該独占は、商品製造についての独占であり、シャーマン法の適用範囲ではないとした。しかし、最高裁は、当該独占は、商品の製造だけでなく、数州にわたる販売を直接に制限する協定を締結したものと判断し、シャーマン法に違反すると判示した。
17) シャーマン法で違法とされなかった持株会社方式によるトラスト事件としては、E. C. Knight Co. v. U. S., 156U. S. 1, 15S. Ct. 249, 39L. Ed. 325 (1895) のE・Cナイト砂糖トラスト事件がある。ナイト製糖会社は、同社の株式と引き換えに、4社の株式を取得した。これによって、同社は、合衆国における砂糖の生産のほとんど（98％）を支配するに至ったことが、シャーマン法に違反するとして、政府が、株式の返還を請求した事件である。裁判所は、当該独占は、砂糖の生産に関する独占であり、販売・配給に関する独占ではなく、シャーマン法1条・2条適用の範囲ではないと判示した。
18) シャーマン法は、良い独占・良いトラストには適用されず、悪い独占・悪いトラストに適用されるとする立場をいう。
19) 楠井敏朗、前掲注6)、『法人資本主義の成立』336頁。
20) Standard Oil Company of New Jersey v. United States, 221 U. S. 1 (1911).
21) United States v. American Tobacco Company, 211 U. S. 106 (1911).
22) E. M. シンガー著、上野裕也・岡井紀道共訳『反トラストの法と経済理論』（ぺりかん社、1971年）44-47頁。
23) E. W. キントナー著、有賀美智子監訳『反トラスト法』（商事法務研究会、1968年）22頁。
24) 合衆国第28代大統領 Woodrow Wilson のことである。
25) これら2つの法律が制定された後、反トラスト法の運用は、活発ではなかった。
26) 反トラスト法上では、この考え方を「萌芽理論」という。
27) 具体的には、価格協定・再販売価格の拘束（FTC法5条）などをいう。
28) 合衆国32代大統領 Franklin Delano Roosevelt のことである。

第 2 部　独占禁止法

29)　合衆国33代大統領 Harry S. Truman のことである。
30)　この点については，第 1 部第 7 章を参照。
31)　丹宗暁信『経済法』（1996年，放送大学教育振興会）41-45頁。
32)　丹宗暁信，前掲注31），46-47頁。
33)　丹宗暁信，前掲注31），47-49頁。

第2章　独占禁止法等に関する手続(公正取引委員会と裁判所)

　第2章では，独占禁止法等に関する手続を，公正取引委員会に対するものと，裁判所に対するものを中心に説明したい。

1　独占禁止法と公正取引委員会

(1)　独占禁止法の性格

　独占禁止法は，法と経済が融合する分野を対象として自由市場経済の基本的ルールを定めている。独占禁止法の目的は，独占禁止法1条によって明らかにされている。その目的を達成するために，独占禁止法は，民事・刑事・行政の3つの分野で実効性を確保しようとする。それゆえ，独占禁止法の条文は，1つの条文をもって行政規範・刑事規範・民事規範の各構成要件を重複して規定している場合がある。たとえば，「事業者は，私的独占又は不当な取引制限をしてはならない」(独禁法3条)が，もし，これに違反した場合には〔要件〕，行政機関である公正取引委員会は，「事業者に対し，当該行為の差止め，……その他これらの規定に違反する行為を排除するために必要な措置を命ずることができる」〔効果〕(独禁法7条1項——行政処分)し，不当な取引制限および私的独占については，事業者に対し課徴金を国庫に納付することを命じなければならない〔効果〕(独禁法7条の2の1・2・4項——行政罰)。また，公正取引委員会は，独占禁止法3条の規定に違反する犯罪があると思料するときは〔要件〕，検事総長に刑事事件として告発しなければならない〔効果〕(独禁法74条1項——刑事責任)。さらに，独占禁止法3条に違反する行為をした事業者〔要件〕……は，被害者に対し，損害賠償の責めに任ずる〔効果〕(独禁法25条——民事責任)。

　このように，独占禁止法は，共通の構成要件の充足によって行政・刑事・民事の各分野の法律効果を生ずる複雑な条文構成になっているので，専門技術的

な判断に基づく法の運用を行う必要がある。そこで，独立性をもった独占禁止法の運用機関として設立されたのが，準司法的機関の性格を有する公正取引委員会である（裁判所法3条2項）。

(2) 公正取引委員会の構成

公正取引委員会は，「委員長及び委員4人をもって組織する」合議体の行政機関であり（独禁法29条1項），「委員長及び委員は……法律又は経済に関する学識経験のあるもののうちから，内閣総理大臣が，両議院の同意を得て」任命する。「委員長及び委員は，これを官吏と」（独禁法29項4項）し，独立してその職権を行う（独禁法28条）。この独立性の成果は，委員長及び委員2人以上の出席による合議により，出席者の過半数をもって決し，可否同数のときは委員長が決する点に結実する（独禁法34条1項2項）。

公正取引委員会は，独占禁止法違反の事実が報告され適当な措置をとるべきことを求められると（独禁法45条），独占禁止法事件手続を遂行するために，審査官を指定し（独禁法47条2項），審判手続ごとに審判官を指定する（独禁法56条1項）。審査官は，調査のための処分を担当し，審判手続において必要な行為（独禁法58条）を，審判官は，審判手続の指揮機能（独禁法56条2項）を担う機関である。排除措置命令，課徴金納付命令および審決は，公正取引委員会の委員長および4人の委員の合議で行う（独禁法69条1項）。防御する被審人の事業者は，司法手続と同様に適正な手続の保障の下に，審判官による事実認定および法の適用が公正に行われることを強く要請する。そこで，審査機能と審判・審決機能との分離は，制度上でもより一層進められることが望まれ，民事訴訟手続に近づけるような方向にあるといわれている。

2　独占禁止法事件の諸手続（裁判所と公正取引委員会）

ここでは，技術革新，製品・サービスの生産および流通の市場において生じる独占禁止法違反事件に関しては，どの機関（裁判所か公正取引委員会か）によりどのような手続を経て解決されるのかについて，図表2-1で図式化した各

第2章 独占禁止法等に関する手続（公正取引委員会と裁判所）

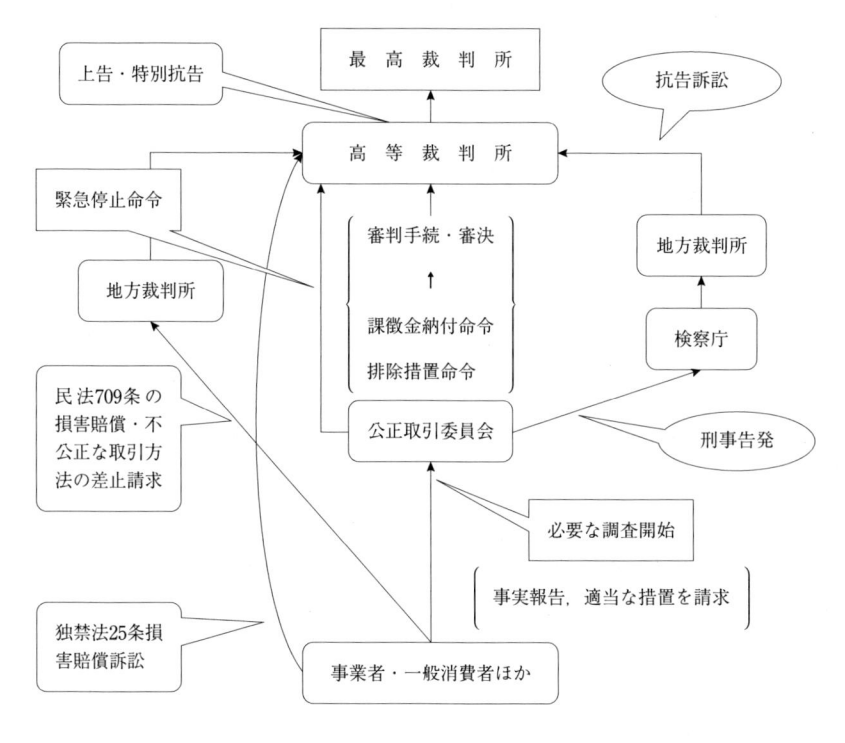

図表2-1　独占禁止法事件手続に関する図

```
                          最 高 裁 判 所
   上告・特別抗告 ─────→                  ←───── 抗告訴訟
                          高 等 裁 判 所
                              ↑
   緊急停止命令 ─────→   審判手続・審決            地方裁判所
                              ↑                      ↑
     地方裁判所              課徴金納付命令         検察庁
                           排除措置命令
   民法709条の
   損害賠償・不              公正取引委員会  ←───── 刑事告発
   公正な取引方
   法の差止請求                  ↑
                                │  必要な調査開始
                                │
                          事実報告，適当な措置を請求
   独禁法25条損
   害賠償訴訟 ─────→  事業者・一般消費者ほか
```

種の手続にそって説明しよう。

(1) 独占禁止法（事業者団体の禁止行為・不公正な取引方法）事件の差止請求
地方裁判所→高等裁判所→最高裁判所

「独占禁止法8条5号又は19条の規定に違反する行為によってその利益を侵害され，又は侵害されるおそれがある者は，これにより著しい損害を生じ，又は生ずる・お・そ・れがあるときは，利益を侵害する……又は侵害するおそれがある事業者若しくは事業者団体に対し，その侵害の停止又は予・防・を請求することができる」[1]（独禁法24条）。この差止請求訴訟は，地方裁判所に提起する（独禁法84条の2）ことを要するが，差止が認められた事例はない[2]。2009（平成21）年改正独占禁止法では，当時者は営業秘密について秘密保持の申し立てを可能とし

(独禁法83条の5・1項)，命令に違反した者は，懲役・罰金に処せられるか，併科される（独禁法94条の3）と新たに規定された。

(2) 緊急停止命令
公正取引委員会が申立て⇒東京高等裁判所→最高裁判所に特別抗告

公正取引委員会が，独占禁止法に違反する行為を調査し，命令・審判手続を開始するまでには，相当の期間を要する。違反行為をそのままにしておけば，事実が積み重ねられ，あるいは証拠の隠蔽がはかられ，排除の実効性はあがらなくなるであろう。そこで，このような緊急性がある場合には，調査を開始した後に，公正取引委員会は，違反行為ほかを一時停止すべきことを命じるよう東京高等裁判所に申立て，東京高等裁判所は，非訟手続[3]によって緊急停止命令を命じることができる（独禁法70条の13の1・2項，70条の6の2項，86条[4]）。

緊急停止命令に対する不服申立は，憲法の解釈に誤りがある場合やその他憲法違反があることを理由とする場合に限り，最高裁判所に特別抗告することができる[5]（非訟事件手続法25条，民訴法336条1項）。

(3) 独占禁止法違反事件に関する損害賠償請求訴訟手続
(a) 民法709条の通常損害賠償訴訟手続
地方裁判所→高等裁判所→最高裁判所

独占禁止法に違反する行為がなければ得られたであろう利益を[6]，独禁法違反行為によって逸失した者は，「その違反行為が不法行為に該当する限り審決の有無にかかわらず」，民法709条によって，違反者に対して損害賠償（民事）責任を追及することができる[7]。この場合の民事損害賠償請求訴訟の第一審は，地方裁判所に提起する。

(b) 独占禁止法25条の無過失責任損害賠償訴訟手続
高等裁判所（⇒公取の求意見）→最高裁判所

独占禁止法49条1項の排除措置命令，同法50条1項の課徴金納付命令および同法66条4項の審決が確定した後（独禁法26条1項）に，私人（法人を含む）が民法709条の特別規定である独禁法25条によって「独禁法第3条・第6条又は

第19条に違反する行為をした事業者……は,被害者に対し,損害賠償の責めに任ずる」損害賠償を提起する場合,訴訟を提起する第一審の裁判所は,東京高等裁判所である(独禁法85条2号)。この訴が提起されたときは,東京高等裁判所は,「公正取引委員会に対し,〔25〕条に規定する違反行為によって生じた損害の額について,意見を求めることができる」(独禁法84条1項)。「利害関係人は,公正取引委員会に対し……審決書の謄本若しくは抄本の交付を求めることができる」(独禁法70条の15)。これらの訴訟は,利益を侵害されたまたは利益を侵害されるおそれのある私人が民事訴訟手続によって行う私訴としての性格を有する。しかし,この損害賠償請求訴訟には,独占禁止法80条1項の実質的証拠の法則は適用されず,公正取引委員会の審決による認定事実は,損害賠償請求訴訟において裁判所を拘束せず,違反行為の存在について「違反行為の存在を推認するについての1つの資料となり」得るものとし,「いわゆる事実上の推定が働く」と判示されるに至っている。

したがって,独禁法25条の損害賠償責任が民法709条の特別規定で無過失責任であっても,原告適格,違反行為の存在の証明,損害の証明,損害額の算定などは,被害者で訴訟を提起した者が負担するのである。独禁法違反による損害賠償請求は,証明が困難であり,民法709条を適用して認定された例は少ない。さらに,25条を根拠に損害賠償を請求した例は少なく,認定された例はほとんどない。

(4) 公正取引委員会の命令,審判・審決
(a) 排除措置命令

独占禁止法の規定に違反する行為・事実が報告されると,公正取引委員会は,事件について必要な調査を行わなければならない。報告者は,「何人」でもよいとされる(独禁法45条1項2項,47条1項)。調査の結果,違反行為があると認める場合には,公正取引委員会は,「排除措置命令の名あて人となるべき者に対し,あらかじめ,意見を述べ,及び証拠を提出する機会を付与し(独禁法49条3項),」当該違反行為をしている者に対して,違反行為を排除するために必要な措置を命ずることができる(独禁法49条1項,7条1項ほか)。排除措置命令

に不服がある者は,謄本送達のあった日から60日以内に公正取引委員会に対して審判を請求することができる(独禁法49条6項)。

(b) **課徴金納付命令**

公正取引委員会は,不当な取引制限,事業の支配および排除による私的独占等に該当する行為(独禁法7条の2の1・2・4項),さらに不公正な取引方法のうち共同の取引拒絶,差別的対価,不当廉売,再販売価格の拘束,または継続的な優越的地位の濫用(独禁法2条9項の1号-5号)に該当する行為(独禁法20条の2-20条の6)をしていた事業者に対して,カルテル行為・私的独占・不公正な取引方法によって享受した不当な利益を課徴金(行政罰)として国庫に納付するよう命じなければならない(独禁法50条1項)。カルテル(談合)に参加した事業者,事業を支配または排除することによって私的独占を行った事業者あるいは不公正な取引方法を行った事業者は,大きな利益を得ることができるので,かような行為を継続したり繰り返す傾向にある。これらの行為を抑止し社会的に公正な取引を維持する有効な手段として1982(昭和57)年に導入された制度が,課徴金納付命令制度である。この制度は,2009(平成21)年の独占禁止法改正によって,排除型私的独占や5つの不公正な取引方法を行った事業者に対しても拡張されて適用されるようになった。この課徴金納付命令に不服ある者は,公正取引委員会に対し,審判を請求することができる(独禁法50条4項)。

(c) **審判手続およびその性格**

排除措置命令あるいは課徴金納付命令に不服がある者から審判の請求があった場合(独禁法49条6項,50条4項)には,公正取引委員会は,審判を開始する(独禁法52条3項)。独占的状態があると認められ,事件が悪質で重大な影響を社会に与えると考えられ「審判手続に付することが公共の利益に適合すると認めるときは,公正取引委員会は,当該事件について審判手続を開始する」(独禁法53条1項)。審判手続は,行政訴訟手続としての性格を有し,民事および刑事の訴訟手続に準ずる側面を混在するものといえよう。審判手続は,訴訟手続に準じて対審構造がとられかつ公開手続である(独禁法61条)。審判手続の典型的な過程は,まず冒頭手続(刑事裁判の起訴状の朗読・罪状の認否,民事裁判の訴

状の陳述・答弁書の陳述等に相当する）を行い，証拠調べを経て，最終の意見陳述を行うという過程である。審査官（刑事裁判の検察官に相当する）は，命令処分の相当性，違反事実（要件事実）を主張し証明する責任を負う（独禁法58条）。被審人（審判手続で対象とされる私人）は，命令処分の不当性，否認・抗弁事実，違法性阻却事由等を主張し証明する責任を負う（独禁法59条）。証明の程度は，民事訴訟一般の程度と解される。

(d) 審　決

① 審判・審決

審判手続が終了して出される審決は，審判審決である（独禁法66条2項3項）。審判・審決では，主文で審判請求を棄却するか，一部または全部を取消し，または変更を明示しなければならない（独禁法66条2・3項）。審判・審決において認定される事実は，審判手続において取り調べた証拠によって認定しなければならず（独禁法68条），かつその認定事実が独禁法の何条に違反するか（法令の適用）を明らかにしなければならない（独禁法70条の2第1項）。審判・審決は，公正取引委員会の委員長および4人の委員の合議で行う。また排除措置命令，課徴金納付命令も同様である（独禁法69条1項）。独占禁止法8条の4の1項の回復措置を命じる審決をするには，3人以上の意見が一致しなければならない（独禁法69条3項）。審決は，審決書をもって行う（70条の2第1項）。

② 同意審決

独占的状態規制に関する審判開始後に（独禁法53条），被審人が審判開始決定書記載の事実および法律の適用を認め，公正取引委員会に必要な措置をとることを申し出て，公正取引委員会が適当と認めたときは，審判手続を終了しないままで，それを審決の内容とする（独禁法65条）。この審決は，同意審決という。

(5) 抗告訴訟（公正取引委員会の審決取消の訴え）と実質的証拠の法則

被審人は，公正取引委員会が行った審判・審決に不服ある場合には，行政事件訴訟法3条1項に基づいて，公正取引委員会の審決を取り消すための（独禁法77条1項）抗告訴訟を東京高等裁判所に提起（独禁法85条1号）することができ，公正取引委員会が被告となる（独禁法78条）。この訴えがあったときは，

「裁判所は，遅滞なく公正取引委員会に対し，当該事件の記録の送付を求めなければならず（独禁法79条），公正取引委員会の認定した事実は，これを立証する実質的な証拠があるときには，裁判所を拘束する」（独禁法80条1項）。これを実質的証拠の法則[16]という。独占禁止法81条1項は，「公正取引委員会が，正当な理由がなくて，当該証拠を採用しなかった場合」や「当事者が審判に際して当該証拠を提出することができず，かつ，これを提出できなかったことについて重大な過失がなかった場合」には，「当事者は，裁判所に対し，当該事件に関係のある新しい証拠の申し出をすることができる」（独禁法81条1項）とする。

「裁判所は，審決の事実認定については，独自の立場で新たに認定をやり直すのではなく，審判で取り調べられた証拠から当該事実を認定することが合理的であるかどうかの点のみを審査する」のであり「裁判所が新たな証拠を取り調べる必要があると認めるときは〔公正取引〕委員会に事件を差し戻すこととされている[17]」（独禁法81条3項）。「実質的な証拠がない場合，審決が憲法その他の法令に違反する場合」には，裁判所は，審決を取り消すことができる（独禁法82条1項）[18]。

(6) 刑事手続

私的独占および不当な取引制限をした者や，事業者団体で一定の取引分野における競争を実質的に制限したものは，「5年以下の懲役又は500万円以下の罰金に処する」，また，その「未遂罪は，罰する」（独禁法89条1・2項）と規定され，独禁法90条から94条の2まで各種の罪に対する罰則が規定されている。とくに独占禁止法は，同法89条から91条までの罪にかかわる事件を犯則事件と呼ぶ（独禁法101条1項）。

公正取引委員会は，犯則嫌疑者・参考人の出頭，裁判所の許可状による臨検・捜索または差し押さえなど各種の調査（独禁法101条・102条など）の後に犯則の心証を得たとき（独禁法74条1項），または独占禁止法に違反する犯罪行為があると思料するとき（独禁法74条2項）は，検事総長に刑事事件として告発しなければならない（独禁法74条1・2項）。89条から91条までの犯則事件の告発

は，公正取引委員会に専属する（独禁法96条1項）。刑事事件の一審の裁判所は，地方裁判所である（独禁法84条の3）。以降の手続は，一般刑事手続（→高等裁判所→最高裁判所へと進む）による。

(7) 上告および特別抗告（最高裁判所）

高等裁判所の判決・決定に不服のある者は，民事訴訟法あるいは刑事訴訟法の各規定に該当する事由があるときに限り上告，あるいは緊急停止命令については特別抗告をすることができる（民訴法312条・336条，刑訴法405条）。

1) 妨害を停止しあるいは予防する請求は，民法では，同法202条の本権に基づく妨害の停止および予防の訴え，同法198・199条の占有権に基づく妨害の停止および予防の訴えがある。
2) 大阪高裁判平17・7・5公取委審決集52巻856頁〔関西空港島新聞販売差止請求控訴事件〕，東京高裁判平19・11・28判時2034号34頁〔ゆうパック不当廉売等差止請求控訴事件〕。高裁は，どちらの事件についても，民法の損害段階論によって，「独禁法24条にいう『著しい損害』が生じているとは認められない」と判示して，差止請求を棄却した。
3) 「非訟手続」とは，職権探知による自由証明で足り対立構造を前提としない手続をいう。
4) この制度は，民事訴訟法の仮処分に類似するが，裁判所が行う独禁法の緊急停止命令は，私法上の効力に直接影響を与えるものではない。
5) 東京高裁決昭50・4・30判時776号30頁〔中部読売新聞社緊急停止命令事件〕。その後に，最高裁は，抗告理由に違憲性がないとして特別抗告を却下した。
6) かような利益を「得べかりし利益」という。
7) 最判平元・12・8判時1340号3頁〔日本石油ほか事件〕，大阪高裁判平5・7・30判時1479号21頁〔東芝エレベータテクノクス事件〕，東京地裁判・平9・4・9判タ959号115頁〔エアーソフトガン事件〕。
8) 「私訴」とは，私人による訴えをいう。これに対し，公訴とは，検察官による特定の刑事事件についての訴えをいう（刑事訴訟法247条）。
9) 「実質的証拠法則」とは，公正取引委員会の審判手続を経た審決取消訴訟において，準私法的手続を有する行政庁としての公正取引委員会が認定した事実を尊重するため，その認定事実を立証する実質的な証拠があるときには，公取委の認定事実が裁判所を拘束する法則をいう。独禁法81条1項は，「公正取引委員会が，正当な理由がなくて，当該証拠を採用しなかった場合」や「当事者が審判に際して当該証拠を提出することができず，かつ，これを提出できなかったことについて重大な過失がなかった場合」には，「当事者は，裁判所に対し，当該事件に関係のある新しい証拠の申し出をすることができる」とする。判例（最判昭50・7・10判時781号21頁〔和光堂事件〕）では，「裁判所は，審決の

事実認定については，独自の立場で新たに認定をやり直すのではなく，審判で取り調べられた証拠から当該事実を認定することが合理的であるかどうかの点のみを審査する」のであり「裁判所が新たな証拠を取り調べる必要があると認めるときは〔公正取引〕委員会に事件を差し戻すこととされている（独禁法81条3項）」と判示した。その後最判昭55・1・24民集34巻1号80頁では，最高裁判所は，実用新案審判取消訴訟ではあるが，「審判手続に現れなかった資料でも，当事者にとって周知慣用の事項を立証するための補充的証拠としてならば，新たに提出することができる」と判示した。

10) 2005（平成17）年の改正前独禁法において，「審決」は，勧告審決，同意審決そして審判審決の3種類があった。勧告審決も同意審決も，どちらも，攻撃防御という対審構造をともなわない手続きである。それゆえ，裁判所は，最判元・12・8〔日本石油ほか事件〕では，勧告審決によって，東京高裁判昭52・9・19審決集24巻313頁〔松下電器産業事件〕では，同意審決によって認定された事実も，どちらも損害賠償請求訴訟における裁判所による事実の認定を拘束しないと判示した。審判審決については，実質的証拠による拘束力を認める説と認めない説が対立しているが，現在では，拘束力を認めない説で固まりつつある。

11) 最判昭62・7・2判時1239号3頁，〔日本石油ほか事件〕。

12) 最判平元・12・8前掲注7）〔日本石油ほか事件〕。

13) 最判昭62・7・2前掲注11）は，東京高裁の消費者敗訴判決に対して消費者が上告し裁判所が上告棄却した判決であり，最判平元・12・8前掲注7）は，仙台高裁の消費者勝訴判決に対して石油元売業者が上告し，裁判所が上告を認容した判決である。どちらの事件も消費者が敗訴した最高裁判決である。

14) カルテルは，同種の事業者の間で締結される競争制限的協定をいい独禁法2条6項で不当な取引制限として定義されている。カルテルには，価格協定，生産数量および販売数量に関する協定，地域割協定，取引先協定，技術開発協定など，さまざまな類型の競争制限協定がある。第2部第7章を参照。

15) 抗告訴訟とは，行政庁の公権力の行使に関する不服訴訟をいう（行政事件訴訟法3条1項）。

16) 「実質的証拠の法則」の内容は，前掲注9）を参照。

17) 最判昭50・7・10判時781号21頁〔和光堂事件〕。

18) 審決が取消された例としては，東京高裁判昭28・12・8高裁民集6巻13号868頁〔東宝・新東宝事件〕，東京高裁昭59・2・17判時1106号47頁〔東洋精米機事件〕がある。

【注記】 第2章の独占禁止法の手続に関する規定は，2010（平成22）年の通常国会において抜本的に改変されることになった（詳細も施行期日も未定）。これによって審判制度は，近日中に廃止されることになる。今回の改正による手続・制度の方針については，242・243頁の「独占禁止法の2010（平成22）年改正の方向性」を参照していただきたい。

第3章　独占禁止法総論

　第3章以降は，独占禁止法を中心とした経済法体系の内容を学習する。

1　経済法の意義

(1)　経済法の定義と独占禁止法との関係
　経済法とは，「市場メカニズムの上に立った経済政策立法の体系」をいう。そして「その中心は，市場における『自由競争制限』と『公正競争阻害』（両者を広義の『市場支配』と呼んでおく）に対する国家的規制の法」として位置づけられる競争秩序維持法としての独占禁止法である[1]。

(2)　独占禁止法による経済活動の制限と適用除外の関係
　自由主義経済における製品・サービス・知的財産の取引は，市場において行われる。A.スミスのいう「神の見えざる手」による市場取引は，私法分野の自由競争原理が維持されることによって実現し成立する。それゆえ，経済法は，市場における公正かつ自由な競争秩序維持のための独占禁止法を基本とする。この公正かつ自由な競争が維持され得ないと思われる場合には，その障害を防止あるいは除去し市場における競争秩序を維持または回復するために適用される禁止・命令規範が，独占禁止法である。
　ただし，「市場の失敗（外部不経済）」を防止しまたは規制し，あるいは特別に理由が認められる場合には，「競争制限」や「公正競争阻害」を容認する法律の制定（独禁法21条ほかの適用除外規定）が認められる。

2　独占禁止法の柱

　独占禁止法は，行為規制として，①私的独占，②不当な取引制限そして③不公正な取引方法という3つの類型を三本柱として位置づけ，さらに，構造規制ないし一般的集中規制として，第3章の2の独占的状態（独禁法8条の2），第4章9条乃至16条の構造および一般集中規制をあげる。このように，独占禁止法による規制は，3つの行為規制に構造・一般集中規制を加えて独占禁止法の四本柱と解する説もある。
　私的独占，不当な取引制限，不公正な取引方法などの行為規制そして独占的状態を除く構造・一般集中規制が独占禁止法違反に問われるためには，事業者が，独占禁止法によって規定されている「特定行為を行ったこと」を必要とする。独占禁止法違反に問われる場合であって，事業者に特定行為が要件とされない独占禁止法違反類型は，独占的状態だけである。
　本書では，行為規制類型としての私的独占，不当な取引制限そして不公正な取引方法を中心に解説することにし，構造および一般集中規制類型については，入門編として必要な範囲で解説することにしたい。

3　独占禁止法3条の禁止規範の要件と効果

　独占禁止法3条禁止規範の要件の内容および効果は，以下の条文によって明らかにされている。
　①事業者の要件
　　　→独禁法2条1項
　②私的独占の要件
　　　→独禁法2条5項
　③不当な取引制限の要件
　　　→独禁法2条6項である。
　そして3条の要件を満足した場合の効果とは，公正取引委員会による排除措

置命令（独禁法7条）と課徴金納付命令（独禁法7条の2）である。

　私的独占と不当な取引制限は，事業者が類型毎に個別に規定された要件を満足することによって成立するが，独占禁止法を適用することによって競争の実質的制限を排除し競争秩序を維持するという目的（独禁法1条）の点において異なるところはない（ただし，独禁法7条の2の課徴金納付の命令については，事件の類型によって異なる点がある）。

4　独占禁止法の目標

　独占禁止法の目標を何に置くかという問題は，独占禁止法1条の構造をどのように捉えるかという問題と深く関連し，このことはさらに独禁法の条文の解釈適用に大きく影響する。そこで，独占禁止法1条の構造を明確にしておくことが学習を進める上で必要と思われるので，以下で解説しよう。

(1)　独占禁止法1条（目的規定）の構造

〔前段〕
　ⅰ「この法律は，私的独占，不当な取引制限及び不公正な取引方法を禁止し，事業支配力の過度の集中を防止して，」（禁止類型）ⅱ「結合，協定等の方法による生産，販売，価格，技術等の不当な取引制限その他一切の事業活動の不当な拘束を排除することにより」（措置・方法）
〔後段〕
　ⅰ「公正且つ自由な競争を促進し，」（直接的目的）ⅱ「事業者の創意を発揮させ，事業活動を盛んにし，雇傭及び国民実所得の水準を高め，」（競争政策の意義）ⅲ「以て，一般消費者の利益を確保するとともに，国民経済の民主的で健全な発達を促進することを目的とする」（窮極的目的）

(2)　構造分析とその説明

① 構造分析
〔前段〕
　（禁止類型）＋（措置・方法）

〔後段〕
　　（直接的目的）＋（競争政策の意義）＋（窮極的目的）
② 説　　明
〔前段〕
　　実体規定に対応した違法類型とその禁止
　　公正取引委員会による措置・方法
〔後段〕
　　直接的目的
　　現代資本主義経済における競争政策の経済政策的意義
　　窮極的目的

(3) 独占禁止法1条の「直接的目的」と「窮極的目的」

　独占禁止法の目的規定の解釈は，公共の利益概念をどのように解するかという問題と深くかかわる。ここでは，3つの見解を示すことにしよう。
　(a) 自由競争秩序（直接目的）の維持と解する説。
　(b) 自由競争秩序を維持し，一般消費者の利益を確保するとともに国民経済の民主的で健全な発展を促進すること（経済民主主義の実現）と解する（直接目的＋窮極的目的）説。
　(c) 生産者・消費者の双方を含めた国民経済全般の利益と解する説。
　「公共の利益」について3つの説の解説は各論の「公共の利益」に譲り，「直接的目的」と「窮極的目的」の内容，およびそれらの相互の関係を明らかにしつつ，21世紀にあり得べき独占禁止法の現代的目標を検討しよう。
　① 後段の「直接的目的」とは
　「直接的目的」とは，市場（および産業）において，「公正且つ自由な競争を促進」することと解する。そして，その意味は，政策的に排他的支配権が付与される有意な知的情報や物資を資源に企業の創意工夫および投資意欲を刺激して資本と優れたアイディア・技術を有する者が自由に市場に参入でき，かつ売手と買手によって構成される市場機構が健全・円滑に機能している場合に，当該市場において形成される価格によって，製品やサービスが提供される環境（生産および市場取引において競争原理が活発に機能する秩序）を確保し維持し促進すること（自由な競争秩序の維持）をいう。

② 後段の「窮極的目的」とは

「窮極的目的」とは，公正かつ自由な競争（「有効競争」という）過程が確保され，さらに促進されることで技術革新・生産および配分の効率性が向上し，一般消費者がその成果を消費者選択の自由の拡大および経済的機会の均等として享受し，ひいては国民経済の民主的で健全な発展すなわち経済民主主義が実現されることをいう。

(4) 独占禁止法の目標（「直接的目的」と「窮極的目的」との関係）

21世紀にあり得べき独占禁止法の現代的目標を検討するとは，「直接的目的」と「窮極的目的」との関係をどのような関係として解すべきかという問題である。ここでは，「公共の利益」を 4 - (3)の(b)説あるいは(a)説と解して，これを基礎に構築してみたい。

① 4 - (3)の(b)説（直接的目的＋窮極的目的）を基礎として

有効競争は（本書46頁参照），市場をめぐる需要と供給の情報プロセスである[2]。「一般的に，有効競争が競争秩序を維持することにより実現を目指す価値は，……経済的には，①経済の効率的発展，②資源の最適配分，③所得配分の公正，④完全雇用の達成であり，独占禁止法の表現に従えば，『一般消費者の利益を確保するとともに，国民経済の民主的で健全な発展を促進すること（独禁法1条）』」と考えられる[3]。それゆえ，独占禁止法（競争政策）の目標は，経済効率性促進以外の広い目標を含む[4]「窮極的目的」の「経済民主主義の実現」と考えるべきであり，直接的目的の「公正且つ自由な競争秩序の維持」は，それの達成過程と解する。すなわち，窮極的目的と直接的目的との関係は，目標と達成手段との関係にあると解すべきである。この理解は，反トラスト法（競争政策）の目標に効率性以外の諸目標を設定するハーバード学派の見解と一致する[5]。その理論構成も，革新の効率性⇒生産の効率性⇒配分の効率性⇒消費者利益の達成という同学派の見解と一致する。また，独占禁止法が，社会法に位置づけられることにも合致する[6]。なぜなら，自由市場経済において，「財産」は，経済的には市場を媒介して，法的には契約を媒介して交換されるので，財産が市場や社会過程に提供されると，財産は，私的関係から社会的関係に拡がる[7]。そこ

で生じる環境問題を含む社会経済的問題は,「市場の失敗(外部不経済)」という深刻な問題に位置づけられるからである。

本質的に「財産」は,「私的側面(Commodity)」と「社会的側面(Propriety)」(経済法が回復し維持しようとする機能は,機会資源平等(均等)の機能,秩序形成のための政治・経済・社会過程に参加する機能である)を有しており,「市場の失敗」の問題は,財産の「社会的側面」で発生する[8]。このことは,「財産」の社会的側面に発生した問題を解決するために制定された独占禁止法の性格を,社会法として決定づけるのである(本書33-36,39頁参照)。

② 4-(3)の(a)説(自由競争秩序の維持)を基礎として

独占禁止法の目標は,直接的目的と解すべきとする見解がある。まず,「独占禁止法は,経済的目的を直接的に実現するものではなく,競争条件の維持によって間接的にその達成を図るところに,独占禁止法による規制の特色がある[9]」とする見解である。これに対しては,(a)説に重点を置きつつ,直接的目的と窮極的目的とは「不可分一体の関係にあることを示しており,両者を分断して価値序列に優劣を認めることは独禁法を超えるものというべきである[10]」と批判する説もある。しかしながら,独占禁止法の目標を「自由競争秩序の維持」に置く見解は,市場機構に厚い信頼をおく(市場に資源の効率的な配分機能を認める)シカゴ学派の理論に依拠するからである[11]。1980年代に実施されたアメリカ合衆国のレガノミクスと呼ばれたシカゴ学派による経済改革(競争政策)は,「消費者厚生」概念を導入して経済効率性を高めて企業の国際競争力を回復せしめたのと引き換えに社会経済に独占的弊害を生ぜしめた。この時代は,所得格差の時代と呼ばれている[12]。

③ 審決(湯浅木材工業ほか事件)[13]

公正取引委員会は,「事業者が公の入札に際し,共同して価格を決定するがごとき行為は,自由競争の確保を眼目とする独禁法第1条の規定の精神に反し,その行為自体,公共の利益に違反するものと認めるのが相当であり,協定価格の内容が妥当であるか否か,事業者が不当な利益を得たか否か,又は国家に損失があったか否か等の事項は,必ずしも公益違反の有無を判断する規準にはならない」とした。審決は,自由競争秩序維持説に立つと思われる。

(5) 窮極的目的の位置づけ（判例）

市場の失敗（外部不経済）や環境問題（大気汚染，水質汚染，社会生活環境の激変による健康安全被害，住商環境の崩壊による社会生活の維持不能などの問題）に対処するためなど，特別な理由を原因として，市場に「競争制限」や「公正競争阻害」が生じるあるいは生じる可能性のある措置を実施せざるを得ない場合がある。しかし，それによってもたらされる結果が独占禁止法の究極目的である「一般消費者の利益を確保」し「国民経済の民主的で健全な発展を促進する」目的に一致するならば，窮極的目的（＝公共の利益）を違法性阻却事由として位置づけて，独禁法の適用を除外（独禁法第6章）し，「競争制限」や「公正競争阻害」が容認され得る（丹宗説）ことも想定されるべきであろう。

資生堂化粧品事件判決[14]において，最高裁は，「商品の特性（安全性の確保）にかんがみれば，顧客の信頼を確保することが化粧品市場における競争力に影響する……対面販売方法を採ることには……合理性がある」とした。出光興産ほか石油価格協定刑事事件[15]において，最高裁は，「独占禁止法の目標を，独占禁止法1条の究極的目的にあり，これを公共の利益と解し」て，公共の利益を確保するために行われざるを得ない行為について違法性を阻却する場合があり得ることを示唆したものと解することができるであろう。

1) 丹宗暁信『経済法』（放送大学教育振興会，1996年）11頁。
2) William G. Shepherd "Theories of Industrial Organization", *Revitalizing Antitrust in Its Second Century* (QURUM BOOKS, 1991) at 40「有効競争の過程を維持することは，公正な過程を基礎とする期待性を満足し，消費者の選好を促進することに資する」という。
3) 丹宗昭信『独占および寡占市場構造規制の法理』（北海道大学図書刊行会，1976年）93頁。
4) 今村成和『独占禁止法〔新版〕』法律学全集52-Ⅱ（有斐閣，1985年）8頁。
5) この点については，第1部第6章2の(2)（本書66頁以下）を参照。
6) 丹宗昭信，前掲注3），118頁。
7) 川島武宜『新版所有権法の理論』（岩波書店，1987年）26，27，33頁。
8) 財産権の機能については，第1部第5章1の(2)の社会法の現代的課題を参照。
9) 実方謙二『独占禁止法〔新版〕』有斐閣法学叢書4（有斐閣，1992年）1，2，4頁。
10) 根岸哲『独占禁止法の基本問題』神戸法学双書（有斐閣，1990年）85，86，60頁。

11) Eleanor M. Fox and Lawrence A. Sullivan "Retrospective and Prospective: Where Are We Coming From? Where Are We Going?" 出典は前掲注2）参照，at 9.
12) 髙橋明弘「市場支配の違法性判断における考慮要因としての報酬概念」大東法政論集（1994年）24頁以下参照。
13) 公取委審決昭24・8・30審決集1巻62頁〔湯浅木材工業ほか事件〕。
14) 最判平10・12・18判時1664号3頁〔資生堂化粧品事件〕。
15) 最判昭59・2・24刑集38巻4号1287頁〔出光興産ほか石油価格協定刑事事件〕。

第4章　独占禁止法各論——基礎概念——

1　独占禁止法の基礎概念

　独占禁止法の三本柱のうち，私的独占と不当な取引制限という2つの類型の各々の構成要件（法律要件ともいう）は，独占禁止法2条5項・6項によって規定されている。競争制限行為が成立する構成要件は，大きく分類すると，行為主体，行為および対市場効果の3つである。これらの構成要件のうち，2つの類型に共通する要件（下記参照）は，基礎概念として説明し，各々の独自の要件は，それぞれの箇所であらためて説明したい。

2　独占禁止法における要件・効果論

　独占禁止法3条では，「事業者は，私的独占又は不当な取引制限をしてはならない」と規定され，独占禁止法7条では，「第3条……の規定に違反する行為があるときは（要件），公正取引委員会は……事業者に対し……必要な措置を命じることができる（効果）」と規定されている。かような独占禁止法3条（禁止規範規定）と7条（排除措置命令規範規定）または7条の2（課徴金納付命令規範規定）の関係は，法律学においては，要件・効果の関係にあるといわれる。同様に，独占禁止法19条（禁止規範規定）と20条（排除措置命令規範規定）または20条の2—20条の6（課徴金納付命令規範規定）の関係も，要件・効果の関係にある。

　独占禁止法3条の「私的独占」「不当な取引制限」，同法19条の「不公正な取引方法」の内容は，同法2条5項，2条6項，そして2条9項の定義規定を構成する要件・効果の関係にある要素によって規定されている。

法律を学習する者は、この関係を理解することが法律を学習する際の基礎であり最も重要な法理論構造であるので、必ず修得しなければならない。各自は、六法によって各条文を確認して各々の関係をしっかりと理解しておかなければならない（本書第1部第2章を参照）。

3　私的独占と不当な取引制限に共通する構成要件

私的独占と不当な取引制限の2つの類型で共通する構成要件（下線部分）と固有の構成要件を選別し確認することからはじめよう。

【私的独占の構成要件（独禁法2条5項）】

(1)行為主体（+(2)市場支配力）＋行為⇒(3)対市場効果（市場支配）

・違反行為を　・どのような行為をいうか　①一定の取引分野
だれに認定す　　　　　↓　　　　　　　　②競争の実質的制限
るか　↓　　　　　　排除・支配　　　　　（市場構造→市場占拠率）
事業者（2条1項）　　　　　　　　　　　（市場成果→価格支配等）
　・単独　　　　　　　　　　　　　　　　　　　⇩
　・複数（結合・通謀）　　　　　　　　　(4)反公共の利益

【不当な取引制限の構成要件（独禁法2条6項）】

(1)行為主体＋行為（+(2)市場支配力）⇒(3)対市場効果（市場支配）

・違反行為を　・どのような行為をいうか　①一定の取引分野
だれに認定す　　　　　　　　　　　　　　②競争の実質的制限
るか　↓　　　　　　　↓　　　　　　　（市場構造→市場占拠率）
複数事業者（2条1項）　　　　　　　　　（市場成果→価格支配等）
（同業種・異業種？）　　　　　　　　　　　　　⇩
　　　＋　　　　　　　　　　　　　　　(4)反公共の利益
意思の連絡⇒相互拘束　共同遂行
（事業活動制限の合意）（外形行為）

(1)　行為主体

行為主体とは、独占禁止法が適用される者をいう。その行為主体の範囲は、

事業者および事業者団体である。
　(a)　独占禁止法において，事業者とは，「商業，工業，金融業その他の事業を行う者をいう」（独禁法 2 条 1 項）。しかし，これでは，事業者が共通してもつ「事業性」の定義とはなっていない。そこで，まず「事業」を定義することからはじめたい。
　東京都立芝浦屠場・三河島食肉処理場事件：「事業」とは，「ある経済的利益の供給に対応し反対給付を反復継続して受ける経済活動」をいう。事業には営利性は必要なく，私企業か公営企業かを問わない〔最判決平元・12・14民集43巻12号2078頁〕。
　(b)　事業者自体が有する市場支配力→つぎの(2)参照
　(c)　事業者団体とは，「事業者としての共通の利益を増進することを主たる目的とする 2 以上の事業者の結合体又はその連合体」をいう。たとえば，銀行協会とか医師会などが，これに該当する。

(2)　市場力[1]（または市場支配力）

(a)　ハーバード学派

① 　市場力の定義

　市場力（Market Power の日本語訳であり，「市場支配力」ともいうが，以下では「市場力」と記す）とは，「費用および需要条件に直面する企業に対して，競争的市場が強制する行動とは異なる仕方で，企業が持続的に行動できる場合」において，市場構造の諸指標によって識別される能力をいう。市場力は，一企業によって単独で保有される場合もあれば，寡占市場において通謀・結合など意識的な並行行為やカルテル（契約や協定などといった形式）を伴った複数の事業者によって共有される場合もある。[2]

② 　市場力の影響

　市場力が長期にわたって維持されるということは，新しい生産者や売手といった事業者の市場参入に際して参入障壁があるということを意味する。[3]

③ 　市場力をもつ条件

　事業者が市場力をもつ条件とは，事業者が市場の唯一の生産者や売手である

場合，あるいは構造的寡占市場において，事業者が少数の重要な競争相手の存在を有していても相対的に大きな市場占拠率を保有しているか，市場において支配的な事業者であるような主要な生産者や売手である場合をいう[4]。

④ 市場力の判断規準

ハーバード学派は，持続的な市場力で注意を要するほど十分に大きいもののうち，不当な市場力だけを市場支配力として問題とする。その判断規準は，市場力の「源泉」に注目する[5]。

(i) 正当な市場力

(イ) 規模の経済性が存在するため，ほんの少数の効率的な売手しか市場に生き残れない場合には，実質的な市場力をもつことは不可避である。

(ロ) 市場力が，基本的な特許の合法的な利用からもたらされる場合である。

(ハ) 市場力が，新しい生産過程・製品および販売技術の導入に基づく場合である。

(ii) 不当な市場力⇒市場支配力

不当な市場力とは，正当な市場力の条件を満足せず，市場において価格に関する先導性・報告・協定，特許プール，排他的な取引契約などの慣行が行われ，先導的地位を有する事業者を支えるための市場力が形成され維持されている場合をいう（市場の構造⇒行動⇒成果）。ハーバード学派は，この意味での市場力を不当な市場力に位置づけて，これを「市場支配力」とする。

(b) シカゴ学派[6]

① 市場力の定義

市場力とは，競争均衡価格（製品一単位を新たに生産するのに要する費用＝限界費用に等しい）を上回って価格を設定し得る能力をいう。言い換えれば，利益を確保しながら競争水準を超えて価格を維持する単独ないし複数の事業者の能力をいう。シカゴ学派は，事業者（とくに企業）が大なり小なり市場力をもつとの前提を有する（プライスリーダー[7]）。

② 市場力の影響

市場（支配）力は，市場メカニズムの正常な働きの障害となり，資源配分上の死重的損失（第1部第6章1の(4)(b)の独占禁止法に関する市場の失敗の例の独占・

カルテルによる弊害——死重的損失——の発生を参照）を発生せしめる可能性を有する[8]。

③ 市場力の判断規準[9]

シカゴ学派は，市場経済取引の効率性を重視する。したがって，シカゴ学派は，市場力の判断を重視してカルテル規制を行う傾向にある。

(i) 市場力の判断規準としては，市場集中率を第一の指標とする。この指標としては，ハーフィンダール・ハーシュマン（HHI）指数（類似の代替可能な商品で需要の交差的価格の弾力性が働く拡大された関連市場に参加する事業者の市場占拠率を二乗したものの合計）が採用されている。HHIが1000未満の市場は「非集中」，1000以上1800未満の市場は「穏やかな集中」，1800以上の市場は「高度な集中」と判断される。

(ii) HHIによる判断だけで市場力の有無を判断するわけではなく，参入の容易さ，商品の性質・販売条件，情報の利用可能性，周辺事業者・中小事業者の生産販売能力，企業行動，市場成果についての共謀など（市場の行動⇒成果→構造）の観点からも判断されるのである。ただし，公正取引委員会が2007（平成19）年3月に発表した「企業結合審査ガイドライン」によると，市場力形成の有無は，まず，第一段階としてHHIによる判断を行って，ある指標を超える場合には，さらに個別の判断規準によって市場力形成の有無を判断するとしている（注9を参照）。

(c) **市場力に関する審決・判例**

① 独占禁止法上の市場力とは

審決・判例を整理することによって市場力をまず定義しておこう。「市場力」とは，価格，数量，地域割あるいは地域指定などを決定する事業者のもつ事業能力ということができよう。

② 野田醬油事件

市場力と対市場効果としての市場支配（状態）との区別を明確にして判示している判例等は，少ないように思われる。ここでは，東京高等裁判所の野田醬油事件において判示された内容を整理しておきたい。

東京高裁は，「野田醬油が，卸商に対してはもちろん小売商に対しても強い

支配力を有（し），販売業者に対して，いわゆる絶対的強制力を有し」「醬油業界における格付け及びそれに基づくマーク・バリュー，品質，価格の一体関係から，他の生産者が野田醬油の定めた価格に追随せざるを得ない客観的条件のもとで，野田醬油の業界に占める優越的地位からして，他の生産者は，野田醬油決定の価格（プライスリーダー価格）に追随せざるを得た（かった）」と判示した〔東京高裁判昭32・12・25高裁民集10巻12号743頁〕。つまり，野田醬油がすでに有している市場力（価格決定能力）は，再販売価格の決定・維持によっていっそう強化され，醬油市場のかような客観的条件とあいまって，競争関係にある製造他社に対して行使されたと理解することができよう。[10]

(d) 複数の事業者間で形成される市場力の審決

① 同業種の事業者間

日本医療食協会・日清医療食品事件〔公取委勧告審決平成8年5月8日審決集43巻209頁〕。

② 異業種の事業者間

(i) **埼玉銀行・丸佐生糸事件**〔公取委同意審決昭25・7・13審決集2巻74頁〕。

(ii) **雪印乳業・農林中金事件**〔公取委審決昭31・7・28審決集8巻12頁〕。

(3) 対市場効果

対市場効果とは，事業者がある製品・サービス・技術の市場を支配している状態をいう。

市場支配の状態にあるか否かは，一定の取引分野および競争の実質的制限（市場占拠率，価格支配，地域指定・割当のコントロール等）を基準として判断される。

(a) 一定の取引分野[11]

① 一定の取引分野の定義

一定の取引分野とは，当該市場（relevant market）といい「競争の実質的制限」の存否を判断する場（範囲）をいう。言い換えれば，「特定の商品や役務の取引をめぐって，供給者間・需要者間で競争が行われる場をいう」。

② 一定の取引分野の形成要素

一定の取引分野は，商品的要素，地理的要素そして時間的要素の3つから形成される。
　(i)　商品的要素
　(イ)　同種の商品間においては，競争関係が成立するので，商品的市場が成立する。
　(ロ)　類似の商品間においても，需要の交差的価格の弾力性（合理的代替可能性）があれば競争関係が成立するので，商品的市場が成立する。「需要の交差的価格の弾力性」とは，「他の条件を一定とした場合の，ある商品の微小な価格変化率に対する当該商品需要量の変化率の比率」をいう。言い換えると，ある商品の価格が変動すると，その変動が他の商品の需要量などに及ぼす影響度をいう。一般的に，当該Ａ商品の価格が上下に変動することによって，他のＢ商品の需要量の増減が大きい場合には，Ｂ商品のＡ商品に対する需要の代替性が強いといえるのである。この経済学理論の導入は，商品が取引される一定の取引分野の認定を数値で測定することを可能としたといわれている（合衆国デュポン・セロファン事件[12]）。しかし，取引の成否は，商品の価格の要素だけでなく用途・品質（機能性・有用性）といった諸要素にも依拠する[13]ので，需要の交差的価格の弾力性のみが，一定の取引分野を確定する主要素とはいえない[14]。その後，合衆国最高裁判所は，グリンネル事件[15]において，合理的な代替・交換可能性の原理を導入して，需要の交差的価格の弾力性を補完し，一定の取引分野の認定をより精緻化するようになったとされる[16]。
　(ハ)　主たる製品の市場を一次的商品市場といい，その製品の補完材等を供給する市場を二次的商品市場という場合がある。たとえば，コピー機本体が前者の例であり，修理部品などが後者の例である。
　(ii)　地理的要素
　商品市場に地域的な限定を加えることで，当該市場をより具体的に特定する概念である。
　(イ)　全体市場；当該分野における事業者の商品の全体を対象とする市場をいう。
　(ロ)　部分市場；前記商品市場のうちの一部の商品のみの市場をいう。

(ハ) 取引段階市場；商品の生産段階から小売段階までを全体市場とすれば，生産段階（メーカー対卸売業者），卸売段階（卸売業者対小売業者），小売段階（小売業者対消費者）の各段階に，部分市場が成り立つ。

(ニ) 全国市場と地域市場；全体市場の地域的広がりは，全国市場の場合も地域市場の場合もあり，部分市場の地域的広がりは，全国市場の場合も地域市場の場合もある。

(iii) 時間的要素

商品的地理的市場に，春夏秋冬といった季節や時間によって絞りをかける概念である。

③ 一定の取引分野についての審決・判例

(i) **東宝・スバル事件**：〔公取委審決昭25・9・29審決集2巻146頁，最判昭29・5・25民集8巻5号950頁〕。

(ii) **目隠しシール入札談合刑事事件**：社会・経済的取引が複雑化し，その流通過程が多様化している現状から，「一定の取引分野」を「取引段階」等の規定の概念によって固定的に理解するのは適当ではなく，取引の対象・地域・態様等に応じて違反者のした共同行為が対象としている取引およびそれによって影響を受ける範囲を検討し，その競争が実質的に制限される範囲を確定すべきとされた事例〔東京高裁判平5・12・14判タ（判例タイムズの略）840号81頁〕。

(b) 競争の実質的制限

① 競争の実質的制限の意義

独禁法2条4項の「競争」を「有効競争」と解することで，「競争の実質的制限」の意義は，「有効競争の制限」として捉える。すなわち，それは，市場構造，市場行動および市場成果の各側面からみて，有効競争が損なわれている場合，あるいは，損なわれるおそれのある場合を意味するといえよう。具体的には，高い市場占拠率，価格支配，販売・取引地域の指定とか割当などとして現れたり裏付けられる。

② 競争の実質的制限の審決・判例の検討

(i) **東宝・スバル事件**[17]：競争の実質的制限とは，「競争自体が減少して特定の事業者または事業者団体が，その意思で，ある程度自由に，価格，品質，数量，

その他各般の条件を左右することによって市場を支配することができる状態が現れているか,または少なくとも現れようとする程度に至っている状態を指す」。かような理解は,「実質的制限とは,競争の『実効性ある』制限と同一の意義に帰着し,有効な競争を期待することがほとんど不可能な状態を指す」という背景が存在する。

ところで,当判決は,競争の実質的制限が他の競争者に対してどのような影響を与えるかについて言及してはいないのであって,この点については,つぎの東宝・新東宝事件によって明らかにされている〔東京高裁判昭26・9・19高裁民集4巻14号497頁〕。

(ii) **東宝・新東宝事件**:東京高等裁判所は,競争を実質的に制限するとは,「競争自体が減少して特定の事業者または事業者団体が,その意思で,ある程度自由に,価格,品質,数量,その他各般の条件を左右することによって市場を支配することができる状態をもたらすことをいう」のであって,「いいかえればかかる状態においては,当該事業者又は事業者集団に対する他の事業者は,それらの意思に拘りなく,自らの自由な選択によって価格,品質,数量等を決定して事業活動を行い,これによって十分な利潤を収めその存在を維持するということは,もはや望み得ないということになる」と判示したことによって,明らかにされた〔東京高裁判昭28・12・9高裁民集6巻13号868頁〕。

(iii) **富士製鉄・八幡製鉄合併事件**:競争を実質的に制限するか否かの判断は,「……業界の実情ならびに各取引分野における市場占拠率,供給者側および需要者側の各事情,輸入品の有無,代替品ならびに新規参入の難易等の経済的諸条件を考慮して判断されなければならない」〔公取委審決昭44・10・30審決集16巻46頁〕。

(iv) **中央食品株式会社ほか——豆腐類卸売価格値上げ事件**:富士製鉄・八幡製鉄事件の判断基準を採用し,公取委は,香川県高松市における豆腐類の製造販売について,カルテル参加事業者の豆腐類の製造販売市場の占拠率が80%を超え,中央食品が指導的地位にある市場構造,他の事業者は豆腐類の製造販売を拡張し難い市場状況,中小零細事業者の追随的市場行動を認定し,「中央食品ほか6社の卸売価格の値上げが高松市内の豆腐類の卸売価格の引き上げをもたらし,

高松市内における豆腐類の卸売分野における競争を実質的に制限している」と判断した〔公取委勧告審決昭43・11・29審決集15巻135頁〕。

(v) **石油連盟数量調整刑事事件**：〔東京高裁判昭55・9・26高裁刑集33巻5号359頁〕。

(4) 公共の利益の概念
(a) **公共の利益の意義**
① 自由競争秩序の維持と解する説
② 一般消費者の利益を確保するとともに国民経済の民主的で健全な発達を促進することと解する説

これらイとロの各見解については，第2部第3章4の「独占禁止法の目標」を参照。

③ 生産者・消費者の双方を含めた国民経済全般の利益と解する説

この説は，「産業の利益を抑えて消費者の利益を確保することが，独禁法の目的だという考え方は，独禁法全体の大事な根本趣旨を正しく解しているものとはいい難い[18]」といい，消費者の利益よりも産業の利益を優先することが独占禁止法の目的と解している。「国民経済の民主的で健全な発展」ではなく「国民経済の……発達」と解する説[19]も，同様と解してよかろう。産業の利益とは公共の利益であると解するこれらの説は，そもそも独占禁止法の母国であるアメリカ合衆国において同法が誕生した歴史を十分に理解していないものといえるし，社会法としての独占禁止法の位置づけを全く無視するもので，今日では経済法分野で支持する見解は見あたらない。

(b) **「反公共の利益」要件の位置づけ**
① 違法要件である。
② 違法要件と捉えた上で，法の適用に関しては違法性阻却事由とする。
③ 訓示的・宣言的意味しかない。

(c) **審決・判例**
① **湯浅木材工業ほか事件**：公正取引委員会は，「事業者が公の入札に際し，共同して価格を決定するがごとき行為は，自由競争の確保を眼目とする独禁法

第1条の規定の精神に反し，その行為自体，公共の利益に違反するものと認めるのが相当であ……る」と判示した。ゆえに，「反公共の利益」の要件は，違法要件と解される〔公取委審決昭24・8・30審決集1巻62頁〕。

② **愛媛県LPガス保安協会事件**：〔公取委昭47・7・25審決集19巻40頁〕。

③ **出光興産ほか石油価格協定刑事事件**：石油事件において，裁判所は，独占禁止法の目標を独禁法1条の究極的目的にあり，これを公共の利益と解して，公共の利益を確保するために行われざるを得ない行為については，違法性を阻却する場合があり得ることを示唆したと解される〔最判昭59・2・24刑集38巻4号1287頁〕。

④ **資生堂化粧品事件**：資生堂事件において，裁判所は，「商品の特性（安全性の確保）にかんがみれば，顧客の信頼を確保することが化粧品市場における競争力に影響する……対面販売方法を採ることには……合理性がある」として，公共の利益を違法性阻却事由に位置づけるものと解される〔最判平10・12・18判時1664号3頁〕。

1) 宮井雅明「反トラスト法における市場力の研究」静岡大学法政研究1巻1-4号（1996年），2巻1.2号（1997年）。
2) K. ケイセン，D. F. ターナー著，根岸哲，橋本介三訳『反トラスト政策』（神戸大学経済経営研究所，1988年）95頁以下。
3) ケイセン，ターナー，前掲注2），97-98頁。
4) ケイセン，ターナー，前掲注2），98頁。
5) ケイセン，ターナー，前掲注2），99-105頁。
6) シカゴ学派の「市場力」については，宮井雅明教授の前掲注1）によってまとめられた論考を引用する。
7) 宮井雅明，前掲注1），1巻2・3合併号507-509頁。
8) 宮井雅明，前掲注1），1巻2・3合併号512頁。
9) 宮井雅明，前掲注1），1巻2・3合併号518-519頁。日本においては，HHI指数は，企業の水平的結合の拒否を判断する際に最も重要な判断基準として利用されている。公正取引委員会は，2007年3月28日に「企業結合審査に関する独占禁止法の運用指針（以下では「企業結合審査ガイドラインという」の改定を発表した。結合ガイドラインは，水平的な企業結合が一定の取引分野における競争を実質的に制限することとなるか否かについて，「競争を実質的に制限することとなるとは考えられない」HHIとしての指標を次の①〜③のように改定した。①企業結合後のHHIが1500以下である場合。②企業

結合後のHHIが1500超2500以下であって，かつHHIの増分が250以下である場合。③企業結合後のHHIが2500を超え，かつ，HHIの増分が150以下である場合。なお，企業結合によるHHIの増分は，当事会社が2社の場合には，各社の市場シェア％を乗じたものを2倍することによって求めることができる。企業結合後の当事会社グループの市場シェアが35％以下の場合には，競争を実質的に制限することとなるおそれは小さい。HHIの値が上記数値を超えるか否か判断できない場合には，清算集中度調査から得られた関係式（HHI＝最上位企業の市場シェア％の2乗×0.75＋上位3社累積シェア％×24.5－466.3）を用いた推計値によって検討する。

10) 正田彬・鈴木深雪「別冊ジュリストNo81独禁法審決・判例百選第3版」（有斐閣，1984年）23頁。

11) 丹宗昭信『独占および寡占市場構造規制の法理』（北海道大学図書刊行会，1976年）67-77頁参照。

12) United States v. E. I. du Pont de Nemours & Co., 351U. S. 377(1956)。デュポン社は，米国で販売されていたセロファンの約75％を生産していた。このセロファンは，アルミ箔，グラシン，サラン，ポリエチレンなどの軽包装材の一種である。政府は，デュポン社が州際取引においてセロファン市場の独占化を図ったという嫌疑をかけ，その立証をする必要に迫られた。裁判所は，独占化を図ったことを立証するためには，一定の取引分野を認定しなければならず，商品要素を軽包装材として括るならば，デュポン社が軽包装材市場において占めるセロファンのシェア（占拠率）は，20％にすぎなかったことになる。そうすると，需要の交差的価格の弾力性が働いており，独占化を理由とする反トラスト法違反要件たる市場力の立証には不十分とした。

13) E. I. du Pont de Nemours & Co.事件の最高裁リード判事は，「商品の交換可能性（interchangeability）は，価格，品質，競争品の適応性を考慮したうえで，用途が同じ競争品の購入によって測ることができる……軽包装材は，このような代替品に相当する」と言及した（合理的な代替・交換可能性の原理）。

14) J. M. Clark, "Competition as a Dynamic Process"(Washington, D. C.: Brookings Institution, 1961), at 107. J. M. クラークは，需要の交差的価格の弾力性の高いことが競争を意味するとは限らない。他の諸要素も含む合理的な代替・交換可能性の視点からの検討が必要であると主張した。

15) United States v. Grinnell Corp., 384 U. S. 563（1966）.

16) E. M. シンガー著，上野裕也・岡井紀道共訳『反トラストの法と経済理論』（ぺりかん社，1971年）71-81頁。

17) 公取委審決昭25・9・29審決集2巻146頁，東京高裁判昭26・9・19高裁民集4巻14号497頁，最判昭29・5・25民集8巻5号950頁。

18) 芦野弘「独禁法審議会答申を検討する」，ジュリスト150号（1958年3月15日）6-7頁。

19) 出雲井正雄『新独占禁止法の解説』（時事通信社，1953年）90頁。

第5章　私的独占

1　私的独占の構成要件(独禁法2条5項)

【私的独占の構成要件（独禁法2条5項）】

```
行為主体（＋市場支配力）　＋　(6)行為　　⇒　対市場効果（市場支配）
・違反行為を　　　　　　　　・どのような　　　一定の取引分野
だれに認定す　　　　　　　　行為をいうか　　　競争の実質的制限
るか　↓　　　　　　　　　　(a)排除　　　　　（市場構造→市場占拠率）
事業者（2条1項）　　　　　　(b)支配　　　　　（市場成果→価格支配等）
・単独　　　　　　　　　　　　　　　　　　　　　　　⇩
(5)複数（(a)結合・(b)通謀）　　　　　　　　　　　反公共の利益
```

　当該事業者による排除・支配が「私的独占」と認定されるためには，排除または支配（原因となる行為）と市場支配（結果）の発生との間に相当因果（原因と結果の）関係があることを必要とする。

2　共通の構成要件と私的独占の固有の構成要件

2-1　共通の構成要件

(1)　**行為主体（事業者）**→第2部第4章3の(1)を参照

(2)　**市場支配力**→第2部第4章3の(2)を参照

(3)　**対市場効果**→第2部第4章3の(3)を参照

(a)　一定の取引分野→第2部第4章3の(3)―(a)を参照

(b)　競争の実質的制限→第2部第4章3の(3)―(b)を参照

(4)　**反公共の利益**→第2部第4章3の(4)を参照

2-2　私的独占の固有の構成要件

(5) 複数事業者の結合・通謀

結合・通謀とは，単独の事業者では，市場支配力が十分ではないので，他の事業者と結んで市場支配力を形成しようとするための手段・方法をいう。

(a) 結　合

① かたい結合

株式取得・役員兼任といった組織的な手段をとおして他の事業者の決定に介入することをいう〔埼玉銀行・丸佐生糸事件，三共ほか10名に対する事件〕。

② ゆるい結合

合同役員会といった一定の組織を介して，他の事業者と意思を通じ合うことをいう〔三共ほか10名に対する（パチンコ機製造技術市場）事件〕。

(b) 通　謀

意思の了承，暗黙の了解といった事実行為により他の事業者と意思を通じ合うことをいう〔上記2事件，雪印乳業・農林中金事件，日本医療食協会・日清医療食品事件〕。

(6) 行為（私的独占の排除・支配）とは

(a) 私的独占における「排除」

① 「排除」の概念

当該事業者が他の事業者の事業活動を「排除」するとは，当該市場において他の事業者の事業活動を困難にするか，他の事業者を当該市場から人為的に駆逐することをいう。

② 「排除」行為には，当該事業者に他の事業者の事業活動を排除する意思が必要か。

独占禁止法89条から91条までの犯則事件に該当し刑事罰を科する違法な「排除」行為の要件としては，責任主義に基づき「排除」意思を必要と解するが，私的独占の一般成立要件としては，客観的な排除行為の存在から主観的な「排除」意思が推定できるだけで足り，「排除」意思の証明をとくに必要と解するものではなかろう。

③ 「排除」行為は，当該事業者が市場支配力（市場力）をもつことを前提と

第5章　私的独占

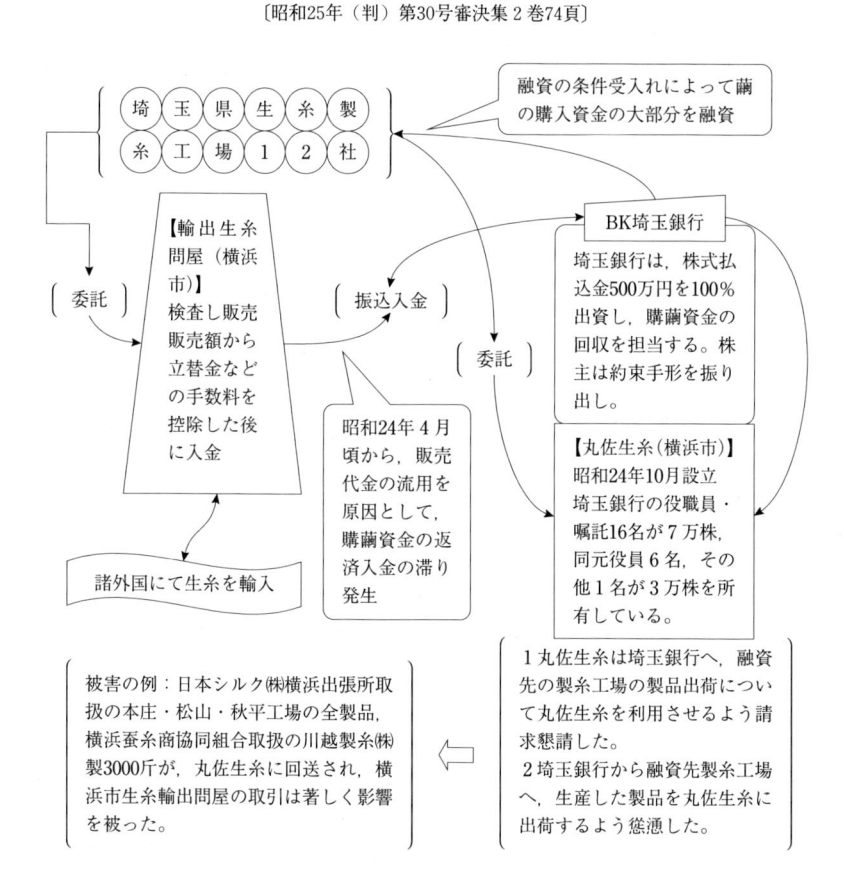

図表5-1　丸佐生糸・埼玉銀行事件
〔昭和25年（判）第30号審決集2巻74頁〕

```
          ┌─埼　玉　県　生　糸　製─┐    ←──── 融資の条件受入れによって繭
          └─糸　工　場　1　2　社─┘         の購入資金の大部分を融資
           │                    ↑
           │                    │
    ┌──委託──┐                │
           ↓                振込入金            BK埼玉銀行
      【輸出生糸                  │        ┌──────────────┐
      問屋（横浜                  │        │ 埼玉銀行は，株式払 │
      市）】                      │        │ 込金500万円を100% │
      検査し販売                  │  委託  │ 出資し，購繭資金の │
      販売額から                  │        │ 回収を担当する。株 │
      立替金など                  │        │ 主は約束手形を振り │
      の手数料を                  │        │ 出し。            │
      控除した後                  │        └──────────────┘
      に入金                      │        【丸佐生糸（横浜市）】
           │        昭和24年4月          昭和24年10月設立
           │        頃から，販売         埼玉銀行の役職員・
           │        代金の流用を         嘱託16名が7万株，
           │        原因として，         同元役員6名，その
           │        購繭資金の返         他1名が3万株を所
           │        済入金の滞り         有している。
           ↓        発生
    諸外国にて生糸を輸入

    被害の例：日本シルク㈱横浜出張所取         1 丸佐生糸は埼玉銀行へ，融資
    扱の本庄・松山・秋平工場の全製品，         先の製糸工場の製品出荷につい
    横浜蚕糸商協同組合取扱の川越製糸㈱  ⇐    て丸佐生糸を利用させるよう請
    製3000斤が，丸佐生糸に回送され，横         求懇請した。
    浜市生糸輸出問屋の取引は著しく影響         2 埼玉銀行から融資先製糸工場
    を被った。                                へ，生産した製品を丸佐生糸に
                                              出荷するよう慫慂した。
```

するか。

　事業者による実効性ある「排除」行為には，多くの場合には，市場力を伴うことが多いが，当該事業者が市場支配力までもつことを必要とするものではない。たとえば，雪印・農林中金事件では，雪印乳業が農林中金や北信連と通謀してそれら事業者の金融力をバックに排除行為を行った例がある。メーカーが卸段階や小売段階に不公正な取引方法（排他条件付取引あるいは拘束条件付取引）を強制することによって，競争事業者や潜在的競争事業者を当該市場より間接的に排除しようとする場合には，市場力を不当に利用することで，より実効性

を確保することになると解される。

④ 「排除」行為の認定

「排除」行為の意味するところは，当該市場において競争関係にある事業者の存続を否定することにあるから，行為の結果としては完全に排除されたという結果の発生を必要とするものではなく，一部の排除でも良いし，競争事業者の事業の継続が困難な状態に至っていれば，「排除」行為が認定される。

⑤ 排除の類型（直接的排除と間接的排除）

私的独占（排除行為）の成立要件としては「競争の実質的制限」の発生を必要とするのであるから，排除する者と排除される者との間には，直接的な競争関係があることを必ずしも必要としないが，少なくとも間接的な何かの関係が必要である。

(ⅰ) 直接的排除

(イ) **奥道後バス路線事件**：競争関係にあるバス事業者の新規参入を排除した事例である〔高松高裁判昭61・4・8判タ629号179頁〕。

(ロ) **日本医療食協会・日清医療食品事件**：協会および日清が，医療用食品の登録・工場認定・販売業者の各認定制度を実施して，競争他社の事業活動を排除した例である〔公取委勧告審決平8・5・8審決集43巻209頁〕。

(ハ) **東洋製罐事件**：東洋製罐が，食缶の供給を停止することにより，潜在的競争関係にある他の事業者の食缶製造の開始を阻止しあるいは製造を断念させた事例である〔公取委勧告審決昭47・9・18審決集19巻87頁〕。

(ⅱ) 間接的排除

(イ) **埼玉銀行・丸佐生糸事件**：埼玉銀行は，製糸工場に融資した資金の回収を確実にするため，輸出問屋丸佐生糸という子会社を設立し，融資の条件として生糸の輸出事業を丸佐生糸に一手に取り扱わせるとしたことが，他の生糸輸出競争業者の事業活動を困難にしたとされた事例である〔公取委同意審決昭25・7・13審決集2巻74頁〕。

(ロ) **雪印・農林中金事件**：雪印乳業・北海道バターは共同して，農林中金・北信連の金融力をバックに，それら金融事業者の了解のもとに，生産乳供給農家に融資をさせて乳牛を導入させ，その生産乳を雪印乳業と北海道バターに一手

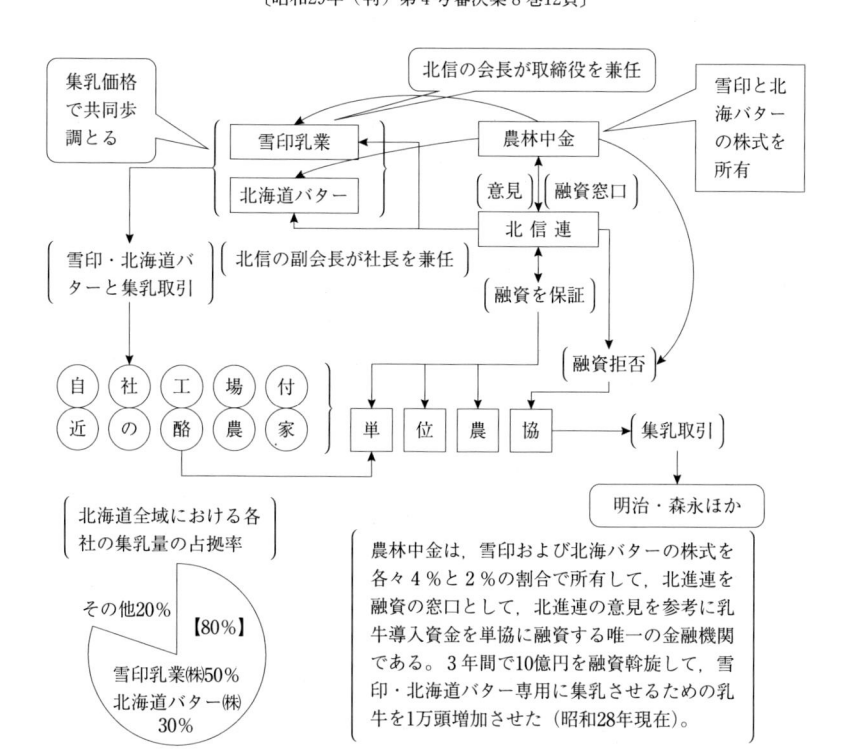

図表5-2 雪印・農林中金事件
〔昭和29年（判）第4号審決集8巻12頁〕

（図表省略）

農林中金は，雪印および北海バターの株式を各々4％と2％の割合で所有して，北進連を融資の窓口として，北進連の意見を参考に乳牛導入資金を単協に融資する唯一の金融機関である。3年間で10億円を融資斡旋して，雪印・北海道バター専用に集乳させるための乳牛を1万頭増加させた（昭和28年現在）。

に販売させた行為が，競争関係にある乳業会社の集乳事業活動を困難にしたとされた事例である〔公取委審判審決昭31・7・28審決集8巻12頁〕。

(ハ) **日本インテル事件**：日本インテルは，国内のコンピュータメーカー有力5社に対して，リベートの支払いや活動資金の提供をもちかけて，競争2社の「CPU」を使用しない，あるいは使用量を削減するように強制し生産計画の変更など圧力をかけて，競争2社の事業活動を困難にしたとされた事例である〔公取委勧告審決平17・4・13審決集52巻341頁〕。

(b) 私的独占における「支配」

① 「支配」の概念

当該事業者が他の事業者の事業活動を「支配」するとは，他の事業者に対し

て強圧もしくは制約を加えて，他の事業者に強圧等を加える当該事業者の意思に従わせ，あるいは，形式上は自由な自己決定による事業活動を展開しているようにみえるが，実質的には他の事業者の事業活動の自由が奪われていることをいう。

② 「支配」行為には，当該事業者が競争事業者との間で市場支配力（市場力）をもつことを前提とするか。

当該事業者による「支配」行為には，当該事業者が単独で市場支配力をもつことを必ずしも要しない。しかし，当該事業者が市場支配力を獲得するために，競争事業者と結合し通謀し，あるいは，市場支配力獲得の手段として競争事業者以外の事業者に対する不公正な取引方法（野田醤油が小売段階に対して再販売価格維持行為を強制した事例）を利用し得る場合には，市場力の不当な行使を市場支配力と認定することも可能であろう。

③ 「支配」行為の認定

独禁法上で違法とされる「支配行為」は，公正かつ自由な競争（有効競争）原理の働く市場の機能に反して，経済活動を人為的に歪めるという不当性が含まれる場合と解する。それゆえ，「支配する者」には，他の事業者の事業活動を支配（競争を制限）する意思が存在することを必要とするし，他方「支配される者」には，自由な自己決定に基づく経済活動を制限（支配）されているという認識が必要であろう。

④ 支配の態様と類型（直接的支配と間接的支配）

私的独占の行為としての「支配」は，対市場効果としての競争の実質的制限（状態）をもたらす原因となり得る行為であれば，どのような内容を伴う行為であっても対象となると解される。支配行為には，「直接的」支配と「間接的」支配の2つの行為類型がある。

(i) 直接的支配

直接的支配とは，当該事業者が他の事業者に対して直接に圧力や制約を加えて，他の事業者を当該事業者の意思に従わせる場合をいう。したがって，通説は，「支配する者」と「支配される者」との間には競争関係にある必要はないと解している。

図表5-3　東洋製罐事件
〔昭和47年（勧）第11号審決集19巻87頁〕

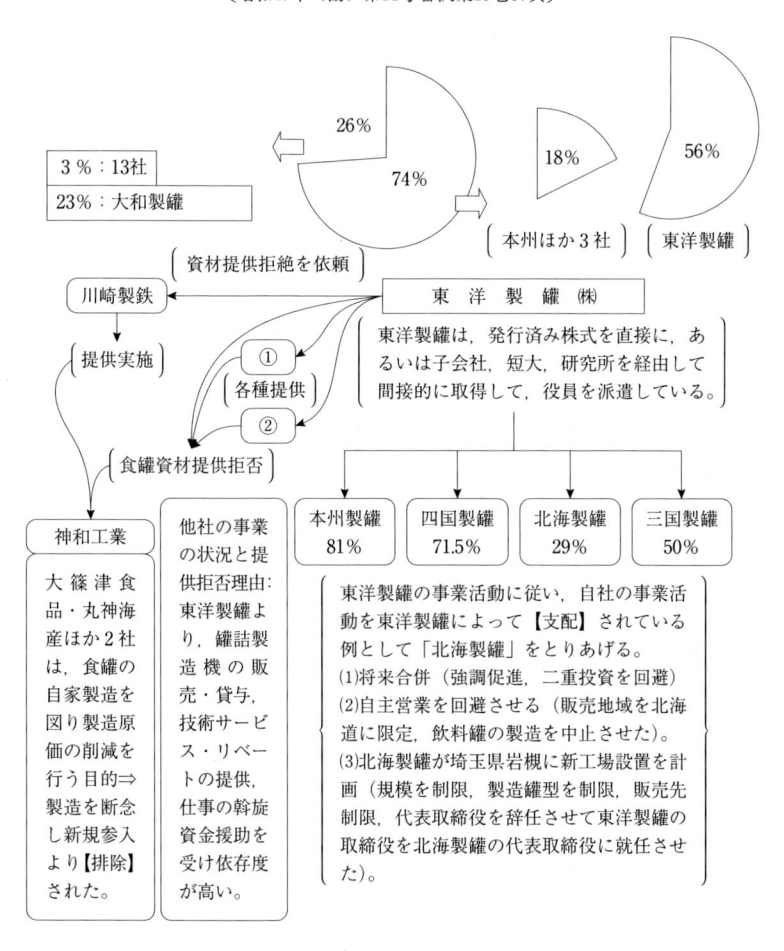

```
                            26%
        3％：13社                    18%      56%
        23％：大和製罐        74%
                                  本州ほか3社   東洋製罐

         ┌─資材提供拒絶を依頼─┐
    川崎製鉄 ←──────────  東　洋　製　罐　㈱
      │                      ①            東洋製罐は，発行済み株式を直接に，
    提供実施                 各種提供       あるいは子会社，短大，研究所を経由して
      │                      ②            間接的に取得して，役員を派遣している。
      │                  食罐資材提供拒否
      ↓
   神和工業
```

神和工業	他社の事業の状況と提供拒否理由：	本州製罐 81%	四国製罐 71.5%	北海製罐 29%	三国製罐 50%
大篠津食品・丸神海産ほか2社は，食罐の自家製造を図り製造原価の削減を行う目的⇒製造を断念し新規参入より【排除】された。	東洋製罐より，罐詰製造機の販売・貸与，技術サービス・リベートの提供，仕事の斡旋資金援助を受け依存度が高い。	東洋製罐の事業活動に従い，自社の事業活動を東洋製罐によって【支配】されている例として「北海製罐」をとりあげる。(1)将来合併（強調促進，二重投資を回避）(2)自主営業を回避させる（販売地域を北海道に限定，飲料罐の製造を中止させた）。(3)北海製罐が埼玉県岩槻に新工場設置を計画（規模を制限，製造罐型を制限，販売先制限，代表取締役を辞任させて東洋製罐の取締役を北海製罐の代表取締役に就任させた）。			

(イ)　**東洋製罐事件**：東洋製罐が，競争他社の株式を所有し，役員を送り込んで代表取締役などに就任させて事業活動を直接支配した事例である〔公取委勧告審決昭47・9・18審決集19巻87頁〕。

(ロ)　**日本医療食協会・日清医療食品事件**：協会と日清医療が，医療用食品製造業者の販売価格・地域および活動を制限することによって，競争他社の事業活動を直接支配して，公共の利益に反して，日本の医療用食品の取引分野におい

図表 5-4 日本医療食協会・日清医療食品事件
〔平成 8 年第14号審決集43巻209頁〕

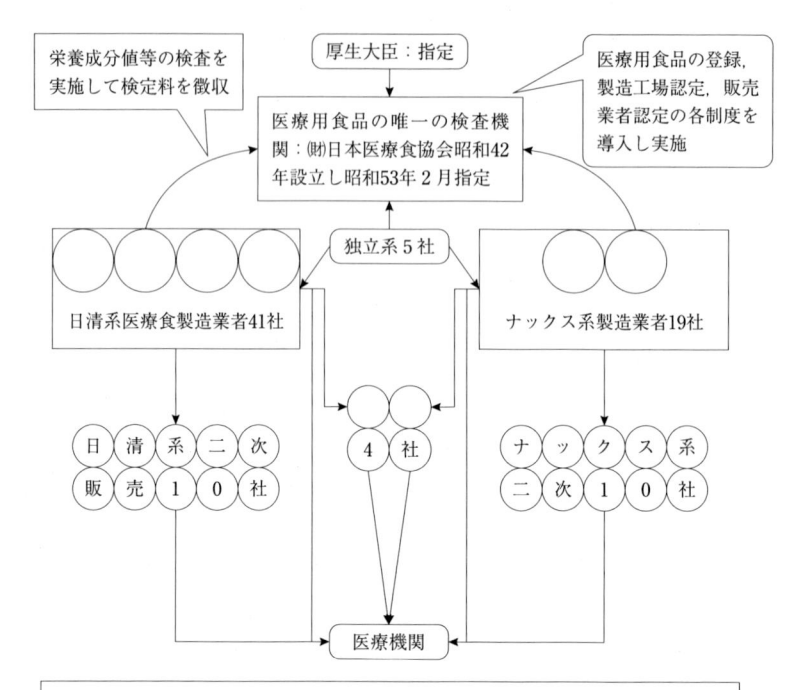

```
                    ┌──────────────┐
  ┌───────────────┐ │厚生大臣：指定│ ┌─────────────────┐
  │栄養成分値等の │ └──────┬───────┘ │医療用食品の登録,│
  │検査を実施して │        ↓         │製造工場認定,販売│
  │検定料を徴収   │ ┌──────────────┐│業者認定の各制度 │
  └───────┬───────┘ │医療用食品の唯一││を導入し実施     │
          │         │の検査機関：    │└─────────┬───────┘
          │         │㈶日本医療食協会│          │
          └────────→│昭和42年設立し  │←─────────┘
                    │昭和53年2月指定 │
                    └──────────────┘
       ↑              ↑   ↑   ↑                  ↑
  ┌─────────────────┐ 独立系5社  ┌─────────────────┐
  │○○○○○○○○○ │            │  ○○○○○○○  │
  │日清系医療食製造  │            │ナックス系製造業 │
  │業者41社          │            │者19社           │
  └─────────┬───────┘            └─────────┬───────┘
            ↓             ○○○○              ↓
  ┌─────────────────┐  4 社              ┌─────────────────┐
  │日清系二次販売    │                     │ナックス系二次   │
  │10社              │                     │10社             │
  └─────────┬───────┘                     └─────────┬───────┘
            └───────────→┌──────────┐←─────────┘
                          │医療機関  │
                          └──────────┘
```

日本医療食協会は，医療用食品の価格維持を図り，検定料収入を安定的に確保するため，日清医療食品からの一手販売の申し出に応じて，昭和52年以後，医療機関向け医療食品の一次販売業者を日清医療食品に決定した。その後，61年になって独占的供給体制に対する社会的批判が高まってきたことから，協会は，日清医療食品からの提案に基づき医療用食品普及率の低い地域の21都道県に限定し，製造系列を遵守させ，自由な事業（仕入・製造・新規開拓・価格設定・販売）活動を制限して，他社の参入を防止し系列以外の業者には販売しないなどを条件に，3者間で協定を締結しナックス社の参入を許した。

て競争を実質的に制限したとされた事例である〔公取委勧告審決平 8・5・8 審決集43巻209頁〕。

(ii) 間接的支配

　間接的支配とは，「事業活動を営む上において，市場に成立している客観的条件なるものを知悉している……事業者が，客観的条件を適当に利用して他の

第 5 章 私 的 独 占

図表 5-5 野田醬油事件
〔東京高裁昭31年（行ナ）第1号高裁民集10巻12号743頁〕

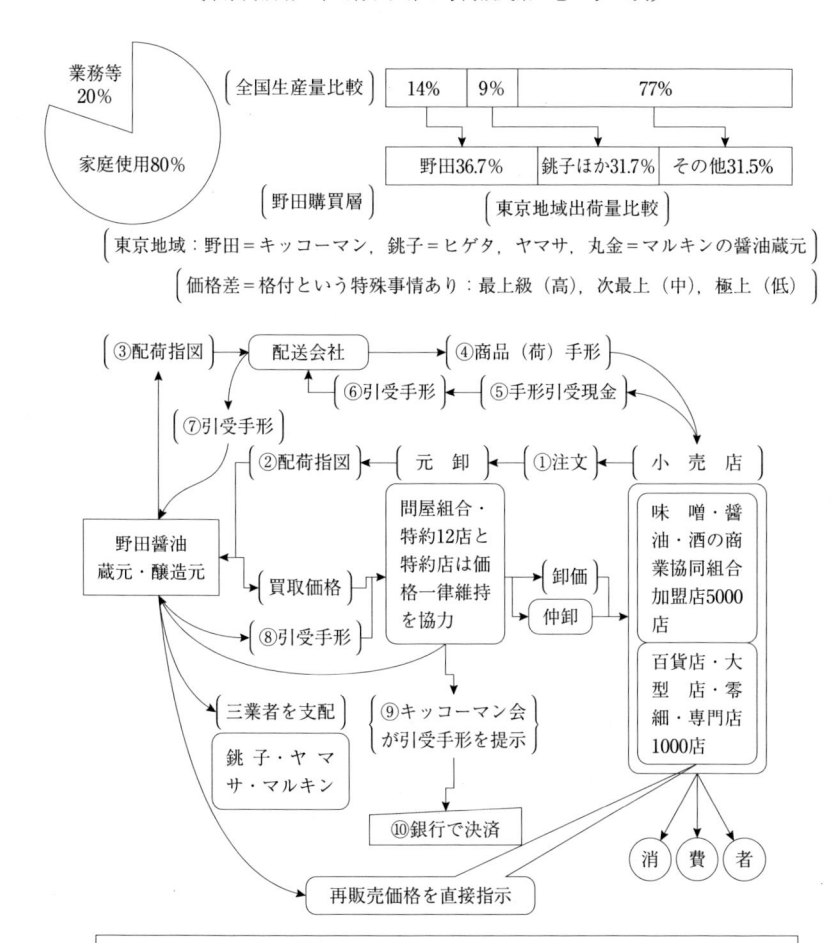

```
業務等20%
家庭使用80%
（全国生産量比較） 14%  9%  77%
                    野田36.7%  銚子ほか31.7%  その他31.5%
（野田購買層）  （東京地域出荷量比較）
```

（東京地域：野田＝キッコーマン，銚子＝ヒゲタ，ヤマサ，丸金＝マルキンの醬油蔵元）
（価格差＝格付という特殊事情あり：最上級（高），次最上（中），極上（低））

③配荷指図 → 配送会社 → ④商品（荷）手形
　　　　　　　　　　　⑥引受手形 ← ⑤手形引受現金
⑦引受手形
　　　　　②配荷指図 ← 元　卸 ← ①注文 ← 小 売 店

野田醬油蔵元・醸造元
　買取価格 → 問屋組合・特約12店と特約店は価格一律維持を協力 → 卸価／仲卸 → 味噌・醬油・酒の商業協同組合加盟店5000店／百貨店・大型店・零細・専門店1000店 → 消費者
　⑧引受手形

三業者を支配：銚子・ヤマサ・マルキン
⑨キッコーマン会が引受手形を提示 → ⑩銀行で決済
再販売価格を直接指示

小売価格維持手段⇒市場行動としては，市場価格の調査，代金不払を理由に為替手形に切り換えたり，出荷の停止が認められ，市場構造としては，蔵元と元卸との間に価格維持協力（通謀）関係や，他社による事業活動の追随関係が認められる。

事業者の行動を制約する」ことをいう。

野田醬油事件：高裁は，野田醬油が「客観的条件……を『てこ』として，」再販売価格の維持を行ったこと（一般指定12項再販売価格の拘束）を，競争事業3

社の事業活動を間接的に支配するものというべきと判示した事例である〔東京高裁判昭32・12・25高裁民集10巻12号743頁〕。

【私的独占・不当な取引制限と不公正な取引方法の関係およびその問題点】
　私的独占や不当な取引制限を構成する個々の行為が，取引拒絶，再販売価格の拘束，優越的地位の濫用，抱き合わせ，排他条件付取引，拘束条件付取引そして競争者に対する取引妨害などといった不公正な取引方法（2009（平成21）年改正独禁法19条，2条9項1・4・5号そして6号による2009（平成21）年施行の新公正取引委員会告示一般指定の1・2号，10号〜12号・14号など）に該当する場合がある。これらの不公正な取引方法は，対市場効果（一定の取引分野・競争の実質的制限）が認定される場合には，私的独占や不当な取引制限を構成する行為と判断される（第6章の研究でとり上げる日本インテル事件を参照）。
　しかし，昨今では，私的独占・不当な取引制限の存在を立証することが困難な場合あるいは不公正な取引方法を排除するだけで容易に市場機能を正常化し得ると判断される場合には，不公正な取引方法を認定し排除措置を命ずるだけで事業者の違法行為に対処しようとする傾向が，実務よりも学説において顕著になってきているように思われる（社会法の私法への転換現象）。
　私的独占や不当な取引制限は，競争の実質的な制限を要件としない不公正な取引方法よりも，違法性が強いと解されている。それにもかかわらず，独占禁止法は，差止請求（独禁法24条）を，不公正な取引方法に対してのみ可能と規定する。ここには，違法性の強い行為を法の世界から解放する可能性と，事業者に安全な港を提供するという本末転倒が現れているのではないかという懸念がある。

　丸佐生糸・埼玉銀行事件，雪印・農林中金事件，東洋製罐事件，日本医療食ほか1名に対する事件および野田醬油事件の5件について，事実関係を整理し分析した事件の概要を本章の図表5-1から5-5において順次図式化したので，学習に役立てていただきたい。

第6章　私的独占に関する審決・判例および関連問題の研究

1　事業者の行動が独占禁止法違反に問われる場合

　事業を有利に展開するために，事業者が実施する事業活動には，戦略的行動ではなく略奪的行動として，独占禁止法に違反する場合がある。その判断は，経済・経営分析を行い独占禁止法の目的・保護法益，構成要件，取引市場の環境等と対照して判断されなければならない[1]。

　ここでとり上げる事例は，一方事業者が商品・サービス・技術について取引を申込んだ相手方事業者（潜在的競争者）に対して取引を拒否しあるいは他社に拒絶させて市場への新規参入を拒み・断念させ，あるいは，従来からそれらの継続的契約関係にあった相手方事業者（顕在的競争者）との取引を拒否しあるいは他社に拒絶させて市場から排除し，または取引条件を強圧的に受諾させて，自由な事業活動を奪う場合（市場支配）である。

2　戦略的行動論

(1)　戦略的行動と略奪的行動

　戦略的行動とは，事業者が他の事業者（顕在的あるいは潜在的競争相手）に対して事業の拡張または市場への参入に厳しい反応があると信じさせ，事業者にとって有利な状況や市場結果を作り出すような意思決定を他の事業者にさせる種々の策略をいう。事業者が一定期間内において規模の経済によるコスト面，価格，設備・資材原料の入手先や量の確保，習熟度・作業工程，製品差別化，科学技術の研究開発能力，知的財産権（特許・著作権など）の保有，慣行や許認可などに優位性を有する場合に，通常行われる戦略的行動の特徴は，これらを

固定し拘束することによって費用条件や需給条件が他の事業者の新規参入や事業展開にとって持続的に不利に影響するように市場環境を転化させようとする点にある。これを先行事業者の優位性という。[2]

　事業者の優位性を背景に参入障壁を構築し，後発事業者から競争手段を奪いあるいは制約して，後発事業者の参入をより困難にしあるいは阻止し，または他の事業者を当該事業（市場）から排除して，もって競争秩序崩壊の可能性を発生させ，または秩序崩壊の萌芽を認め得る場合には，当該事業者の行動は，略奪的行動（制圧的行動ともいう）として独占禁止法適用の対象となる。[3]

(2) 戦略的取引拒絶と略奪的取引拒絶

　取引拒絶は，生産者相互または販売者相互における顕在的・潜在的競争事業者間，あるいは段階を異にする（競争関係にない）事業者間で略奪的に行われる場合には，独占禁止法の不公正な取引方法として独占禁止法19条違反に問われ得る。さらに，競争関係にある事業者は，取引拒絶を実行手段として公共の利益に反して一定の取引分野において競争を実質的に制限する場合には，私的独占あるいは不当な取引制限として独占禁止法3条違反に問われ得る。したがって，事業者は，戦略的取引拒絶の意思を決定する際には，取引市場の環境，費用―利益の効果そして社会的厚生（社会的余剰）の実現という課題を考慮しつつ慎重に判断しなければならない。

3　日本インテル(パソコンのCPU市場私的独占)に対する事件──研究1──[4]

　独占禁止法の判例・審決の研究目的は，判例・審決で記述された内容を整理した(2)の事実関係から構成要件事実を把握し，これに(1)で解説した法（解釈した独占禁止法規定）を適用して，(3)で法的判断に至る過程──独占禁止法3条と7条，2条5項の要件（結合・通謀・排除）と効果──を学習する。つぎに，経済分析では，結論に達した事由を経済学・経営学の視点から分析検討する。

　【日本インテルに対する事件，三共ほか10名に対する事件（パチンコ機製造技術市場事件）ほかの審決・判例の入手方法については，注4）を参照し，その

第6章　私的独占に関する審決・判例および関連問題の研究

後に，各自で入手していただきたい。】

(1) 当該事件に適用される法令条文の関係

〔①独禁法3条⇒禁止規範の要件〕
「事業者は（→独禁法2条1項），私的独占（→独禁法2条5項）…をしてはならない」。
〔②独禁法2条1項⇒定義規定の要件・効果〕
「この法律において，『事業者』（効果）とは，商業，工業，金融業その他の事業を行う者をいう」〔＿＿部分が要件に該当する〕。
〔③独禁法2条5項⇒定義規定の要件・効果〕
「この法律において『私的独占』（効果）とは，事業者が，単独に，又は他の事業者と結合し，若しくは通謀し，その他いかなる方法をもってするかを問わず，他の事業者の事業活動を排除し，又は支配することにより，公共の利益に反して，一定の取引分野における競争を実質的に制限することをいう」〔＿＿部分が要件に該当する〕。
〔④独禁法7条⇒命令規範による排除の効果〕
「第3条……の規定に①違反する行為がある（要件を充足する）ときは，公正取引委員会は……事業者に対し……，違反する行為を排除するために必要な措置（排除）を命ずることができる（命令規範の効果）」。

①の独占禁止法3条（禁止規範）および④の独占禁止法7条前段と7条後段（命令規範）とは，排除措置発動の要件とその効果の関係として位置づけられる。
　以上で整理したように，法律の条文構造は，要件・効果という部分で構成されており，各々の条文は，禁止規範，命令規範，定義規定といった意義をもつ。また，要件と効果の関係は，排除措置発動の要件とその効果のように複数の条文の間でも成り立つことを，理解しておかなければならない。

(2) **審決書記載内容の整理**
(a) **主　　文**
　公正取引委員会が，パーソナル・コンピュータのCPU市場における私的独占行為を排除するために，事業者（日本インテル㈱）に対してとった措置の内容

である。
(b) 事　実
公正取引委員会が，当該事件について認定した事実の記載である。
　① 事業者
　(i) 独占を企図した事業者：日本インテル㈱
　(ii) 他の事業者2社：日本エイ・エム・ディ㈱，米国トランスメタ㈱
　② 事業者の事業内容
　(i) 日本インテル㈱（以下では日本インテルという）は，米国インテル社が100％出資して設立した法人であり，米国インテル社が生産したパーソナル・コンピュータ用CPU（X86）を輸入して，日本国内のパソコンメーカーに直接にあるいは代理店を介して販売することを業としている。インテル社製のCPUは，CPU国内総販売数量の大部分を占めており，パソコン購入者の間で広く認知され，強いブランド力を有している。日本インテル社は，価格・機能などの面において上位から下位までのほとんど全てのパソコンに対応し得るCPUを国内パソコンメーカーに安定して供給しているトップ・メーカーである。
　(ii) 日本エイ・エム・ディ㈱（以下では日本AMDという）は，米国アドバンスト・マイクロ・デバイス・インク社が100％出資して設立した法人であり，米国AMDが製造したCPUを輸入して，日本国内のパソコンメーカーに直接にあるいは代理店を介して販売することを業としている。
　(iii) 日本トランスメタ㈱（以下ではトランスメタという）は，米国トランスメタ・コーポレーションが100％出資して設立した法人であり，米国トランスメタが製造したCPUの注文および取り次ぎを行って，日本国内のパソコンメーカーに直接にあるいは代理店を通じて仲介販売（法的には委託販売？）することを業としている。
　③ 日本国内のパソコンに搭載されるCPUの数量占拠率
　(i) インテル・AMD・トランスメタの3社製造CPUの日本国内のパソコンに搭載された合計数量と，その他のCPU製造会社が製造したCPUのその合計数量との占拠率対比は，77％対23％の割合である。

(ii) 日本国内のパソコン有力メーカー5社製パソコンに搭載されたCPUのうち，インテル製CPUとAMD製＋

図表6-1　国内パソコン市場におけるCPU占拠率

	インテル製CPU	AMD製＋トランスメタ製CPU
平成12年	83%	17%
平成13年	78%	22%
平成14年	76%	24%
平成15年	89%	11%

トランスメタ製CPUとの占拠率（MSS）は，図表6-1のように変化した。2000（平成12）年から2002（平成14）年にかけてAMD製およびトランスメタ製CPUの有力メーカー5社比率が大幅に上昇したのは，2社が事業戦略としてインテル製CPUより安価なCPUを発売して営業活動を展開したからである。

④　日本のパソコン市場の状況

日本のパソコン市場におけるパソコンの需要は，2000（平成12）年頃以降より低迷し，かつ，外国製の安価なパソコンの参入などによって，国内のパソコン製造販売事業者間における競争が激化している。それゆえ，パソコン市場では，1年間に3回から4回の性能アップや機能の付加を図ったCPUの製造販売およびそれの安定供給が重要となっている。国内の製造販売事業者にとっては，インテル製のCPUをできるだけ有利な条件にて調達することが重要となっている。

他方，日本AMDがインテル製CPUと競合するCPUをより安価で発売したことなどを契機として，国内パソコン製造販売事業者は，価格，機能等の面において中位から下位までのパソコンにAMDあるいはトランスメタ製CPUを搭載しはじめた。その結果，2社製CPUの国内パソコン製造販売有力5社のパソコンに搭載された占拠率（MSS）は，2000（平成12）年の17％から24％にまで上昇した。

⑤　日本インテルの事業目標，事業展開そして事業活動（戦略的か略奪的か）

インテル製CPUの国内パソコン製造販売有力5社（NEC，東芝，日立製作所，ソニー，富士通）製パソコンに搭載された占拠率（MSS）は，2000（平成12）年の83％から76％にまで低下した。日本インテルは，AMD製およびトランスメ

タ製CPUの販売数量が増加し続けることを危惧し，インテル製CPUのMSSを最大化することを目標として，国内有力パソコン製造販売事業者5社に対してつぎのような事業活動を展開した。
(i) 営業戦略：「インテル・インサイド・プログラム」と称して，国内パソコンメーカーの宣伝広告活動の支援制度を通じて，インテル・ブランドの形成強化を図る。
(ii) 価格戦略：日本インテルは，インテル製CPUを直接国内パソコンメーカーに販売する場合，各社ごとに呈示する「カスタマー・オーソライズド・プライス」と称する価格（「CAP価格」という）と，特定のインテル製CPUについては，それのCAP価格から一定の額を差し引いた特別価格（「ECAP価格」）を設定した。
(イ) 割戻金の提供：
（CAP価格－ECAP価格）×取引数量＝割戻金
(ロ) マーケット・ディベロップメント・ファンド：
特定のCPUに係る資金を提供する（MDFという）。
(iii) 拘束条件付事業展開の指針――戦略的行動か略奪的行動か――
日本インテルは，国内パソコンメーカー5社に対して，
(イ) インテル製のCPUのMSSを100%として，インテル製以外の競争事業者（とくにAMD・トランスメタ）のCPUを採用しない（取引拒絶させる）こと。
(ロ) インテル製のCPUのMSSを90%として，インテル製以外の競争事業者（とくにAMD・トランスメタ）のCPUを10%に抑えること（拘束条件）。
(ハ) 生産数量の比較的多い複数の商品群に属する全てのパソコンに搭載するCPUについて競争事業者のCPUを採用しない（取引拒絶させる）こと。
以上のいずれかを条件として，各社との間で割戻金やMDFを提供することを約束し，各社に上記行為のいずれかを行わせている。
(iv) 国内パソコンメーカー各社に対する具体的事業活動の例
(イ) A社とB社：日本インテルは，割戻金を提供することを約束し，競争事業者2社のCPUの採用をとりやめ（取引拒絶）させて，インテル製

第 6 章　私的独占に関する審決・判例および関連問題の研究

図表 6-2　日本インテルに対する事件
〔公取委平17・4・13（勧）第 1 号審決集52巻341頁〕

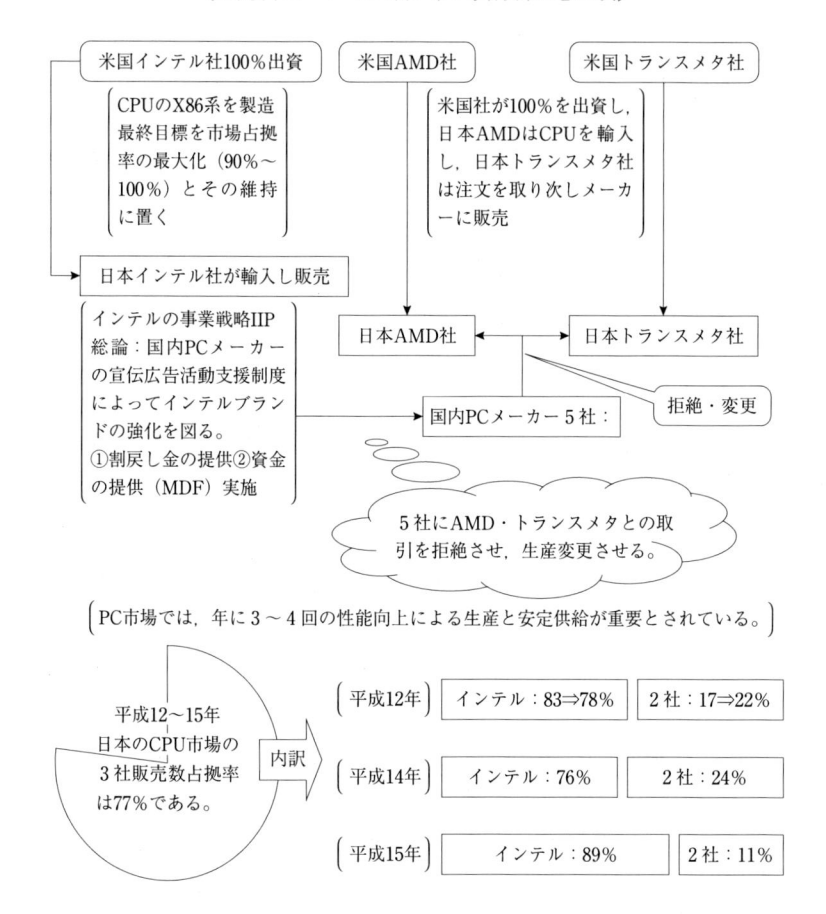

```
┌─────────────────┐   ┌──────────┐   ┌──────────────┐
│米国インテル社100％出資 │   │米国AMD社  │   │米国トランスメタ社│
└────────┬────────┘   └─────┬────┘   └───────┬──────┘
         │   ┌──────────────┐  │  ┌──────────────────┐
         │   │CPUのX86系を製造│  │  │米国社が100％を出資し，│
         │   │最終目標を市場占拠│  │  │日本AMDはCPUを輸入│
         │   │率の最大化（90％～│  │  │し，日本トランスメタ社│
         │   │100％）とその維持 │  │  │は注文を取り次ぎメーカ│
         │   │に置く           │  │  │ーに販売           │
         │   └──────────────┘  │  └──────────────────┘
         ↓
┌──────────────────┐
│日本インテル社が輸入し販売│
└──────────────────┘
┌──────────────────┐
│インテルの事業戦略IIP    │
│総論：国内PCメーカー     │         ┌──────────┐    ┌──────────────┐
│の宣伝広告活動支援制度   │         │日本AMD社  │◄───│日本トランスメタ社│
│によってインテルブラン   │         └─────┬────┘    └──────┬───────┘
│ドの強化を図る。         │               │                │
│①割戻し金の提供②資金    │         ┌────┴──────────────┐ 拒絶・変更
│の提供（MDF）実施        │────────►│国内PCメーカー 5 社：│
└──────────────────┘         └───────────────────┘
                                    ☁ 5 社にAMD・トランスメタとの取
                                       引を拒絶させ，生産変更させる。
```

（PC市場では，年に 3 ～ 4 回の性能向上による生産と安定供給が重要とされている。）

平成12～15年
日本のCPU市場の
3 社販売数占拠率
は77％である。　　内訳

平成12年	インテル：83⇒78％	2 社：17⇒22％
平成14年	インテル：76％	2 社：24％
平成15年	インテル：89％	2 社：11％

CPUを100％搭載させた。
　(ロ)　C 社：日本インテルは，割戻金およびMDFの提供を約束し，C 社に対して生産計画の変更を行わせ，インテル製CPUを90％搭載させた。
　(ハ)　A 社～E 社までの 5 社：日本インテルは，割戻金を提供することを約束し，2 つの商品群について，インテル製CPUを搭載させ，競争事業者のCPUを採用しない（取引拒絶させる）ことを維持させた。

⑥ 日本インテルによる事業活動の結果

「これらにより，CPU 国内総販売数量のうち日本 AMD および米国トランスメタが国内において販売した CPU の数量が占める割合は，2002（平成14）年度において，約24％であったものが2003（平成15）年度においては11％に減少している。」

(3) 独占禁止法の適用と要件事実（構成要件該当性）の検討
(a) 行為主体：日本インテル㈱
(b) 他の事業者：日本 AMD ㈱，米国トランスメタ・コーポレーション㈱
(c) 事業活動の排除

日本インテルは，日本国内のパソコン製造販売有力事業 5 社との間で，日本 AMD 製および米国トランスメタ製 CPU の搭載数量を抑制させ，あるいは，2 社との取引または特定 CPU 製品の取引を拒絶（一般指定 2 項の「取引拒絶」）させる見返りとして，割戻金や MDF を提供することを条件として取引契約（不公正な取引方法の「排他条件付取引」）を締結した。これによって，日本インテルは，有力 5 社の CPU 取引市場において，競争事業者 2 社の CPU 製造販売事業活動を困難にして，2 社を当該市場から駆逐（同社の MSS90％〜100％の維持を達成）した。

(d) 事業活動の支配：認定なし
(e) 対市場効果（市場支配）
① 一定の取引分野
(i) 商品市場；日本国内パソコン製造販売有力事業 5 社のインテル・AMD・トランスメタ製 CPU 取引市場
(ii) 地理的市場；日本全国（日本国内）
② 競争の実質的制限：法令の適用に具体的な記載なし

日本国内パソコン製造販売有力 5 社の CPU 取引市場において，日本 AMD と日本トランスメタという競争事業者 2 社は，CPU 販売数量も占拠率も，日本インテルの過剰な値引き販売と資金提供を原因として，5 社による取引拒絶・取引量の変更などで減少し，当該市場における自由な価格設定

(f) 反公共の利益：具体的な記載なし

　日本インテルの行為は，競争事業者のパソコン有力5社に対するCPU製造販売事業への参入機会を奪い，CPU市場の競争秩序形成への参加を不可能にし，これによって一般消費者は，選択の自由を奪われたものである。

【インテル事件：私的独占を認定した事実の経済分析】

〔要件事実〕

　日本インテル（IT）社は，日本国内のパソコン製造販売有力事業5社との間で，AMD社製およびトランスメタ（TM）社製CPU（演算処理装置）の搭載数量を抑制させ，あるいは，2社との特定CPU製品を含む取引を拒絶させ，その見返りとして割戻金や販売促進費を提供する契約を締結した。これによって，IT社は，有力5社との3社製CPU市場において，同社CPUの取扱占拠率90％〜100％という私的独占を達成した。

〔競争の減殺で生じる独占的弊害の内容〕

　IT社の行為は，CPU製造販売競争事業2社のパソコン有力5社に対する販売数量も占拠率も減少させ自由な事業活動——CPUの価格・数量の決定——を奪い，CPU市場の競争事業者として秩序形成への参加を不可能にした——競争事業者の事業の排除——。パソコンの生産量が減少し価格が上昇すれば，一般消費者は，2社製CPU搭載パソコンの購入契約当事者としての余剰（下記図表6-4 私的独占市場の四角形P′PEE′に相当する利益——選択・内容決定の自由——）を失って，消費者余剰は，APEからAP′E′にまで縮小することになろう。

図表6-3　競争均衡市場の消費者余剰　　　図表6-4　私的独占市場の消費者余剰

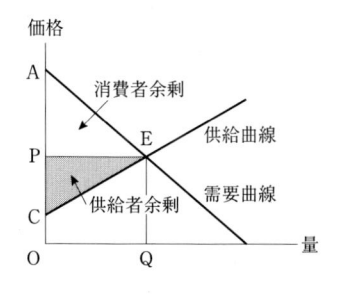

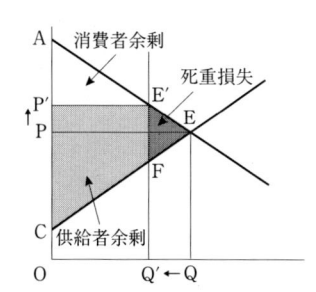

【インテル事件：要件事実に独占禁止法の適用と市場メカニズムの回復】

　独占禁止法が適用される財産・契約の領域を競争の働く側面から画定（第1部

第2部　独占禁止法

第7章独占禁止法政策の選択＜1縦の関係と横の関係との交差＞を参照）すると，3社製CPU市場においては，CPUの生産→配分過程における事業者間取引が縦の関係に該当し，生産・配分の各段階における複数事業者相互間（IT・AMD・TM相互，パソコン有力5社相互）の競争が横の関係に該当する。公正取引委員会は，縦と横の関係が立体的に交差する部分（日本国内の3社製CPU市場）で行われたIT社の排除行為に独禁法2条5項を適用して，独禁法3条の私的独占禁止違反を認定し，独禁法7条によって排除措置を同社に命令した。これによって，CPUの生産量・価格・品質の自由な決定を行ない得る市場メカニズムが回復されて（東京高裁判昭28・12・9高裁民集6巻13号868頁），IT・AMD・TMの3社間でCPU市場における有効な競争（東京高裁判昭26・9・19高裁民集4巻14号497頁）と創意工夫が促進されることにより，一般消費者が得る余剰は，競争均衡市場における図表6-3の三角形APEに相当する部分まで回復することになろう。

4　知的財産権の行使による独占禁止法21条適用除外について

事業者の知的財産権を利用した行為が独禁法2条5項の規定に該当するとしても，独禁法2条5項の公共の利益すなわち同法1条の窮極的目的に合致する場合には，事業者の行為は，独占禁止法21条の適用除外規定によって，違法性が阻却される。

独占禁止法21条
　「この法律の規定は，著作権法，特許法，実用新案法，意匠法又は商標法による権利の行使と認められる行為にはこれを適用しない」。

(1)　独占禁止法21条の趣旨
　独占禁止法21条は，知的財産権の「権利の行使と認められる（事業者の）行為」に独禁法を適用しない。知的財産権を行使することは，公正かつ自由な競争が維持確保されている市場を通して，科学技術や経営の革新によってもたらされる費用の削減を，一般消費者（中小事業者含む）に消費者余剰として適正に配分するという公益的性格を含むと解されるからである（独禁法21条）。

(2) 独占禁止法21条の「権利の行使と認められる行為」の解釈

独占禁止法21条の「権利の行使と認められる行為」の解釈をめぐっては，多くの学説によって議論されてきている（旧23条論）が，私は，つぎのように解したい。知的財産権諸法によって認められる権利（利用権・実施権・差止請求権ほか）が知的財産に及ぶ範囲と限界は，知的財産権（特許権・著作権・回路配置権ほか）の性格（独占の程度）によって異なる。したがって，知的財産の権利の行使と認められる範囲も，おのずから限界があると解されるべきである。

(3) 知的財産権の行使に独占禁止法を適用する判断規準

独占禁止法が知的財産権の行使に適用されるのは，どういう場合であろうか。本章で想定するのは，知的財産権者の自由な意思によって行使する権利が，他の権利者の自由な自己決定によって行使されようとする権利と抵触し消費者余剰が実現し得なくなる場合である。知的財産権別に権利の内容を形式的に定めその権利の及ぶ範囲を画一化して独禁法の適用を除外することは，知的財産権の強化が推進されている今日においても，それら諸法の基礎（権利の性格の異同等）にある平等な機会資源の提供およびアクセスの保障に反して，「市場支配＝独占」の弊害を増大する危険がある。したがって，独禁法に違反するか否かは，具体的事例を分析して，最終的に産業政策決定・市場秩序形成過程への参加が保障されているか否か（独禁法1条）に照らし，知的財産権者の利益と公益（消費者余剰）とのバランスをいかように図るかという視点から判断すべきであろう。[5]

5 知的財産権のライセンス拒絶が私的独占に該当する場合としない場合

ここでは，知的財産権にかかわる類似の事例を比較対照したい。まず，組合員以外から申し込まれたパチンコ機製造技術特許権のライセンス締結の申込について，特許権の保有者および特許権管理運営事業者が，特許権プール（複数の特許権者が，侵害責任を免除し合って共同で特許権を実施する制度）事業を有利に展開するためライセンスの締結を拒絶した事例をとり上げる。つぎに，組合員

以外からのパチスロ機製造技術特許権のライセンス締結の申込に対する拒絶が私的独占に該当しないにもかかわらず，技術特許権等の保有事業者が特許権プール事業の管理委託契約の更新をとりやめた事例をとり上げる。そして，前者のパチンコ機製造技術特許権事件のライセンス拒絶がなぜ独占禁止法3条の私的独占（独禁法2条5項）に該当すると判断されたのか，後者のパチスロ機事件におけるライセンス拒絶がなぜ私的独占に該当しないと判断されたのかについて，その理由を検討したい。

6 三共ほか10名に対する事件（パチンコ機製造技術市場事件[6]）と関連事件との比較検討──研究2──

ここでは，まず(2)で審決書に記載された認定事実を整理することによって明らかになった事実関係を基礎に，(3)でその内容を分析し経済的・経営学的評価を行い，これに(1)で確認した独占禁止法の諸規定を適用して，(4)では独禁法の適用と要件・効果による法的判断に至る過程──独占禁止法3条と7条，2条5項の要件（結合・通謀・排除）と効果──を学習することにある。つぎの(5)では，関連事件の分析比較を行い，これらにかかわる重要課題を(6)で検討したい。

(1) 当該事件に適用される法令条文
(a) 独占禁止法3条の禁止規範
⇒禁止要件と独占禁止法7条の命令規範の効果⇒公取委による排除措置命令
(b) 独占禁止法3条の禁止規範と独占禁止法2条1項そして5項の定義規定との関係
⇒要件と効果による事業者および私的独占の成立
(c) 知的財産権の適法な行使に対する独占禁止法21条の適用除外

(2) 審決書記載内容の整理
(a) 主　文
公正取引委員会が，パチンコ機製造技術市場における私的独占行為を排除するために事業者に対してとった措置の内容である。

(b) **認定事実**

公正取引委員会が，当該事件について認定した事実の記載である。

① パチンコ機製造販売9社およびパチンコ機製造1社（以下「有力10社」という）の概要
② ㈱日本遊技機特許運営連盟（以下「特許連盟」という）の組織およびその業務内容
　(i) 遊技機等に関する工業所有権の取得，売買，実施権の設定および許諾等に関する事業運営を目的として，日本遊技機工業組合の組合員（19社）らによって設立された。
　(ii) 特許連盟は，審査委員会の会合において，実施許諾の対象とする特許権等を選定し，受託した特許権等に関する管理運営業務を行っている。
③ 特許連盟が所有または管理運営する特許等（技術）の性格
「風俗営業等の規制および業務の適正化に関する法律」によって規定された検定に適合するパチンコ機の製造は，特許連盟が所有又は管理運営するパチンコ機の製造に関する特許等の実施許諾を受けなければ困難な状況にある。したがって，国内製造業者のほとんどがその実施許諾を受けざるを得ない。パチンコ機の製造技術市場には，かような状態が形成されている。
④ パチンコ機製造技術市場の状況
　(i) パチンコ機製造技術市場の環境は，売手（が優位にある）市場といわれる。
　(ii) 既存のパチンコ機製造業者間でのパチンコ機製造販売分野における自由な競争は，長年にわたる当業界の新規参入を認めない閉鎖的な体質と，事業者間の協調的な取引慣行によって著しく阻害されている状況にある。
⑤ パチンコ機製造（販売）市場の環境の変化
　(i) フィーバー機導入による市場の拡大
　(ii) 市場としての魅力的発展
　(iii) 非組合員のスロットマシーン大手製造業者によるパチンコ機製造市場への新規参入の動き
　(iv) アレンジボール遊技機の製造業者によるパチンコ機製造技術特許権等の実施許諾申し出が生じていた。

(v) パチンコ機製造技術特許権等の利用を回避したパチンコ機製造業者の出現によって対抗勢力が形成されて，既存のパチンコ機製造業者の市場占拠率に重大な影響が及ぶ→価格競争回避の体制が崩壊する懸念→既存業者の利益が大きく損なわれる危惧が生じていた。

⑥ 既存のパチンコ機製造事業者の利益を確保するため，有力10社および特許連盟がとった対策行為

(i) 権利者会議を開催して，特許権等の実施許諾契約を事業者の営業形態によって変更する条項を実施して，買収等による事業者の交替・参入を抑止した。

(ii) 特許権等の集積によって参入の障壁を高くして強化維持する。

(iii) 新規参入希望業者に特許権等の実施許諾を行わない。

以上によって連盟のパチンコ機製造市場への新規参入・事業形態の変更を拒絶する方針にしたがって，有力メーカー10社は，事業者の参入を阻止している。

⑦ 対策行為の具体例

(c) 法令の適用

当該事件の要件事実に対して適用した法令の条文と効果について適用した法令の条文

(3) 事実関係の分析とその評価

(a) 事実関係の分析

日本全国のパチンコ機製造技術（販売）有力メーカー10社は，出資して日本遊技機特許運営連盟（以下では特許連盟という）を設立し，株式の過半数を取得しかつ役員の相当数を占めることで組織を一体化していた〔事業者間の結合〕。特許連盟は，主にパチンコ機製造技術に関する特許等のほとんどを管理し，取得あるいは売買し，特許実施権を有力メーカー10社も加盟する日本遊技機工業組合（以下では日工組という）19社に特許プール方式で許諾する業務を運営している（パチンコ機製造技術特許のネット・ワーク効果[7]による優位性）。パチンコ機の性能については，「風俗営業等の規制及び業務の適正化に関する法律」によって詳細な制限が設けられている。同法によって規定された検定に合格するパチ

第6章　私的独占に関する審決・判例および関連問題の研究

図表6-5　三共ほか10名に対する事件（パチンコ機製造技術市場事件）
〔平成9年（勧）第5号審決集44巻238頁〕

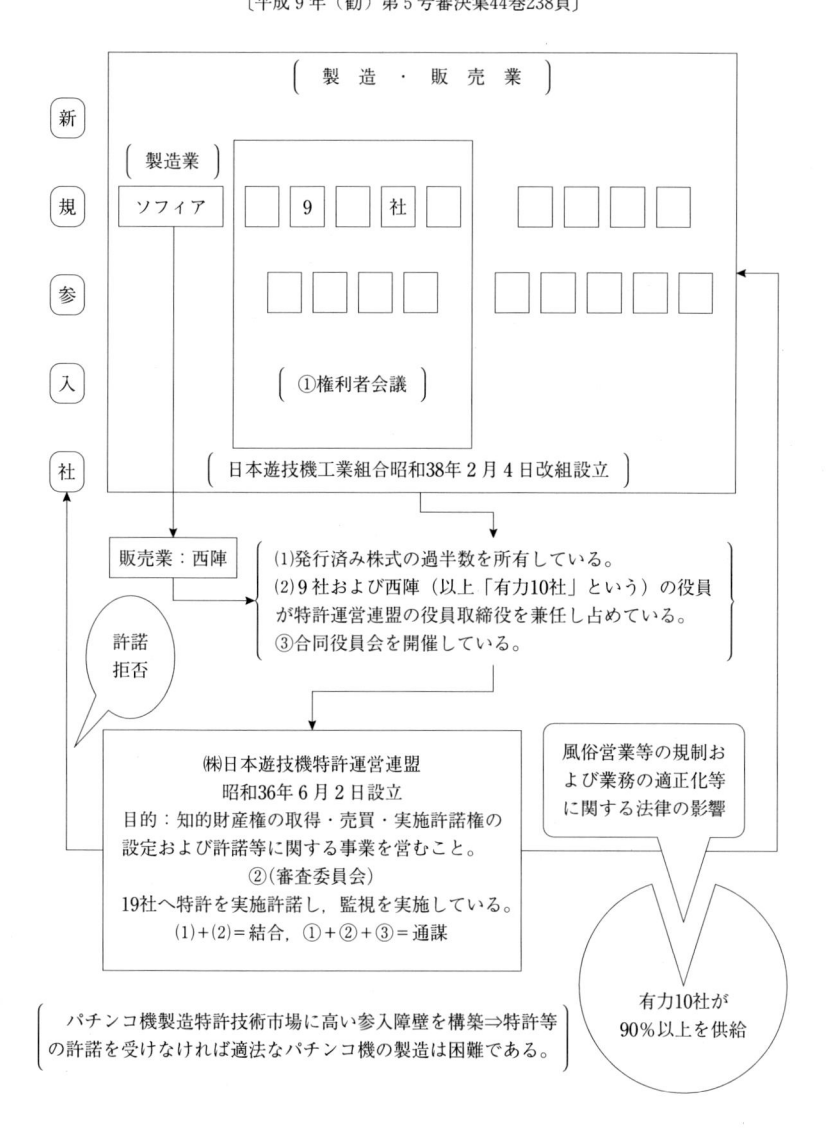

```
                    ┌ 製 造 ・ 販 売 業 ┐
         ┌製造業┐  ┌────────────────┐
新        │ソフィア│  │ □ 9 □ 社 □ │   □□□□
規                   │                  │
参                   │ □□ □□ □□ │   □□ □□
入                   │                  │
社                   │ ①権利者会議      │
                     └────────────────┘
                     日本遊技機工業組合昭和38年2月4日改組設立

         ┌販売業:西陣┐
                      (1)発行済み株式の過半数を所有している。
         許諾         (2)9社および西陣（以上「有力10社」という）の役員
         拒否             が特許運営連盟の役員取締役を兼任し占めている。
                      ③合同役員会を開催している。

                      ㈱日本遊技機特許運営連盟
                      昭和36年6月2日設立
                      目的：知的財産権の取得・売買・実施許諾権の
                      設定および許諾等に関する事業を営むこと。
                           ②（審査委員会）
                      19社へ特許を実施許諾し，監視を実施している。
                           (1)+(2)=結合，①+②+③=通謀
                                                    風俗営業等の規制お
                                                    よび業務の適正化等
                                                    に関する法律の影響

  パチンコ機製造特許技術市場に高い参入障壁を構築⇒特許等
  の許諾を受けなければ適法なパチンコ機の製造は困難である。    有力10社が
                                                    90％以上を供給
```

ンコ機の製造は，特許連盟から製造技術特許権などを実施許諾され利用できなければきわめて困難な状況にある（ロック・イン効果[8]）から，国内の製造業者の

ほとんどが特許連盟よりそれの実施許諾を受けている。既存のパチンコ機製造販売分野における自由な競争は，当分野の長年にわたる新規参入を認めない閉鎖的な体質と事業者間の協調的な取引慣行によって著しく侵害されている状況にある。これによって，特許連盟は，パチンコ機製造技術特許権などのほとんどを独占し（パチンコ機製造技術市場の独占），日工組19社は，日本全国におけるパチンコ機の90％を供給してきた。このように，パチンコ機の製造技術・販売市場の取引環境は，製造販売事業者が圧倒的に優位な地位を有する。

1980年代半ば頃，特許連盟のパチンコ機製造技術特許などの利用を回避してパチンコ機を製造する業者（特許連盟および日工組に所属していない）が出現して，対抗勢力を形成する兆しが認められた。既存のパチンコ機製造業者の市場占拠率が低下すれば，価格競争回避の体制が崩壊して既存業者の利益が大きく減少するという危惧が生じる。特許連盟は，権利者会議審査委員会および合同役員会を開催〔事業者間の通謀〕して，特許連盟の許諾なく営業組織を変更した（既存事業の買収）事業者に対して特許権の許諾内容を変更（特許権の実施を拒絶）すること，特許など知的財産権の集積を強化して参入障壁を高くすること，さらにパチンコ機製造技術・販売市場への新規参入を排除することを取り決めて連盟の方針とした。

有力メーカー10社と特許連盟は，日工組に所属していないアレンジボールやスロットマシーンを製造する潜在的競争業者でパチンコ機製造技術・販売市場への新規参入を希望する業者からの製造技術特許ライセンス契約締結の申入に対し，連盟の取り決め・方針に従って，他にライセンス締結窓口を見出し得ない状況下でライセンスの締結を拒絶（略奪的取引拒絶）し，希望者は，参入を断念せざるを得ない状況にある（ボトル・ネック効果）[9]。

(b) 評 価

有力メーカー10社と特許連盟は，需要が飛躍的に拡大しているパチンコ機製造技術および販売市場を実質的に支配して，今後も市場支配力を維持しつつ全利益を収奪することになるであろう。

他方，潜在的競争業者による新規参入についての自己決定は，投入する創意工夫を発揮するための機会選択を意味する。しかし，申し入れたライセンス契

約締結が拒絶されることによって，潜在的競争業者は，当該製造技術市場に参入（革新の効率性と生産の効率性を促進）できない。このことは，潜在的競争業者が機会均等の機能および経済秩序形成への参加機能を享受し得ないことを意味する。パチンコ機の購入業者は価格や多種多様な品質を比較対照する機会と利益を失い，パチンコ遊戯を楽しむ一般消費者は，消費者余剰としての利益（契約当事者選択の自由（配分の効率性）の確保）を享受し得ない。

それゆえ，独占禁止法21条で規定される知的財産権諸法の権利の行使として，有力メーカー10社と特許連盟に許される行為の範囲は，産業あるいは文化の発展という目的に寄与すべき（特許法1条，著作権法1条）権利者個々の権利行使としての行為（の中に含まれる特許プールやライセンス拒絶）であって（独禁法21条），有力メーカーおよび特許連盟が市場（利益）の独占を企図し実現するための（反公共の利益をもたらす）行為（特許プール・ライセンス拒絶）を含むものとは解され得ないであろう（独禁法1条・2条5項）。

(4) 独占禁止法の適用と要件事実（構成要件該当性）の検討

(a) 行為主体
パチンコ機製造技術および販売有力10社と特許連盟

(b) 結　合
有力10社が特許連盟の株式の過半数を所有し，特許連盟の取締役の相当数を占めて一体化していること。

(c) 通　謀
9社（残りの1社も協調）は「権利者会議」を開催し，9社および特許連盟は審査委員会や合同役員会を開催して，特許等の実施許諾を行わず，参入障壁を高くし，新規参入者による当該市場への参入を抑止することを確認したこと。

(d) 排　除
有力「10社および特許連盟は，結合および通謀して，特許連盟が所有又は管理運営する特許権等の実施許諾を拒絶することによって，パチンコ機を製造しようとする者の事業活動を困難にし」，また，参入を希望する事業者に当該市場への参入を断念させたこと。

(e) 支　　配：認定なし
(f) 対市場効果（市場支配）
① 一定の取引分野
(i) 商品市場：パチンコ機製造技術（特許権）市場
(ii) 地理的市場：日本全国
② 競争の実質的制限：法令の適用に記載なし
　パチンコ機製造販売有力10社は，日本全国のパチンコ機の90％を供給し，パチンコ機製造技術（特許権等）のほとんどを独占している。特許連盟の所有または管理運営する特許等の実施許諾が拒絶され，その技術を使用できなければ，他社はパチンコ機を製造することがきわめて困難である。
(g) 反公共の利益：具体的記載なし
　事業者が行った行為は，知的財産権の適法な行使に適用される独占禁止法21条の適用除外規定に該当する要件を超えており，その行為は反公共の利益をもたらす違法な行為である。

(5) パチンコ型スロットマシーン製造技術特許権等市場事件──研究3──[10]
(a) 事件の概要
　パチンコ型スロットマシーン（以下ではパチスロ機という）の製造技術特許等を有する5社（アルゼ㈱も含む）は，日本電動式遊技機特許㈱（以下では日電特許という）との間で当該特許権等の管理委託契約を締結していた。日電特許は，当該技術の特許権プール事業を展開し，国内パチスロ機製造20社が加盟する日本電動式遊技機工業協同組合（以下では日電協という）をはじめ3年間に新規参入が認められた数社にのみ特許権等をライセンスしており，非組合員の他社からのライセンス申込に対しては拒絶してきている。アルゼ㈱は，事業を優位に展開するための管理委託契約とライセンス拒絶が，パチンコ機製造技術特許権プールのライセンス拒絶事件と同様に，パチスロ機製造業界の閉鎖性と新規参入の困難な状況を作り出していると信じて，自動更新されてきた管理委託契約の更新を1997（平成9）年3月末日にとりやめた（アルゼ㈱は，日電協がサミー㈱にアルゼ保有の製造特許権を無断でライセンスしたとして，サミー㈱に対して損害賠償

第6章 私的独占に関する審決・判例および関連問題の研究

を請求した）。

 (b) 裁判所の判断とその分析

東京地方裁判所と東京高等裁判所（以下では裁判所という）は，日電特許がパチスロ機製造技術特許権プール事業に「競争制限的な制度を格別設けていない」し，日電協が組合員によるパチスロ機の製造販売に「数量や型式を制限するなどの規制を一切設けていない」，また，当業界においても新規参入が困難な状況にあるが，どちらも「新規参入の防止を方針として掲げ確認したこともない」とした。さらに裁判所は，ライセンスが拒絶されても，5社が「日電特許と管理委託契約を締結したパチスロ機の製造技術特許権等は全て……ではなく……一部であり，パチンコ機製造業者も〔それを〕保有しており」（ネット・ワーク効果低い），また日電特許によって「管理されている特許権等が，パチスロ機の製造において不可欠な特許権等〔要素〕であるということはできない」（ボトル・ネック効果なし）から，非組合員の他社も，ライセンス窓口を見出しパチスロ機の製造が可能であるとした。ゆえに，特許権プール事業のライセンス拒絶は，「拘束の度合いが弱く，独禁法3条に定める私的独占あるいは不当な取引制限，19条に定める不公正な取引方法にあたるとまでは認められない」と判断された。裁判所は，アルゼ㈱が「特許管理契約が独禁法に違反しているおそれがあると信じただけでは，『契約を継続し難い特段の事情』には当たらない」と判示して，アルゼ㈱の更新拒絶および損害賠償請求を認めなかった。

⑹ 不可欠要素（Essential Facility）理論の導入

 (a) 財産権の諸機能性の視点からの検討

契約締結・取引拒絶が独禁法に違反すると判断された事例において，商品，サービス，技術取引契約の締結や取引の開始が強制された事例はない。なぜなら独占禁止法は，当事者相互間に均等な取引機会や代替不可能な供給源の提供を維持しあるいは回復することを目的とするからである。しかし，取引拒絶の撤回を命令されたとしても，当事者が納得できるような取引契約が締結されるとはかぎらない。

そこで，現在不可欠設備あるいは不可欠要素（Essential Facility）の理論を独

占禁止法に導入すべきか否かが，検討されている[11]。不可欠要素の理論とは，独占（市場支配力を有する）事業者が取引を拒絶する場合に，拒絶した事業者と取引を希望する競争事業者との間で差別的でない諸条件で契約取引を締結させ実行する理論をいう。米国の判例によって明らかにされた同理論が適用される要件は，①独占（市場支配力を有する支配的）事業者によって不可欠な要素のコントロールが行われていること，②不可欠な要素を利用・複製するための正当な資格が競争者にないこと，③一方の競争者が他方の競争者に不可欠な要素の使用契約を拒絶したこと，④不可欠な要素の代替供給の可能性があるか，という4つである。米国連邦最高裁は，優位な源泉をもつ先行事業者利益優先獲得の原則によって技術・経営革新のインセンティブを確保する産業政策（Berkey Photo v. Eastman Kodak 事件）[12]を根拠として，同理論の適用を回避している[13]（Trinko 事件）。日本の独占禁止法（競争法）研究者の中には，同理論を競争者排除行為の認定（規制）規準として，さらに救済システムとして導入を試みる立場もある。

2006（平成18）年に改正された独占禁止法には，同理論の導入が見送られた。なぜなら，不可欠要素の理論が当事者の契約締結意思を擬制し強制するものであるからである。問題は，不可欠要素を法システムとして導入する場合に，その根拠を契約理論に求めて当事者間で契約締結を擬制しまたは各業法によって規定し強制実施するか，それとも社会法に位置づけられる独占禁止法に何を導入根拠として実施するかである[14]。社会法的性格を損なわず独占禁止法に不可欠要素システムを導入するためには，財産権そのものを機能性の視点から再構成することが必要であろう。すなわち，財産権のもつ機会資源の提供および機会資源への平等なアクセスを保障する機能と政治・経済・社会（秩序形成）過程への参加を保障する機能という側面を導入根拠として，経済分析によって諸原因と救済策の効果を測定し実施要件を規定する必要があろう[15]。このように，同理論の導入には，契約理論のみならず，財産のもつ財産権概念そのものを検討するところから慎重に検討しなければならないであろう。

(b) Essential Facility 理論の適用要件と Reverse Engineering の関係

知的財産権取引拒絶の2つの事件は，裁判所の判断が分かれた事案であった。

第6章 私的独占に関する審決・判例および関連問題の研究

パチンコ事件において、独占的に一体化した有力メーカーおよび特許連盟は、パチンコ機製造技術特許権等を特許プール事業によってコントロールし（不可欠要素理論の要件①）、新規参入を決定した事業者からのパチンコ機製造技術特許権等のライセンス申入に対して、ライセンス取引を拒絶した（同要件③）。これによって、実施許諾ライセンスを得られなかった（同要件②）新規参入業者は、パチンコ機製造技術特許権へのアクセス機能を奪われ、同製造技術特許等を代替供給し得る窓口を見出すことができないこと（同要件④）により、パチンコ機製造技術特許権等の新たな秩序形成に参加する機会を奪われたといえるであろう。財産権の諸機能性の視点から不可欠要素（Essential Facility）理論[16]の適用を導き出し得るかような分析結果は、米国の独占禁止法上で議論されているEssential Facilityシステムを、日本の独占禁止法上でも可能とする根拠を提供し得るものと考える。不可欠要素理論の適用は、製品、サービス、技術そのものを利用する範囲に限るべきで、研究開発段階の知的財産権の利用は、知的財産権法上のReverse Engineering[17]（製品の作成過程を逆にたどり、技術上のアイディアを抽出する調査解析手法）理論適用の問題とする見解がある。他方、コンピュータ・ソフトなどを含め知的財産権の利用も不可欠要素の理論適用の範囲とする見解[18]および判例[19]がある。2つの理論の枠組み、システムとしての導入およびその法的根拠は、今後さらに検討されなければならないであろう。

1) アメリカ合衆国連邦取引委員会委員長デボラ・マジョラス「米国反トラスト法の最近の動向」公正取引2006年6月号，54-60頁。
2) 西田稔「戦略的行動論」，小西唯雄編『産業組織論と競争政策』（晃洋書房，2002年）83-96頁，M. E. ポーター著・土岐坤・中辻萬治・服部照夫訳『競争の戦略』（ダイヤモンド社，1994年）21-34頁。
3) 西田稔「戦略的行動論」，小西唯雄編『産業組織論の新展開』（名古屋大学出版会，1990年）133-155頁。
4) 公取委勧告審決平17・4・13審決集52巻341頁。
　　学習者は、公正取引委員会発行の審決集から、あるいは、パソコンで公正取引委員会のホームページ（http://www.jftc.go.jp/）を開き、→資料欄の審決データベースをクリックする⇒「平成17年（勧）第1号」を半角数字にて入力して、「日本インテル㈱に対する件」という審決書を出力し、(1)の法の適用関係を確認して、事実関係を自力で把握しつつ整理し、つぎに図式化を試みて、その後に(2)～(3)そして経済分析の順に読み進

第2部 独占禁止法

むようにしていただきたい（PDFによる出力は，時間がかかるが読みやすい）。
5） 宮井雅明「特許プールに関するアメリカ判例法の研究(1)」『立命館法学』第200号（1988年第4号）479-481頁。
6） 公取委勧告審決平9・8・6審決集44巻238頁。審決書の入手方法は，注4）を参照。
7） ネット・ワーク効果（network effect）とは，技術や消費財を利用者が増加することによって，それらの価値が高められ，価値が高くなったものに，より多くの利用が生じるという効果をいう。
8） 科学技術に関しては，生産や利用の段階において規格標準ができ上がっていく（経路依存性効果— path dependency）。その結果として形成された標準からは，逸脱することが困難になる。かような効果は，ロック・イン効果（locked-in）と呼ばれている。
9） ボトル・ネック効果（bottle-neck effect）とは，規格標準ができあがった科学技術分野において，当該科学技術分野に参入しようとするためには，その標準を利用しなければ，事実上参入が困難になることをいう。
10） 東京高裁判平15・6・4判例集未登載（http://www.courts.go.jp/search/jhsp0010），東京地裁判平14・6・25判タ1127号237頁。
11） MCI v. AT & T, 708F. 2d 1081,1132-1133（7th Cir.）Cert. denied, 464U. S. 891,（1983）.
12） Berkey Photo v. Eastman Kodak Co., 603F. 2d 263（2d Cir. 1979）Cert. denied, 444U. S. 1093（1980）.
13） Verizon Communications Inc. v. Law Offices of Curtis v. Trinko, LLP, 540U. S. 398（2004）.
14） 髙橋明弘『知的財産の研究開発過程における競争法理の意義』（国際書院，2003年）260-263，299頁。
15） 佐久間正哉「『ネットワーク外部性と競争政策』の概要について」公正取引2005年10月号，50頁。
16） United States v. Terminal Railroad Association of St. Louis, 224U. S. 383,（1912）, Norman F. Hecht, Harry Kagen and Marc A. Miller, joint ventures, v. Profootball, Inc., 570F. 2d 982, 992（Columbia Cir. 1977）, Aspen Highland Skiing Co. v. Aspenskiing Co., 738F. 2d 1509,（10th Cir. 1984）.
17） 日本において Reverse Engineering 理論は，特許法69条，著作権法30条乃至47条の2あるいは米国の Fair Use を法的根拠とすることになろう。
18） Robert M. Lande and Sturgis M. Sobin "Reverse Engineering of Computer Software and U. S. Antitrust Law" Harvard Journal of Law & Technology Vol. 9, No. 2,（Summer 1996）at 262. コンピュータ・プログラム・ソフトウェア産業の競争を促進するために，当該分野のリバース・エンジニアリングの禁止を含む潜在的反トラストケースに，Essential Facility 理論の適用が試みられている。
19） Supra note 11）, 891.

第7章　不当な取引制限

1　不当な取引制限の定義

　独占禁止法2条6項で規定される不当な取引制限とは，事業者間の事業活動に競争制限的効果を発生させる契約・協定などをいう（民法でいえば，非典型契約の一種である）。不当な取引制限は，合衆国反トラスト法で禁止されているカルテルに相当（以後では「カルテル」ともいう）し，私的独占とともに，独占禁止法3条（禁止規範規定）で禁止されている。

2　不当な取引制限を禁止する意義

　競争政策を研究範囲とする産業組織論のハーバード学派はもちろんのこと，私的独占に寛容なシカゴ学派も，カルテル（不当な取引制限）を反トラスト法に違反するとして厳しく禁止する傾向にある。カルテルは，競争を制限するためのさまざまな内容を含み複数事業者間において成立する合意である。合意の内容を事業者の相互に課し共同して遂行することによって生産量等が削減され抑制され，複数事業者は最終的には市場価格をコントロールする力（市場力）を獲得することになる。
　事業者が市場力を獲得し，余剰利益拡大のためそれを市場支配力として行使することは，市場から競争均衡による市場価格の成立機能を奪い，またその過程の実質的な利用を消費者から奪う。これによって，競争均衡によって得られるはずの消費者余剰の一部は供給者余剰に転化することになるが，消費者余剰と供給者余剰の合計である社会的余剰の相当な部分は，完全に消滅する（死重的損失の発生）。シカゴ学派は，死重的損失と供給者余剰に転換して消費者余剰

第2部　独占禁止法

が失われることから免れた消費者余剰を，消費者厚生（増加した供給者余剰と減少した消費者余剰の合計）という概念によってカバーする。しかし，そのシカゴ学派であっても，カルテルの締結は市場から公正かつ自由な流通機能（有効競争）を奪い，消費者から市場機構利用の機会を奪う可能性があるとする（第1部第6章1-(4)市場の失敗を参照）ので，独占禁止法3条は，不当な取引制限を禁止するのである。

3　不当な取引制限（カルテル）の構成要件（独禁法2条6項）

【不当な取引制限の構成要件（独禁法2条6項）】

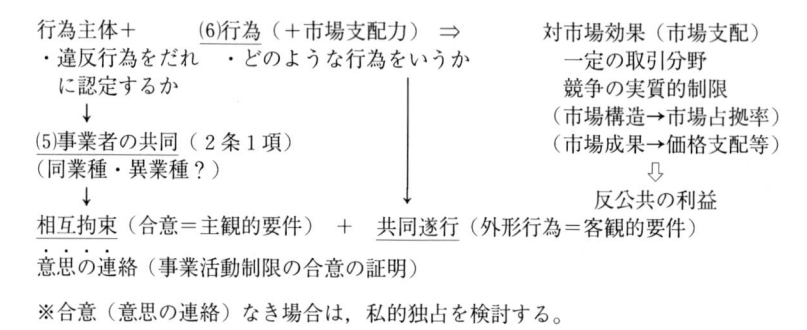

行為主体＋　　(6)行為（＋市場支配力）　⇒　　対市場効果（市場支配）
・違反行為をだれ　・どのような行為をいうか　　　　一定の取引分野
　に認定するか　　　　　　　　　　　　　　　　　競争の実質的制限
　　↓　　　　　　　　　　　　　　　　　　　　　（市場構造→市場占拠率）
(5)事業者の共同（2条1項）　　　　　　　　　　　（市場成果→価格支配等）
（同業種・異業種？）　　　　　　　　　　　　　　　　⇩
　　↓　　　　　　　　　　　　　　　　　　　　　反公共の利益
相互拘束（合意＝主観的要件）　＋　共同遂行（外形行為＝客観的要件）
・・・
意思の連絡（事業活動制限の合意の証明）

※合意（意思の連絡）なき場合は，私的独占を検討する。

4　共通の構成要件と不当な取引制限の固有の構成要件

　不当な取引制限と私的独占に共通する構成要件については，すでに第2部第4章の基礎概念で解説したので，該当個所を確認してほしい。ここでは，不当な取引制限に固有の構成要件について解説する。

4-1　共通の構成要件
(1)　行為主体：事業者→第2部第4章3の(1)を参照
(2)　市場支配力の有無→第2部第4章3の(2)を参照
(3)　対市場効果→第2部第4章3の(3)を参照

(a)　一定の取引分野→第2部第4章の3の(3)-(a)を参照
　(b)　競争の実質的制限→第2部第4章の3の(3)-(b)を参照
(4)　反公共の利益→第2部第4章3の(4)を参照

4-2　不当な取引制限の固有の構成要件
(5)　事業者間の共同の目的・成立および証明（事業者間の意思の連絡）
　(a)　不当な取引制限の共同行為の意義
　不当な取引制限で行われる共同行為の目的は，独立した複数の競争事業者が，一定の事業活動について協定を締結して，事業活動を相互に拘束し共同歩調をとることで，事業者間の競争を排除することにある。
　なお，私的独占は，市場構造において市場支配力の形成および行使をすることによって，競争事業者を支配しまたは市場から排除することを目的とする。
　(b)　複数事業者（同業種・異業種）間の共同の成立
　不当な取引制限とは，共同事業者間の事業活動に競争制限的効果を発生させることをいう。つまり，複数の事業者は，市場において事業活動を共同して行うことにより市場力を共同して獲得し，その後市場支配力として行使することになる。それでは，この関係は，同業種間あるいは異業種間のどちらにおいて成立するのだろうか。
　① 同業者（競争事業者）間で成立する――水平的取引制限――
　　朝日新聞ほか新聞販路協定事件：事業者は相互に競争関係にある独立の事業者をいう。したがって，共同行為は，相互に競争関係にある独立の事業者が共同して相互に一定の制限を課し，その自由な事業活動を相互に拘束するところに成立する。新聞発行5社と新聞販売店との間で締結される個別契約は，新聞紙卸販売に関する契約であり，販売地域の指定は，販売店相互間の協定（地域割・販路カルテル）で行われる。高裁は，新聞発行5社と新聞販売店との間の異業種間（垂直的）カルテルの成立を否定した〔東京高裁判昭28・3・9高裁民集6巻9号435頁〕。
　② 異業種（非競争事業者）間で成立する――垂直的取引制限――
　　(i)　**朝日新聞ほか新聞販路協定事件**：公正取引委員会は，「被審人たる新聞発

行5社相互間に於いて，各社の新聞販売店をして従来（戦後行った再編）の地域をそのまま踏襲せしめ，右地域内に於いてのみ排他的に新聞紙の販売を為さしむべき旨の暗黙の協定が成立した。新聞発行5社は，被審人たる販売店（新聞発行本社から資本が提供された直営店や開業資金が補助された販売店は販売店会を結成）との新聞卸販売個別契約において，協定に基づいて業務区域として販売地域を指定し，又被審人たる新聞販売店相互間に於いても，地域撤廃によって生ずることが予想される好ましからざる競争を防止したき意向の下に，右地域内に於いてのみ排他的に新聞紙の販売を為すべき旨の暗黙の協定が成立していた」として，新聞発行5社と新聞販売店との間の異業種間カルテルの成立を認定した〔公取委審決昭26・4・7審決集3巻4頁（合本）〕。

(ii) **目隠しシール入札談合事件**：社会保険庁は，受給者等のプライバシーを保護する目的で支払い通知書等添付用目隠しシールの導入を決定し，入札を実施した。被告会社のトッパン・ムーア，大日本印刷，小林記録紙および日立情報システムズのうち，前3社はビジネス・フォームの製造販売等を行う事業者であったが，日立情報システムズは，ビジネス・フォーム紙の受注販売専門会社であり，発行済み株式12.5%を有するビーエフ社に製造を担当させていた。したがって，社会保険庁は，日立情報システムズを目隠しシール製造入札の指定業者に選定しなかった。裁判所は，「独禁法2条6項にいう『事業者』とは，無限定ではない……〔が，〕同質的関係にある者に限るとか，取引段階を同じくする者であることが必要不可欠であるとする考えには賛成できない。」……「日立情報システムズは，3社の合意の下に，指名業者であるビーエフに代わって談合への参加を繰り返した。談合は，日立情報システムズの合意がなくしては成立しない関係であったのであるから，同社もその限りでは，他の指名3社と実質的には競争関係にあった。」と判示した〔東京高裁判平5・12・14判タ840号81頁〕。

(c) 事業者間の事業活動制限の合意の存在とその証明

① 共同行為成立の要件

複数の事業者が不当な取引制限に該当し得る事業を「共同」して行ったと認定するためには，行為の結果が外形的に一致する（客観的要件）だけでなく，

事業者間にその行為について合意あるいは相互に意思の連絡が存在したこと（主観的要件）を要する。

湯浅木材工業事件：相互拘束・共同行為があるというためには，単に行為の結果が外形上一致した事実があるだけでは，未だ十分ではなく，或る者が他の者の行動を予測し，これと歩調をそろえる意思で同一行動にでたような場合のように，行為者間に何等かの意思の連絡が存することを必要とする。公正取引委員会は，合板製造業者が数回にわたって会議を開催し，見積価格についての話しを進める中で，「各事業者は，自己以外の者は，旧例外許可価格の一割高の価格をもって入札するであろうことを察知するとともに，自己もまたこれと歩調を合わせて右価格をもって入札しようと決意した」うえで入札に参加した事実が，複数当事者間に暗黙の了解（意思の連絡）の存在を認定し得るとした事例である〔公取委審決昭24・8・30審決集1巻62頁〕。

② 合意の存在形態

ところが昨今では，事業者は，不当な取引制限の合意をする際に，極めて巧妙な方法を使って容易に物的証拠を残すようなことはなくなってきている。公正取引委員会が，カルテルの存在を立証するためには状況証拠などの積み重ねによって証明せざるを得なくなってきている。ここでは，具体的事例を参考に合意の存在形態を整理してみよう。

（i） 明示の合意とそれに追随する黙示の合意

東芝ケミカル事件：紙基材フェノール樹脂銅板積層板・同ポリエステル樹脂銅板積層板を製造している8社が，同製品の価格の下落を阻止し値上げを企図して，まず大手3社が値上げを表明（明示の合意）し，残り5社が追随的値上げの要請に対して反対の意見表明をせず，8社が製品の値上げを社内に指示し需要者に値上げを通知し要請したこと（黙示の合意）は，事業活動制限の合意の証明になるとされた事例である〔東京高裁判平7・9・25判夕906号136頁〕。

（ii） 暗黙の合意（暗黙の意思の連絡）

朝日新聞ほか新聞販路協定事件：新聞販売店は，新聞発行本社との間で契約をする際には，「自己がその地域においてのみ販売し得ると同様に，他の販売店が契約によって定める地域においては他の販売店はそこにおいてのみ事業活動

を行い，他の地域においては事業活動を行わないとの制限を課しているものであることを予期し，それによってのみ自己の地位も保障される（一種の地盤割による排他的地位を得る）と相互に認識していた。」発行本社と販売店は，過去に締結され履行されてきている契約を前提として，かような新聞各社の事業形態についての「内容を知悉しつつ一致した行動をもってこのやり方に従っていることは……明らかである」から，販売店相互の間に暗黙の合意による地域協定が形成されていると認定された事例である〔東京高裁判昭28・3・9高裁民集6巻9号435頁〕。

③ 暗黙の合意（暗黙の意思の連絡）の成立要素

東芝ケミカル事件：裁判所は，不当な取引制限に「いう『意思の連絡』とは，複数事業者間で相互に同内容又は同種の対価の引き上げを実施することを認識ないし予測し，これと歩調をそろえる意思があることを意味し，一方の対価引き上げを他方が単に認識，認容するのみでは足らないが，事業者間相互で拘束し合うことを明示して合意することまでは必要でなく，相互に他の事業者の対価の引き上げ行為を認識して，暗黙のうちに認容することで足りると解するのが相当である。したがって，対価引き上げがなされるに至った前後の諸事情を勘案して事業者の認識および意思がどのようなものであったのかを検討し，事業者に共同の認識，認容があるかどうかを判断すべきである。」たとえば，「対価引き上げ行為に関する情報交換をして，同一又はこれに準ずる行動にでたような場合」をいう……が，このような意思が形成されるに至った経過や動機について具体的に特定されることまでも要するわけではないと判示した〔東京高裁判平7・9・25判タ906号136頁〕。

④ 暗黙の意思の連絡の証明

（i）暗黙の合意（暗黙の意思の連絡）の証明要素と成立時期

暗黙の合意（暗黙の意思の連絡）は，合意内容やその実施に至る前の事業者間における連絡や交渉の有無，連絡や交渉の内容，そして補完・補強要素として行動の一致の証明が求められている。

種苗価格カルテル審決取消請求事件：野菜の種苗を製造・販売する元売業者32社（白菜，キャベツ，大根そしてカブの4野菜の種子について90％を超えるシェアを有

第7章　不当な取引制限

する）は，アンケート調査の事前予告を通知された上で，事業者団体である日本種苗協会の専門部会元詰部会の討議研究会において，情報交換をした後に，9種類の野菜の基準価格（小売・農協・大卸価格）を決定して，基準価格の引き上げや維持を行っていた。その基準価格を参考に，前年度の基準価格と比較対照して，その変化に概ね比例するように，各社は，上記4野菜の種子の販売店に一覧に供する価格表価格を定め，取引先との状況を考慮して値引きや割引を実施した取引販売価格を決めて，農協などの取引業者や農業経営の需要者に販売していた。「価格の設定にあたっては，本来，各社が自ら市場動向に関する情報を収集し，競合他社の販売状況や需要者の動向を判断して，判断の結果としてのリスクを負担すべきである。」しかし，本件合意によって競争行動の顕在化が回避され，自社が基準価格に基づいて価格表価格及び販売価格を定めるとともに，他社も同様にするものとの認識を有していたものというべきであるから，「多数の事業者が存在する市場においては，上記の価格表価格の設定を行う程度の概括的認識をもって，意思の連絡があるものと解すべきである。」また，かような状況から，「各社は，価格表価格および販売価格の設定に係わる事業者間の競争制限行動を予測することは可能であった」し，これによって当市場における「事業者間の競争は，弱められている」といえる。「個々の取引に対する現実の販売価格が値引きや割戻の結果，値引き率や割戻の方法を知らない他社が予測し得ない価格となっているとしても，その前提となる価格表価格の設定について競争行動が回避されていることに変わりはない……し，慣習的にかつ連続性がある値引きや割戻を行った後の価格も，基準価格に基づいて連動しているものといえ，そこに本件合意による相互拘束性が及んでいるものというべきである」と，裁判所は判示した〔東京高裁判平20・4・4公正取引委員会ホームページ，平成18年（行ケ）第18号・19号・20号〕。

これから判断すれば，本件では，基準価格に対する共同認識と各社の行動が予測され，それに歩調を合わせて，各社が価格表価格を定めたときに，暗黙の合意が成立すると解することとなろう。

(ii)　事前の意思の調整による合意証明の補完・補強

本州製紙ほか事件：本州製紙ほか5社が，専門委員会を開催して，外装用ク

ラフトライナーの販売価格の値上げについて共通の認識を得て意見を交換し，事前に製造機械の運転日数を取り決めて，運転日数を制限して調整し，相互に意思の疎通を図り共同して販売価格の値上げを決定した。その後，決定に基づいて，各社は，外装用クラフトの販売価格を同日に一斉値上げした。これらの事実は，事業活動制限の合意の証明にあたるとされた事例である〔公取委審決昭56・6・5審決集28巻32頁〕。

(6) 不当な取引制限行為

(a) 相互拘束（合意）の意義

相互拘束とは，複数の事業者間で契約・協定その他の名義を問わず，競争制限的な同一内容の合意をすることをいう。この同一内容の合意を事業者相互の間で締結するところに「相互拘束」の意義がある。

高等裁判所は，朝日新聞ほか新聞販路協定事件[1]において，新聞発行5社と販売店との間は取引段階を異にするから，相互拘束の内容に共通性がないとして，発行5社と販売店との間でカルテルの成立を否定し，販売店相互の間にのみカルテルの成立を認めた。

(b) 相互拘束の範囲と程度

競争制限について意思の合致があれば，相互拘束があると認定される。しかし，どの範囲の，いかなる程度の意思の合致があれば認定され得るかは問題である。

① 相互拘束の範囲と証明

相互拘束の範囲と証明については，(5)の(c)不当な取引制限の事業者間の事業活動制限の合意の存在と証明（意思の連絡）および後記5の不当な取引制限の類型においてとり上げる製品の一定の取引分野における価格制限，生産・販売数量の制限，地域制限，操業日数制限そして技術供与の制限などを参照していただきたい。

② 相互拘束の程度

出光興産ほか石油価格協定刑事事件：各会社の事業活動は，協定の締結によって事実上相互に拘束されることになる。それゆえ裁判所は，「実効性を担保するための制裁等の定めを要しない」と判示した事例である〔最裁判昭59・2・

24刑集38巻4号1287頁〕。
　(c)　相互拘束と共同遂行の関係とは——独禁法違反成立の時期——
　①　責任主義
　独占禁止法は，1つの条文で行政罰，刑事罰および民事損害についての構成要件を規定している。このなかでも，刑事罰は，一時的に身体の自由を拘束される懲役刑を含むものである。それゆえ，法定手続保障の要請（日本国憲法31条）から，独禁法の条文の解釈および適用は，原則として厳しいものでなければならない（日本国憲法38条）。
　独占禁止法上の犯則事件（独禁法89-91条）も刑法上の刑事犯罪と同様に，犯罪構成要件に該当（犯罪意思＝構成要件的故意・過失，犯罪行為を充足）し違法かつ有責な（適用除外なく公共の利益に反する）行為である場合に原則として成立すると考えるべきである（これを責任主義といい，「責任なければ刑罰なし」ということばで表現される）。
　②　相互拘束・共同遂行の関係
　不当な取引制限とは，「事業者が……他の事業者と共同して……相互にその事業活動を拘束し又は遂行することにより……競争を実質的に制限することをいう」（独禁法2条6項）。相互拘束と共同遂行の関係を解明するために，独占禁止法2条6項の条文規定の構成を検討することにしたい。
　(i)　多数説
　(イ)　相互拘束＝競争制限的合意かつ行為（主観的・客観的要件）である。
　多数説は，相互拘束とは，最低限度，その事業活動の制限についての「意思の連絡」＝共同認識という程度の当事者間の合意（暗黙の合意含む）をいうと同時に，事業者が相互に自由な事業活動を拘束する行為（＝共同遂行と同義）を含むと解する。
　(ロ)　競争制限的行為（客観的要件）
　多数説は，相互拘束を競争制限的行為と解する。
　(ハ)　対市場効果（結果）——独禁法違反成立の時期——
　多数説は，不当な取引制限は，相互拘束（意思の連絡と行為と解する）と結果との間に因果関係（原因と結果）が認められることで成立すると構成する。た

だし、当該行為が独禁法に違反してその成立時期を何時と解するかについては説が細かく分かれているが、いくつかに整理するとつぎのようになろう。

第一は、合意を行った時と解する説（合意時説）である。

第二は、合意内容の実行に着手したことを要すると解する説（着手時説）である。第二説は、合意時説に対する責任主義を十分に考慮していないのではないかとする批判に応え、実施時説に対しては回復し難い状況に至るまで長期間の調査を有するといった欠点が指摘されており、これらを補完する意味がある。[2]

出光興産ほか石油価格協定事件：不当な取引制限の罪の成立時期について、最高裁判所は、「事業者が他の事業者と共同して対価を協議・決定する等相互にその事業活動を拘束すべき合意をした場合において、右合意により公共の利益に反して、一定の取引分野における競争が実質的に制限されたものと認められる時は、独禁法89条1項1号の罪は直ちに既遂に達し、右決定された内容が各事業者によって実施に移されることや決定された実施時期が現実に到来することなどは、同罪の成立に必要でないと解すべきである」と判示した。また、同様に本事件の原審は、「……内容の拘束力ある共同行為が行われれば、直ちに不当な取引制限が成立する。不当な取引制限の罪は、共同行為によってもたらされる競争の実質的制限の外部的表現である共同行為の内容の実施をその成立要件とするものではない」[3]と判示した（合意時説）〔最判決昭59・2・24判時1108号3頁〕。

住友金属工業ほか4名に対する事件（着手時説）〔公取委勧告審決昭48・12・26審決集20巻205頁〕。

大日本インキ化学工業ほか9名に対する事件（着手時説）〔公取委勧告審決昭63・8・5審決集35巻30頁〕。

(ii) 丹宗説[4]

(イ) 相互拘束＝競争制限的合意（主観的要件）

相互拘束とは、最低限度、その事業活動の制限についての「意思の連絡」すなわち共同認識という程度の当事者間の合意（暗黙の合意を含む）をいう。

共同認識の形成や事業活動制限の合意は、密室の会合で行われることが多く、そのプロセスにおいては、証拠隠滅などが行われる傾向にある。それゆえ、こ

の主観的要件は，物的証拠による証明がきわめて困難であるところから状況証拠や間接証拠の積み重ねによって行われることで足りる。

(ロ) 共同遂行＝共同歩調による外形的行為の一致（客観的要件）

丹宗説は，共同遂行することが相互拘束の意思と共同歩調による行為の外形的な一致として現れることを必要とする。

(ハ) 対市場効果（結果）——独禁法違反成立の時期——

丹宗説は，不当な取引制限違反の成立時期について慎重である。その理由は，責任主義の項目で述べたので繰り返さないが，独占禁止法89条1項1号が，不当な取引制限の刑事罰を「3年（改正独禁法では現在「5年」）以下の懲役又は500万円以下の罰金に処する」と規定されているからである。

丹宗説は，不当な取引制限は，相互拘束（意思の連絡）・共同遂行そして結果との間に因果関係（原因と結果）が認められることで成立する（責任主義の原則）と構成する。法定手続の保障と責任主義の要請から，不当な取引制限違反の成立時期については，意思と行為の同時存在そして結果が既遂に達していることを原則として必要と解する（実施時説）。

(ニ) 当然違法の法理

相互拘束＋共同遂行⇒対市場効果が発生した後に，不当な取引制限を認定するには，長い時間を要し，認定した頃には，対市場効果が回復し難い状態までに至っている場合が考えられる。価格カルテル，生産数量制限カルテル，地域割カルテルなどは，一般消費者の利益を大きく損なうことが証明されているので，これらのカルテルの場合には，不当な取引制限行為（カルテル）を実施し，対市場効果がまさに現れようとする場合には，まさに既遂に達しようとするその時点において不当な取引制限を当然違法（per se illegal）[6]として認定することも許されよう（実施時説の例外）。

(iii) その他の説

市場支配が現実に存在する場合には，事業者間に不当な取引制限についての合意の存在が証明されなくても，その「意思の連絡」が状況証拠によって証明され，結果との一致があれば，「合意」が推定される。認識と結果との間に因果関係があれば，共同遂行の証明は必要なく，共同遂行は，当然推定されると

考える学説もある。この学説の理論構成は，刑事犯罪の「共謀共同正犯論」に相当する。

5 不当な取引制限（カルテル）の類型

(1) 類型——ハード・コア・カルテルと非ハード・コア・カルテル——

　価格は，市場のメカニズム（需要と供給による調整）が正常に働いているかどうか，すなわち市場が競争均衡状態にあるか，それとも市場の失敗状態にあるかを表すシグナルとして機能する。価格カルテルは，社会的余剰としての消費者余剰の相当部分を直接減殺し，死重的損失を発生させるので，合衆国反トラスト法においては，市場メカニズムを歪める最悪の行為とされ，当該カルテル（合意）の存在が証明されれば，結果発生の論証がなされなくても，直ちに当然違法（per se illegal）とされる。数量制限に関する各種の協定（たとえば生産・供給数量の制限や地域割り協定など）も，価格協定に近い結果をもたらすものとして，当然違法に近いカルテルとして位置づけられるであろう。日本では，以上のカルテルに，当然違法のルールが適用された事例はない。

　日本の独占禁止法では，カルテルの独占禁止法違反の認定は，「一定の取引分野における競争を実質的に制限する」という要件（独禁法2条6項）の充足が求められる。しかし，価格協定と外形的な一致が証明され，審決判例をゲーム理論や経済学的数理分析によって導出された経験則（規準）を基礎に，競争の実質的制限が立証されなくても，独占禁止法違反が認定され得るプロセスを想定する傾向がみられる。独禁法学説は，これらのカルテルを，ハード・コア・カルテルとよぶ。

　一方，カルテルの存在からは，直ちに競争促進に反する効果の存在や競争促進効果の不存在を推定することが困難で経験則では容易に独占禁止法違反を認定し得ず，「一定の取引分野における競争を実質的に制限する」という要件（独禁法2条6項）の充足による慎重な判断を必要とするカルテルがある。独禁法学説は，この性格をもつカルテルを，非ハード・コア・カルテルとよぶ。

　このような不当な取引制限（カルテル）には，価格の決定，生産数量や販売

数量の決定，地域割や取引先の指定，技術開発行為・技術利用の制限など，さまざまな内容のものが含まれている。以下では，判例や審決でとりあげられたカルテルの形態を事例によって検討する。

(2) ハード・コア・カルテルに分類される形態
(a) 価格カルテル

価格に関して協定を締結する目的は，一般的には，価格を引き上げるために最低額を取り決めることで，事業者相互間の競争を排除することにある。

① 再販売価格カルテル

武田薬品工業ほか11名に対する事件：商品製造に使用する日本の醸造用活性炭の供給量のほとんど全ては，直接又は委託生産する武田薬品工業を含む9社とこれらの一部から供給を受けて販売する3社の合計12社によって占拠されている。「9社は，醸造用活性炭会議において，同製品の製造原価の高騰に対処するために，需要者別および品質別に販売価格の引き上げを決定した。販売3社は，その後の会合において，製造事業者から供給された醸造活性炭の需要者への再販売価格の引き上げとその実施方法を確認した。12社は，醸炭研究会を組織して，引き上げ状況等の情報交換を行いつつ販売価格の引き上げを推進した」と公正取引委員会は認定した〔公取委勧告審決昭57・7・28審決集29巻51頁〕。

② 最高価格カルテル

野田醬油ほか事件[7]：野田醬油ほか醬油製造販売有力3社および日本醬油協会は，太平洋戦争後に設定された物価統制価格および統制撤廃後の商品の価格について意見交換をしていた。生産者は，物価庁側から商品の設定価格に関して，最優秀品一升75円まで認め，その他の全品目を一升当たり平均70円程度に停めるべき旨，そして右価格を遵守できるよう卸小売の口銭を考慮した価格をもって販売すべき旨の示唆を受けて，4社および協会は，これを確約した。物価庁からの要請にしたがって，協会は，確約した内容を遵守し，その価格を超えない程度に自粛することと引き換えに，統制撤廃の陳情書を作成し，この写しを協会員に配布し自粛を要請した。野田醬油ほか3社は，その後に会合し，3社

第2部 独占禁止法

図表7-1 醸造用活性炭取引図

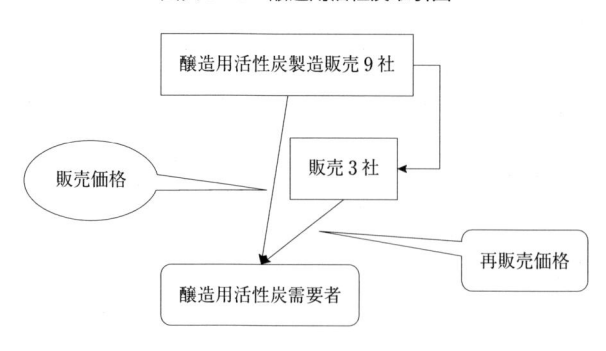

醸造用活性炭製造販売9社 → 販売3社 → 醸造用活性炭需要者

販売価格／再販売価格

は，野田醬油に対して価格について質問し，野田醬油は，1升当たりの生産者価格を61円，卸価格64円，小売価格を75円とする旨を回答した。各社は，この回答に同調し，統制価格が廃止されるまで右価格を維持した。公正取引委員会は，「野田醬油ほか3社の行為は，共同して対価を決定し維持したものに該当し，協会が会員に対して書面を配布流布した行為は，小売価格に関する情報を交換し，小売価格に対する最高限度額を明示し，将来の醬油販売価格に影響を与えるための行為であった」と認定した〔公取委審決昭27・4・4審決集4巻1頁〕。

本件の場合は，太平洋戦争後に設定された物価統制価格が撤廃されるに際して，価格の最高額を明示してそれを超えて引き上げないことを，事業者相互が合意した例であった。公正取引委員会が最高価格カルテルを禁止したねらいは，野田醬油はじめ有力な醬油製造販売事業者が，価格決定に対する市場力の形成獲得を回避することにある。なぜなら，「私的企業が恣意的に価格を支配する力を有することそれ自体が結局消費者にとって不利」だからである。また，商品価格の決定は，競争均衡市場において，各事業者の自由な事業活動の一つに位置するからである。

③ 投入費用積み上げ（マークアップ）式価格決定カルテル

丸善ほか外国書のマークアップ式販売額の合意事件（本書第1部第6章を参照）：丸善を含む7社は，各社独自に外国新刊図書の輸入販売業を営んでいる。日本で販売する外国新刊図書の販売額の算出方法は，外国出版社が設定している外貨建て小売価格に，一定期間の対顧客電信売外国為替相場の平均に必要経費額（以下「マークアップ額」という）を加えた外貨建て額を算出する。そして，各社は，この額に，その外貨毎の標準換算率を乗じて円に換算した額を標準小売価

格としていた。各社は，大口需要者の国立6大学に対しては，外国出版物購入価格に関する国立6大学協議会を通じて価格交渉し，当該標準換算率から値引きした換算率（以下「納入換算率」という）を用いて円に換算した額を納入価格としている。7社が東京大学を含む国立6大学へ納入した特定外貨建図書の納入金額の合計は，6大学への特定外貨建図書の総納入金額の過半を占めている。この特定外貨建図書の15通貨ごとの納入換算率は，7社以外の販売業者にも適用されている。一橋大学を除く国立5大学に対する主要6通貨の納入換算率におけるマークアップ額は，平成元年度には，過去最低水準になっていた。ところが，「平成2年度から一橋大学が大学協議会に加わり価格交渉を進めることになり，7社は，利益の確保が困難となるおそれがあることから，平成2年3月29日頃，東京都中央区所在の第四丸善ビル会議室において，各社の営業担当部長級の者による会合を開催し，平成2年度から，6大協との価格交渉について情報交換を行い，その対応策を検討した結果，交渉で維持すべき主要6通貨の納入換算率における最低のマークアップ額を決定し，各社は，概ね維持してきた」と公正取引委員会は認定した〔公取委勧告審決平8・5・31審決集43巻314頁〕。

(b) **受注数量調整（シェア）カルテル**

クボタほか鋳鉄管事件：㈱クボタ，㈱栗本鉄工所，日本鋳鉄管㈱の3社は，ダクタイル鋳鉄管直管（水道，下水道，農業用水道，工業用水道，都市ガス等の導管として用いられている）の日本における同製品供給量のほとんど全てを占めている。同製品の流通経路とその供給量の比率は，まず，3社が入札によって水道事業を営む地方公共団体に対して供給する経路は，20%であり，つぎに，3社が販売会社を経由してダクタイル鋳鉄管直管の敷設工事を受注した建設業者に対して，また3社から直接にもしくは販売業者を経由して都市ガス供給業者等に対して供給する経路は，80%を占めていた。3社と鋳鉄管直管の販売業者との取引関係は一定しており，販売業者と建設業者との間の取引関係も固定しており，これによって，3社の同製品の供給取扱数量の割合は，安定している。「3社は，かような状況を利用し維持しつつ，かねてより，各社の受注すべき数量の

基本的な割合を，クボタ63%，栗本鉄工所27%，日本鋳鉄管10%（基本配分率）として，前年度までの各社の受注数量等を勘案して，当該年度に各社が受注すべき数量の割合を決定していた。平成9年度の配分率は，クボタ62.91%，栗本鉄工所26.95%，日本鋳鉄管10.14%と決定した。そして，3社は，日本全国を6地区に区分して，各地区の配分率を上記計画案に基づくものとすることを決定し，受注数量の調整を行うことに合意した。3社は，毎月の受注数量を相互に連絡し，年度の予定受注数量と現時点の実際の受注数量との差異を確認したうえで，物件毎に，競争入札に関して受注予定者を決定して受注し受注数量を調整することによって，平成9年度の配分率にほとんど一致する割合で，ダクタイル鋳鉄管直管を受注した」と公正取引委員会は認定した〔公取委勧告審決平11・4・22審決集46巻201頁〕。

(3) 非ハード・コア・カルテルに分類される形態
(a) 生産工程や機械の運転日数制限カルテル

本州製紙ほか事件：本州製紙ほか5社が，外装用クラフトライナーの販売価格値上の共通の認識をもち，「事前に製造機械の運転日数を取り決めて，運転日数を制限して調整した事実は，事業活動制限（機械の運転日数制限カルテル）にあたる」とされた事例である〔公取委審決昭56・6・5審決集28巻32頁〕。

価格値上げが合意され，その後に実施された事実を総合すると，本件は，機械の運転日数制限カルテルと価格カルテルの複合型といえよう。

(b) 技術供与（知的財産権許諾）制限カルテル

日本コンクリート技術供与制限と受注調整事件：日本コンクリート工業㈱を含む6社は，プレストレス・コンクリートパイル（PCパイル）の製造業を営み，日本の東北，関東，北陸，中部，近畿地方におけるPCパイルの大部分を供給している。また，6社は，PCパイル製造に関わる特許権，実用新案権を所有しており，これらの実施許諾を得られなければ，新たにPCパイル製造業者として営業を開始し市場参入することは困難である。かような市場の状況を前提として，6社は，昭和41年12月15日に，各社の代表者が出席する会合を開催し，

第7章　不当な取引制限

PCパイル市場の安定策について協議した。6社は，まず，各社のPCパイル出荷比率を取り決めて，販売数量を決定した。つぎに，特許権や実用新案権などの技術供与を行う場合は，市場安定策を遵守することを技術供与契約の条件とした。そして，各地方において運営委員会を設けて具体的に実施することとした。関東地方では，運営委員会として八日会を発足させて，八日会が各社別の出荷比率を定め，技術供与をする場合には，上記条件を締結するとともに6社全員の承諾を得ることを決定した。さらに，昭和42年5月25日に，八日会は，出荷比率に基づく受注割当方法として，会員は，申込を同会に申告し，見積もりを求めてきた時には，出荷比率を基準として受注予定者を決定することとし，他の地域でも適用されることとなった。公正取引委員会は，「特許権や実用新案権などの技術供与を行う場合に，6社および八日会が市場安定策の遵守を契約の条件とし6社全員の承諾を得ることを決定したことは，技術供与（知的財産権許諾）を制限するカルテルに該当する。……出荷比率を取り決めて販売数量を決定したことは，シェア・カルテルに該当する」と認定した〔公取委勧告審決昭45・8・5審決集17巻86頁〕。

　この事例は，技術供与制限型カルテルとシェア・カルテルの複合型の事例といえよう。

(c)　複合カルテル——受注割合・受注（者）割当方法・販売に関するカルテル——

羽田ヒューム管ほか16名に対する事件：羽田ヒューム管㈱含む17社は，関東およびその周辺地区において，ヒューム管を製造販売している。17社の同地区における同製品の販売量の合計は，同地区総販売量の大部分を占めている。これら17社を中心として，同地区では，昭和49年9月頃から，ヒューム管の販売価格の維持を図ることなどを目的とする会合（円心会）を開催し，年度ごとの各社の受注割合および受注予定者の割当方法を決定し，これを実施するとともに，需給関係等の変動に応じ，各社同一内容の定価表に記載された価格に対する一定の掛け率を定めることにより，官公署および建設業者向けの販売価格を決定してきている。昭和51年2月末頃に営業部長クラス等の出席によって開催され

た円心会において，ヒューム管の受注割合が決定され，同年3月末頃開催された円心会において，引き合いの内容を報告し合い，受注予定者の割当方法が決定された。また同年8月11日頃に開催された同会において，受注割合通りの販売を，より円滑に行うための措置として，販売量の各社間の調整に関する事項等につき，前記割当方法の一部を改めた。また，昭和51年3月頃開催された円心会において，ヒューム管の販売価格の値上げについて検討され，建設業界向け，官公署向け，建材店向け毎に，販売価格の値上げ幅と実施期日を決定し，17社は，概ねこれらの決定事項を実施している。公正取引委員会は，「17社が関東およびその周辺地区におけるヒューム管の受注割合（受注割合カルテル），受注予定者の割当方法（割当方法カルテル），そして販売価格の値上げ（販売価格カルテル）を共同して決定し，これを実施することにより，公共の利益に反して，同地区における同製品の販売分野における競争を実質的に制限しているものである」と認定した〔公取委勧告審決昭52・2・25審決集23巻98頁〕。

本件は，ハード・コアおよび非ハード・コアカルテルが重複した複合カルテルの事例である。

1) 東京高判昭28・3・9高裁民集6巻9号435頁。
2) 松下満雄『経済法概説』（東京大学出版会，1995年）106-108頁。
3) 東京高裁判昭55・9・26高裁刑集33巻5号511頁〔出光興産ほか石油価格協定刑事事件〕。
4) 丹宗昭信「『湯浅木材工業㈱ほか64名に対する件』（審決集1巻62頁）の黙示の意思による共同行為」についての解説，別冊ジュリスト第三版，28頁では，この論点について詳細に検討されているので参照されたい。
5) 独禁法24条は，私訴による不公正な取引方法の差止を認めるが，より違法性の強い私的独占，不当な取引制限の差止を規定していない。
6) Per se illegal（当然違法）については，第2部第1章1(3)(b)を参照。
7) 本件の野田醬油事件は，東京高裁判昭・32・12・25高裁民集10巻12号743頁（プライスリーダーによる再販売価格維持行為と価格決定支配に関する野田醬油事件）とは別の事件であるが，公正取引委員会の懸念は，後者の野田醬油事件で現実化した。

第8章　不当な取引制限に関する審決・判例の研究

　朝日新聞社ほか新聞販路協定事件（①公正取引委員会昭26・4・7審決[1]，②東京高裁昭28・3・9判決[2]）は，不当な取引制限（カルテル）が競争事業者間で成立する（水平的カルテル）だけでなく，事業段階を異にする事業者間においても（垂直的カルテル）成立するかという重要な論点を含み，かつ戦争（戦時体制）が社会における言論の統制と家庭生活における物資の統制という重大な影響を及ぼす例を反映している事件であるので，とりあげてみたい。

1　事件の概要

(1)　1941（昭和16）年11月までの新聞の販売機構

　新聞発行5社の東京地区一般紙の販売部数合計は，170万部で，新聞販売店数は，550店（専売制500，合売制25，その他25）であった。販売機構は，専売制を主として一部が合売制（新聞販売店が発行本社数社の新聞を併せて販売する）であった。新聞発行本社と新聞販売店との契約は，販売地域指定を含む個別契約となっており，大部分が直営され一部が半直営形態であった。

(2)　1941（昭和16）年12月から1945（昭和20）年6月までの販売機構
(a)　時代背景

　1941（昭和16）年12月8日真珠湾奇襲攻撃により太平洋戦争開戦（第二次世界大戦に突入）。これによって，軍部主導による物資統制と完全な言論統制が行われることになった。

(b)　戦争による新聞業界への影響

　①　新聞事業令により専売制が廃止されて，合売制が採用された。販売店と新聞社との間の新聞卸販売契約は，販売店が発行本社と直接契約する個別契約

図表 8-1　1941（昭和16）年11月までの販売機構の図

新聞販売専売制

朝日新聞 → 千代田区
毎日新聞 → 文京区
読売新聞 → 台東区
日本経済新聞 → 新宿区
東京新聞 → 他区

販売店

千代田区の特定地域新聞購買読者
文京区の特定地域新聞購買読者
台東区の特定地域新聞購買読者
新宿区の特定地域新聞購買読者
他の区の特定地域新聞購買読者

図表 8-2　1941（昭和16）年12月から1948（昭和20）年6月までの販売機構図

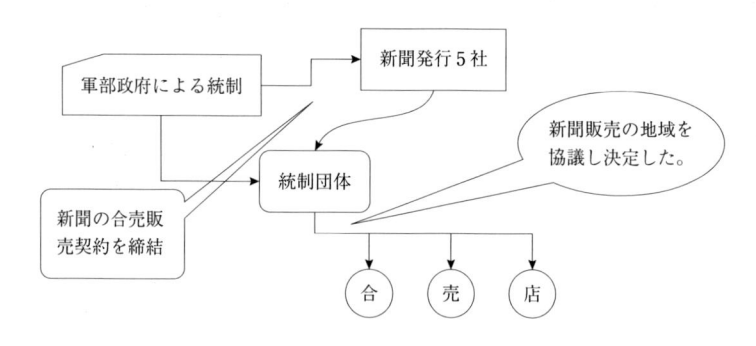

軍部政府による統制 → 新聞発行5社
新聞発行5社 → 統制団体
新聞の合売販売契約を締結 → 統制団体
統制団体：新聞販売の地域を協議し決定した。
統制団体 → 合売店

から、新聞社と軍部・政府主導によって形成させられた統制団体である社団法人新聞配給会（のちに社団法人日本新聞公社）との間で新聞販売契約を締結する契約方式に移行し、新聞の販売地域（排他的に新聞の販売を成すべき地域の指定）は、団体と合売525店との間の協議によって定められた。

②　販売部数に応じた持分証書の発行により販売部数が財産価値化された。

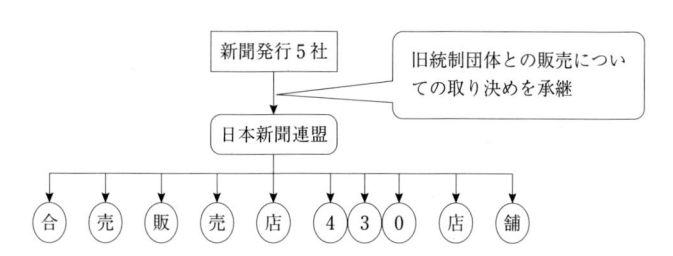

図表 8-3　1948（昭和23）年 4 月までの新聞販売機構

```
          ┌─────────────┐
          │ 新聞発行 5 社 │──────┐  旧統制団体との販売につ
          └─────────────┘      │  いての取り決めを承継
                 ↓
          ┌─────────────┐
          │ 日本新聞連盟 │
          └─────────────┘
      (合)(売)(販)(売)(店) 4 3 0 (店)(舗)
```

(3)　1945（昭和20）年 6 月

　太平洋戦争の末期には，読者の中心だった勤労者が徴兵され，また爆撃機による東京空襲が激化し，住民が東京より地方に疎開居住したため，読者が大幅に減少したことを原因として，東京地区の新聞発行部数の合計は，170万部から80万9000部まで減少した。また新聞販売店の店主が徴兵招集により戦争に出征したことで，販売店の経営維持が困難となった。そこで統制団体は，新聞販売部数170万部の持分を，一部あたり 2 円，見舞金 1 円の計 3 円で買い上げて，販売の実質部数80万9000部を買い上げ同額で譲渡して525の合売店を整理して312店に絞った。これによって，販売店の販売地域指定は，統制団体（社団法人日本新聞公社）と合売店とが協議して決定した。

(4)　敗戦後の展開──敗戦から統制廃止に至るまでの経過──

　敗戦後に発行部数が80万9000部から150万部へ増加し，合売販売店は，312店から430店に増加した。社会復興の兆しが見えたので，排他的販売地域指定は，統制団体（社団法人日本新聞公社）と合売店とが協議して再編成された。

(a)　新聞発行販売の統制廃止から1948（昭和23）年 4 月まで

　新聞事業令による統制が廃止されて，社団法人日本新聞公社が解散した。これによって，合売販売店430店は，自主的な統制団体である日本新聞連盟（のちに日本新聞共販連盟）を結成した。

(b)　1948（昭和23）年 4 月

　法令の廃止：新聞の販売に関する統制が完全に廃止された。廃止によって期待される効果としては，新聞社・旧統制団体そして新聞販売合売店との間の従

来の契約（契約関係，販売地域の指定）が失効され，販売組織・機構も検討されるべき時期に達して，自主的統制団体も解散されるべきであったが，新聞販売に関する契約・販売機構とも1948（昭和23）年4月以前の取り決めや組織を継続し，更新されなかった。

(5) 1948（昭和23）年5月から1952（昭和27）年11月まで

(a) 1948（昭和23）年5月から1949（昭和24）年6月まで

新聞各社ならびに新聞販売店の有志が熱海市で会合し，新聞各社と販売店との間で，契約書の方式に関する事項が議題に上った。これ以後，新聞各社の代表者と新聞販売店の代表的地位にある者が協議を重ねた。1949（昭和24）年6月28日には，東京，関東，東北地区の連合販売責任者会議において，契約の書式が決定された。

(b) 1949（昭和24）年7月1日から1952（昭和27）年11月まで

1949（昭和24）年6月28日に決定された下記契約書ひな型による方式に従って，新聞の販売に関する契約が締結された（東京新聞は旧契約を継続した）。

契約書の第1条

「甲は，甲の発行する新聞（雑誌外の刊行物）を末尾記載の業務地域において乙が販売することを約し，増域は，甲乙協議の上これを行う」。

契約内容としては，①当該契約書の末尾には，業務地域記載のための余白が残してあるものの，具体的な記載は，最小行政区域で便宜上のものにすぎなかった（例えば，東京都――中央区一円，新宿区一円など――）。②当該業務地域をいかに定めるかについては，契約書の方式の検討をする際にも何ら明示の話し合いがなく，結局真実の契約内容は，従来通りの地域（敗戦後の販売合売店地域再編）をもって業務地域（地域割）とするものであった。

なお，1949（昭和24）年に農地改革完了。未だ経済復興せず。

(6) 1952（昭和27）年12月以降

朝日，毎日，読売の3社は，新聞販売を合売制から専売制に移行させた。

2 審決・判決の検討

(1) 公正取引委員会審決（1949（昭和24）年（判）第20号審決）
(a) 当事者（被審人）

公正取引委員会による審決の対象となる当事者（被審人）は，新聞の発行卸販売会社（新聞発行本社という）である朝日新聞，毎日新聞，読売新聞，日本経済新聞，東京新聞の5社，そして新聞販売事業者22店である。

(b) 主　文

① 被審人らは，新聞紙の販売地域に関する本件協定を本審決後1カ月以内に破棄しなければならない。

② 省　略

③ 被審人たる新聞発行本社は，東京都以外の地区においても本件と同一または類似の協定を為しまたはこれを維持遂行してはならない。

④ 被審人らは，将来如何なる地区においても，本件類似の協定，申合せを為しまたはその他何らの名義を以てするを問わず，相互に事業活動を拘束することによって，新聞販売の取引分野における競争を実質的に制限するような行為をしてはならない。

(c) 事実関係

整理した上記記載内容を参照。

(d) 公正取引委員会が確定した**要件事実**

①「終戦後の統制時代に再編成された〔新聞販売〕地域は，各新聞販売店〔が〕，その地域内に於いてのみ排他的に各種新聞紙の販売を為し得る旨の，相互の明示又は黙示の協定に基づく一つの地盤割と認めるべきものである。」

②「各販売店の区域が各新聞発行本社につき同一に定められている事実に鑑みれば，被審人たる新聞発行本社相互間に於いて，各新聞販売店をして従来の地域をそのまま踏襲せしめ，右地域内に於いてのみ排他的に新聞紙の販売を為さしむべき旨の暗黙の協定が成立し，被審人たる新聞発行本社は，右協定に基いて被審人たる新聞販売店に対して業務区域として右地域を指定し，又被審

人たる新聞販売店相互間に於いても，地域撤廃によって生ずることを予想される好ましからざる競争を防止したき意向の下に，右地域内に於いてのみ排他的に新聞紙の販売を為すべき旨の暗黙の協定が成立していたものと認めるのが相当である」。

(e) 法の適用

「被審人等が相互に協定して各新聞販売店の販売を為すべき地域を定めている事実は，1953（昭和28）年改正前の旧独占禁止法第4条第1項第3号に，いわゆる『共同して販路又は顧客を制限する』ことに該当することは明白である。本件被審人たる新聞販売店を含む東京都内に於ける新聞販売店が，前記認定のごとく販売地域を協定して相互に新聞紙の販路ならびに顧客を制限するときは，東京都内の新聞販売の取引分野に於ける販売店間の競争は殆ど行われないこととなるのみならず，新聞発行本社が右地域内に新たに専売店を設けて競争することも制限されることとなり，読者の新聞販売店を選択する自由も失われ，新聞販売店の読者に対するサービスも低下するに至ることは明白であって，斯くの如き事態は，私的独占禁止法の目指す自由競争を基調とする経済組織の確立という理念に反する……」。

(2) 東京高等裁判所判決（1951（昭和26）年（行ナ）第10・11号判決）

(a) 当事者（原告）

東京高等裁判所が下した審決維持判決の名宛人たる当事者（原告）は，新聞販売事業者22店である。

(b) 主　文

① 公正取引委員会が行った審判のうち，朝日新聞社，毎日新聞社，読売新聞社，日本経済新聞社，東京新聞社の5名に対する部分を取り消す。

② 前項5名を除くその余の新聞販売店22名の請求を棄却する。

(c) 事実関係

整理した上記記載内容を参照。

(d) 東京高等裁判所が公正取引委員会の審決を取り消した部分（新聞紙の卸販売個別契約と地域割・販路カルテル）について

① 「事業者とは，相互に競争関係にある独立の事業者と解する」。
② 〔独禁法2条6項にいう〕「共同行為は，かかる事業者が共同して相互に一定の制限を課し，その自由な事業活動を制限するところに成立するものであって，その各当事者に一定の事業活動の制限を共通に設定することを本質とするものである。従って，当事者の一方だけにその制限を課すような行為は……ここにいう共同行為にあてはまらない。往々にして，この共同行為者たる事業者以外の者が指導，介入，助成等の方法によってこれに加巧することがあり得る。しかし，競争関係にも立たず，或いは共通に事業活動の制限をも受けない単なる加巧者は……すべてここにいう共同行為者あるいは事業者にあてはまらないとものと解すべきである。違反行為の当事者以外の加巧者に対してまで当然排除措置を命じ得るとする明文はな〔く,〕……法律上の根拠を見出すことはできない」。
③ 「本件において各新聞発行本社は，新聞の発行および販売を業とする者ではあるが……自ら直接には販売せず，単に新聞販売店にこれを販売し，各新聞販売店はこの買い受けた新聞を自ら読者に配達して販売するものであって，この点においては両者の事業活動はその面を異にするのであるから両者が互いに競争関係にあるものとは解し難い。東京都内約430の各新聞販売店は，各々近接の販売店相互間に本来競争を生ずべきもので……従って，ここに認定される地域協定の当事者は各新聞販売店であるといわなければならない。各新聞発行本社はこの地域協定を是認し，指導し，自らこの事業形態にそって行動しているのではあるけれども，これは共同行為に加巧しているというに止まり，その当事者であるとすることはできない。このことは，各新聞販売店があらかじめ各自の販路顧客の制限を内容として新聞販売をするべき地域を指定し，これに則って各新聞発行本社とそれぞれ個々の契約をする場合のことを考えればおのずから明瞭であ〔る〕」。

(e) **法の適用**

「然らば……新聞発行本社をも本件共同行為の当事者とし，新聞発行本社に対して審判手続を行い，これにその行為の排除措置を命じた審決は……失当といわなければならない」。

(3) 検討——公正取引委員会の審決と東京高等裁判所判決の比較対照——

(a) 公正取引委員会の判断

　公正取引委員会は，審決の対象（被審人）を，新聞発行5社，そして新聞販売事業者22店とした。なぜなら，公正取引委員会は，新聞発行本社相互間の競争を回避するため，5社が主導して新聞販売店相互間の地域割・販路カルテルを協定し，それに新聞販売店が自らの利益確保をねらって地域割・販路カルテル協定を利用したもの，と認定しているからである。

(b) 東京高裁の判断

　東京高裁は，「独禁法2条6項（不当な取引制限）の事業者とは，相互に競争関係にある独立の事業者〔22店〕と解する」。それゆえ，「各新聞発行本社は……新聞を……自ら直接には販売せず，各新聞販売店は買い受けた新聞を読者に配達して販売するもので，両者の事業活動はその面を異にするのであるから両者が互いに競争関係にあるものとは解し難い。東京都内約430の各新聞販売店が，それぞれ近接の販売店相互間に本来競争を生ずべきものであ〔る。〕地域協定の当事者は各新聞販売店であるといわなければならない」。東京高裁は，新聞発行本社と新聞販売店との間で締結される契約が，新聞の卸販売についての個別契約であり，販売地域の指定・販路カルテルが，販売店相互間の協定であるとした。東京高裁は，本件事件の協定を，新聞販売店相互における読者販売競争の制限に関する問題として捉え，新聞発行本社間の新聞発行競争を制限するねらいで締結されたものとは判断していない。

(c) 地域割・販路カルテルの本当のねらいは何か

　① 新聞発行本社相互間の新聞発行部数の取り決めをねらいとして，新聞発行本社5社が主導して協定したカルテルに，新聞販売店が便乗したものと考えるか（公正取引委員会）。

　② 新聞販売店相互間における読者販売競争を制限するねらいで，新聞販売店が相互に協定したものと捉えて，新聞発行本社は，協定の締結に加功したにすぎないと考えるか（東京高裁）。

　③ 丹宗教授は，「同一方向の目的（利益確保維持等）追求に積極的に加担し競争制限の原因を与えているかそれを支持助長している事業者は，競争関係に

なくとも，取引制限の当事者として含めてよいものと」考えてよかろうとする。[4]

1) 公正取引委員会審決昭26・4・7審決集3巻4頁（合本）。
2) 東京高裁判昭28・3・9高裁民集6巻9号435頁，判時2号8頁。
3) 丹宗昭信,「独禁法審決・判例百選（第3版）」別冊ジュリスト No. 81（有斐閣，1984年）30頁。本稿は，朝日新聞社ほか事件における事実を解説し，垂直的協定を詳細に論じてあるので参照していただきたい。
4) 東京高裁判平5・12・14判タ840号81頁の「目隠しシール入札談合事件」。高裁は，当判決で「この『事業者』を同質的関係にあるものに限るとか，取引段階を同じくする者であることが必要不可欠であるとする考えには賛成できない」と判示して，形式的にみれば垂直的カルテルとみられても，事実関係を十分に分析し実質的にはカルテルの成立し得る事実関係を有すると解される場合には，カルテルが認められるとした。

第9章 不公正な取引方法

1 不公正な取引方法規制（独禁法19条）の法的性格

不公正な取引方法とは，競争を実質的に制限するまでには至らないが，公正な競争を阻害するおそれのある行為をいうと解される（独禁法2条9項）。

独占禁止法が不公正な取引方法を規制する目的は，それによって市場支配力の形成を未然に防止し，私的独占や不当な取引制限の発生する芽を予め摘み取ることにある（萌芽理論）。この意味で，不公正な取引方法の規制は，独占禁止法体系の中で私的独占や不当な取引制限の予防的色彩をもった補完的地位に位置づけられ，構成要件として対市場効果（一定の取引分野および競争の実質的制限）を必要としない。

私的独占は市場支配力を基礎として，不当な取引制限は市場力を獲得し市場支配力に強化し，どちらも競争を実質的に制限する諸行為を行うことを意味する。

2 公正競争阻害性の意義

(1) 「公正な競争を阻害するおそれ」とは

「公正な競争を阻害するおそれ」とは，公正な競争を可能とする諸条件が破壊されることを意味する。結果が現実に発生することを要せず，抽象的な蓋然性があれば足りる。それでは「公正な競争」とは何か，それを可能とする諸条件とは何かが，問題となる。

(2) 「公正な競争」とは
(a) 純粋能率競争と解する説
「公正な競争」とは，同規模の競争者が多数存在する市場で展開される純粋に能率による競争（良品廉価な商品又は役務の提供による顧客獲得の努力）として捉える。この立場は，「阻害」とは，取引方法自体が非難に値し，自由競争を困難にするような経済力の集中あるいは特定の事業者を市場から排除せしめることと解する。この視点から，「取引上の地位の不当利用」（取引当事者間の力の格差に注目した規制）は，対等な事業者の競争関係に着目した規制の行為類型と比較すると異質な規定と評価されるので，同一の不公正な取引方法の法体系に含めることは，整合性を欠くとされる。

(b) 競争機能維持と解する説
「公正な競争」とは，競争機能を自由に発揮し得る状態が保たれていると同時に，事業性を前提とした事業の能率，製品の価格・品質を中心とする競争が行われている状態であると捉える。この立場は，「阻害」とは，事業者の自主的な競争機能の自由な行使を阻害することと捉え，競争行為が当該取引に固有な事項について行われていない場合や，事業者の事業性を否定するような方法（たとえば，原価割れ販売が典型）が用いられる場合をあげる。また，この立場は，独占禁止法が当事者間の対等な取引権の確保を目的とすると解する理論を背景にもち，「取引上の地位の不当利用」を不公正な取引方法の基本的な規制類型と捉える。

(c) 合理的折衷説
「公正な競争」とは，つぎの内容をいう。

公正な競争とは，①自由な競争が確保されていること（事業者相互間の自由な取引条件（とくに価格）競争が妨げられていないことおよび潜在競争事業者がその競争に参加することを妨げられていないこと），②能率競争が確保されていること（自由な競争が，公正な手段つまり価格・品質・サービスを中心にしたものであること），③自由競争の基盤が確保されていること（取引の諾否および取引の内容・条件について，自由かつ自主的に取引の当事者が判断することのできる自由な競争基盤が確保されていること）をいう。③は，上記の①・②の2つを可能にする前提条件であ

り，これに反する行為は，不公正な取引方法の典型として取引上の地位の不当な利用に位置づける。

「公正競争の阻害性」とは，以上の3条件のいずれか，ないし，いくつかが侵害されることをいう。この立場は，多種多様な不公正な取引方法に含まれる公正競争の阻害性をまとめており，不公正な取引方法を規制する評価規準を提供するものとして評価されて，現在は，(c)が通説とされている。

3 安全性を理由とした公正競争の阻害性

当該取引において行われた取引方法は，外形的には不公正な取引方法に該当するが，安全性を確保するという目的（「目的の正当性」）があり，そのためにとられた手段である場合には，当該取引方法は，独占禁止法上の公正な競争秩序維持に反するものとして判断されるべきか否か（「手段の正当性」）が問題となる。[1]

東芝エレベータテクノクス事件：エレベーターの安全性の確保を理由として，エレベーター部品と保守点検サービスを抱き合わせ販売し，また部品の納期を遅らせたことが，他社の定期修理取引を妨害したと判断された事例である〔大阪高裁判平5・7・30判時1479号21頁〕。

エアーソフトガン事件：エアーソフトガンの安全性確保を理由として，エアーソフトガンの製造組合が組合員の取引先である問屋に対して，組合員と競争関係にある非組合員業者のエアーソフトガンを仕入れて小売店に販売しないように要請し，同趣旨を小売店に指導するよう要請した行為は，共同の間接的取引拒絶に該当すると判断された事例である〔東京地裁判平9・4・9判タ959号115頁〕。

4 不公正な取引方法

(1) 不公正な取引方法として規制される行為の要件

独占禁止法2条9項1～5号で規定される不公正な取引方法は，イ．独禁法2条9項の1号から5号のいずれかに該当する行為で，ロ．「公正な競争を阻

害するおそれ」があることを要件とする。

　独占禁止法2条9項6号で規定される不公正な取引方法は，イ．独禁法2条9項の6号に該当する行為で，ロ．「公正な競争を阻害するおそれ」があるもののうち，ハ．公正取引委員会によって指定された行為であること（独禁法72条）を要件とする〔本書では，2009（平成21）年公取委告示の新一般指定を「一般指定」と表記し，1982（昭和57）年公取委告示15号を「前一般指定」とし，1953（昭和28）年公取委告示11号を「旧一般指定」として示す〕。

　これを整理すると，以下のようになろう。

【不公正な取引方法の公式】

　　不公正な取引方法＝ 独禁法2条9項1-5号 ＋ 公正競争阻害性

　　不公正な取引方法＝ 独禁法2条9項6号 ＋ 公正競争阻害性 ＋ 公取委指定

(2) 2009（平成21）年改正独占禁止法2条9項の不公正な取引方法の問題点

　改正前独占禁止法（以下では「前独禁法」という）2条9項によって規定された不公正な取引方法の要件は，同法2条9項1～6号の「いずれかに該当する行為であって，公正な競争を阻害するおそれがあるもののうち，公正取引委員会が指定するもの」とされていた。ところが，2009（平成21）年6月に改正された独占禁止法（以下では「独禁法」という）の2条9項の柱書においては，「公正な競争を阻害するおそれ」が，不公正な取引方法を構成する要件として明示されていない。したがって，独占禁止法2条9項1～5号で規定される要件に該当する行為は，「公正競争を阻害するおそれ」の要件（公正競争阻害性という）を充足しなくても，不公正な取引方法が成立すると解され得る。

　しかしながら，独占禁止法2条9項1～5号の規定には，「不当に」「正当な理由がないのに」あるいは「正常な商慣習に照らして不当に」という要件が含まれており，これらの文言の意味は，従来から「公正な競争を阻害するおそれ」と同義と解されている。したがって，独占禁止法2条9項1～5号において規定される不公正な取引方法は，「公正な競争を阻害するおそれ」の要件の充足を前提としていると解することが素直であろう。

ゆえに，本書では，独占禁止法2条9項1～6号で規定されている不公正な取引方法を解説する際には，前提としてすべてに公正競争阻害性の要件を必要とするものとして解説することとしたい。

独占禁止法の2条9項2号の規定には，前独占禁止法の不公正な取引方法をより具体化した前一般指定3項（差別的対価）に存在しなかった「継続して」「他の事業者の事業活動を困難にするおそれがあるもの」という文言が，新たに導入されている。また，独占禁止法20条の2～20条の6によって新設された課徴金賦課制度の一部に，その要件として「継続してするものに限る」という文言が含まれている。これらの文言は，今日までほとんど議論されてこなかったものであり，いかなる動機でどのような合理的な根拠をもって何をねらいとして導入されたのかについて明確ではない。

「公正な競争を阻害するおそれ」は，一般的かつ抽象的危険という性格をもつ文言である。ゆえに，新たなこれらの文言を導入した意義およびその文言の内容は，公取委によって前一般指定で具体的に規定されていた不公正な取引方法の禁止内容が改正独占禁止法の条文の中に規定され，一定の類型（独禁法2条9項1-5号）に課徴金が賦課されることになった（独禁法20条の2-20の6）ことなどとの関係から，十分に検討されなければならないであろう。

5　不公正な取引方法の類型

独占禁止法2条9項は，不公正な取引方法の類型として，供給にかかわる共同の取引拒絶（1号），供給に係わり継続して行われる差別的対価（2号），供給に要する費用を著しく下回る対価で継続して供給する不当廉売（原価割れ販売）（3号），再販売価格の拘束（4号），優越的地位の濫用（5号）そして上記ほかの類型（6号）をあげることができる。同項6号による不公正な取引方法の類型は抽象的に規定されているので，公正取引委員会は，「一般指定」でより具体化したものを告示する。

(1) 取引拒絶とは

近代市民法の三大原則の1つに契約自由の原則がある。自然人だけでなく，契約自由の原則のもとでは，事業者も自由に相手を選択して契約を締結することも，相手によって取引を拒絶することも可能である。独占禁止法2条9項1号・6号のイによって違反となるのは，取引拒絶が公正競争阻害性を有する場合である。自由主義経済の本質は，取引の相手方を自由に選択し，取引内容そして取引方式を自由に決定できることにある。したがって，自由に相手方を選択する道が開かれている限り，ある事業者による取引拒絶が競争秩序に影響することはないと考えられる。ところが，価格の維持，競争品の取扱拒絶や拘束条件付取引などの要求に従わなかったことを理由として，事業者が他の事業者との取引を拒絶し停止をした場合は，独占禁止法違反となる。

(a) 共同取引拒絶（前一般指定1項）

共同取引拒絶とは，自己（A）と競争関係にある他の事業者（B）が，共同して相手方（C）との取引を拒絶することを（共同ボイコットとも）いう。この共同ボイコットは，他の事業者の市場参入の自由を妨害し，その結果として一定の取引分野に競争の実質的制限を生ぜしめる場合には，私的独占あるいは不当な取引制限（独禁法3条）に該当する。しかし，かような結果を生ぜしめない場合には，複数事業者による共同の取引拒絶は，不公正な取引方法（独禁法2条9項1号あるいは同項6号イ）として共同取引拒絶に該当することになる。

① 供給に係る共同取引拒絶（独禁法2条9項1号）（前一般指定1項）

独禁法2条9項1号で規定された共同取引拒絶とは，供給者が供給を拒絶すること，また供給に係る商品やサービスの数量・内容を制限することである。

② 供給に係る共同取引拒絶の類型

同号のイでは，直接的共同の取引拒絶が，同号のロでは，間接的共同取引拒絶が規定されている。

ロックマン工法施工業者事件：ロックマン工法機械を他社に貸与・販売することを拒絶したことが独占禁止法に違反するとされた事例である〔公取委勧告審決平12・10・31審決集47巻317頁〕（第2部第10章図表10-2を参照）。

第10章の判例・審決研究では，このロックマン工法事件をとり上げて，論点

を分析検討する。

　(b)　**上記以外の共同取引拒絶**（独禁法2条9項6号イ・一般指定1項）
⇒(7)の(a)取引拒絶を参照。

(2)　差別的対価（前一般指定3項）

　差別的対価[6]とは，売手あるいは買手が，地域間や相手方に対して差別的な価格を設定して行う取引をいう。差別的対価に認められる公正競争阻害性とは，競争者を排除し取引の相手方を競争上で著しく不利な地位に追い詰め独禁法上で違法または不当な目的を実現する手段として用いられることをいう。

　(a)　**供給者が差別的対価によって継続して行う供給**（独禁法2条9項2号）（前一般指定3項）

　差別的対価としては，売手が継続して行う地域間差別的対価あるいは相手方に対する差別的対価によって行う供給により，他の事業者の事業活動を困難にするおそれがあるものをあげることができる。

　①　地域間差別的対価

　地域間差別対価とは，ある地域とその他の地域との間で同一商品やサービスに価格差を設けて取引することをいう。

　北国新聞社事件：北国新聞社は，実質的に同一の日刊紙を石川県では1ヶ月330円で講読契約し，富山県では1ヶ月280円で講読契約した。この地域別に差別的な価格を設定したことは，富山県下での競争紙を排除することを目的に不当に圧迫したとして公正競争阻害にあたるとされた事例である——緊急停止命令決定——〔東京高裁決昭32・3・18審決集8巻82頁〕。

　②　相手方に対する差別的対価

　近代市民法は，取引相手を自由に選択することを保障している。しかし，独占禁止法は，相手方によって対価に差を設けて取引することに公正競争阻害性が認められる場合には，相手方に対する差別的対価に該当するとして独占禁止法に違反すると判断する。

　東洋リノリュームほか3社事件：東洋リノリューム含む4社が，取引の相手方に対してビニタイル（半硬質ビニルアスベスト床タイル）の工事店渡し（販売）価

格について，取扱高などによって工事店を3ランクに分けて，それぞれのランクに応じて差別的な価格を設定して，各社の販売量を設定し，販売価格を維持していた。昭和52年3月頃から，4社は，工業界の理事会において数回にわたり会合し，卸売業者に対する仕切り価格を，組合員向けと非組合員向けとの間に差額を設けることを決定し，これによって，各社は，非組合員に対して組合員より1枚当たり4円高い価格にて供給した事例である〔公取委勧告審決昭55・2・7審決集26巻85頁〕。

(b) その他の差別的対価（独禁法2条9項6号イ・一般指定3項）

⇒(7)の(b)を参照。

(3) 不当廉売（前一般指定6項）

不当廉売には，原価割れ販売とその他の不当低価販売の2つの形態がある。

(a) 原価割れ販売（独禁法2条9項3号）

原価割れ販売とは，事業者が商品またはサービスの供給に要する費用を著しく下回る価格で継続して供給することをいう。そして，これを原因として，他の事業者の事業活動を困難にさせるおそれがある場合に，公正競争阻害性を有する不当廉売と認定される。

① 中部読売新聞社緊急停止命令事件：不当廉売とは，「単に市場価格を下回るというのではなく，その原価を下回る価格をいうと解すべき」であり，中部読売新聞社は，同社発行の新聞を原価（812円）割れ（500円）価格にて継続して供給した。その結果，購読者の中には，競争関係にある他の新聞社との講読契約を解約することが続出し，他の新聞発行事業者の事業活動を困難にさせたとして，不当廉売が裁判所によって判断された事例である——公取委では同意審決[7]——〔東京高裁決昭50・4・30判時776号30頁〕。

② マルエツ・ハローマート事件：両社の量販店が牛乳を仕入れ原価割れ価格にて継続販売したことにより，牛乳の小売店は，牛乳販売市場において極めて競争上不利な状況におかれて，牛乳の販売数量・宅配軒数そして売上額を前年同期に比べて大幅に減少した。この事実が公正取引委員会によって「他の事業者の事業活動を困難にさせるおそれ」に該当するとされた事例である〔公取委

図表 9-1 流通経路と再販売価格維持行為

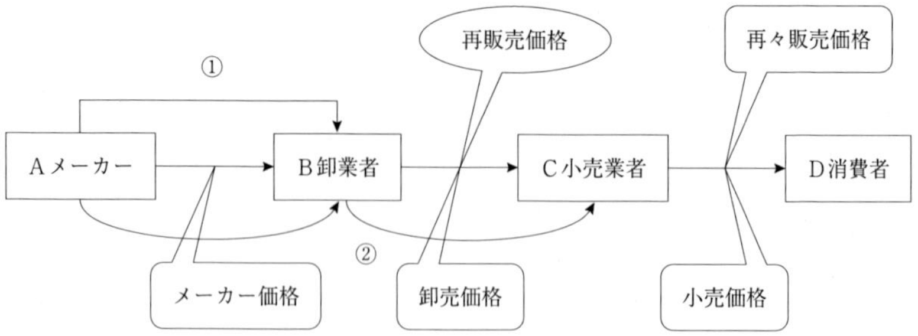

```
                    再販売価格        再々販売価格
         ①
  Aメーカー  →  B卸業者  →  C小売業者  →  D消費者
         ②
     メーカー価格   卸売価格      小売価格
```

勧告審決昭57・5・28審決集29巻13頁・18頁〕。

(b) **その他の不当低価販売**（独禁法2条9項6号ロ・一般指定6項）
 ⇒(8)の(a)を参照。

(4) **再販売価格の拘束**（独禁法2条9項4号）（前一般指定12項）

　まず，各段階の販売価格について確認しておきたい（上記図表9-1参照）。商品の流通過程（商品⇒メーカー→卸売→小売→消費者）を念頭に整理すると，メーカーから卸業者に販売するメーカー価格を販売価格という。卸売業者から小売業者に販売する卸売価格を再販売価格という。小売業者から消費者に販売する小売価格を再々販売価格という。再販売価格の拘束は，再販売価格の維持行為を中心とする。「再販売価格を維持する行為」とは，生産者または販売業者が自己の取引販売業者に対して，販売価格を指定あるいは指示し商品を販売させる行為を総称していう。具体的には，再販売価格取引のように，メーカー（A）が自己の卸業者（B）に対して，小売業者（C）に卸売りする価格を指示し拘束する場合（図表9-1の①）や，再々販売価格取引のように，メーカー（A）が，卸業者（B）を介して小売業者（C）に対して，消費者（D）に小売する価格を指示し拘束させる場合（図表9-1の②）を，総称して再販売価格の維持行為という。

　かような再販売価格維持は，A社の同一ブランド商品（a）などの販売の際に同商品の価格競争（ブランド内競争）を消滅させ，メーカー価格を維持し，流

第9章　不公正な取引方法

通経路を確保することで，売り上げおよび利益の安定的な確保を図る効果を発揮する。しかし，寡占市場（市場構造がA・B・C社の寡占状態にある）において，再販売価格の維持は，ブランド間（A社のa商品，B社のb商品，C社のc商品）の価格競争を鈍化させあるいは消滅させることが容易になる危険性を有する。

　事業活動の自由は，近代市民法の所有権の絶対，契約自由の原則そして営業の自由を基礎とする。したがって，ある事業者が他の事業者から事業活動の核心に位置づけられる価格の決定権を奪うことによって，ブランド内競争もブランド間競争も成り立ち得ない市場環境になれば，そのことは近代市民法の原則が無視されることを意味し，私人の自律的独立性を奪うものとして好ましいこととはいえないであろう。[8] 旧一般指定では，再販売価格維持による拘束行為も価格以外の拘束条件付取引行為（旧一般指定8項）の一形態として処理されてきたが，なかでも再販売価格維持行為によって事業活動を拘束することは，より違法性が強く悪質と解されるので，原則違法とするため独立して規定されることになったといわれている。

　① **和光堂事件**：裁判所は，和光堂が正当な理由（公正な競争秩序維持の観点から「拘束条件が相手方の事業活動における自由な競争を阻害するおそれがないこと」）なく，育児用粉ミルクの卸売および小売価格を設定し，新生児ミルクのレーベンスNの販売価格を維持したと判断した事例である〔最判昭50・7・10判時781号21頁〕（図表9-7を参照）。

　② **明治商事事件**：裁判所は，明治商事が再販売価格維持を誓約した卸売業者および小売業者を登録制にし，指定価格を維持せず登録業者以外と取引した業者に対しては，リベートの支払額を削減することによって再販売価格を維持したと判断した事例である〔最判昭50・7・11判時781号32頁〕。

　③ **フランスベッド事件**：フランスベッドが専売制を利用して，再販売価格を指示した行為が，独禁法違反とされた事例である〔公取委勧告審決51・2・20審決集22巻127頁〕（図表9-6を参照）。

(5)　**優越的地位の濫用（独禁法2条9項5号）（前一般指定14項）**

　優越的地位の濫用とは，自己の取引上の地位が相手方に優越していることを

197

利用し，正常な商慣習に照らして不当に，独占禁止法2条9項5号イ-ハに掲げる行為をすることをいう。優越的地位が取引上の地位を不当に利用する力と定義されるならば，優越的地位は，「市場において，供給者側の連帯（限界費用）と買い手側の連帯（消費者の限界評価）とが十分に機能しない状態で，一方の側（三越事件では三越側）の力が不当に強く働き，取引選択の自由を（短期的には）取引の相手方が十分に行使し得ない状況にある場合」[9]といえるであろう。

(a) **優越的地位の濫用の行為類型**（独禁法2条9項5号）

① 取引に係る商品・サービス以外の商品・サービスの不当購入（独禁法2条9項5号イ）（前一般指定14項1号）

独禁法2条9項5号イは，相手方事業者が継続取引を望むに乗じて，優越的地位を有する事業者が，取引の対象となる本来の商品やサービス以外のそれらを購入させまたは提供させることを優越的地位の濫用として規定する。

② 経済上の利益の不当な提供（独禁法2条9項5号ロ）（前一般指定14項2号）

独占禁止法2条9項5号ロは，優越的地位を有する事業者が，取引の相手方に対して，売り場の設定改装費用およびイベント開催の諸費用を協賛金の名目で負担させ，市場調査や市場対策の名目で諸費用を求め，売り場店員および棚卸し担当者の派遣を強制するなど，経済的利益を提供させることを優越的地位の濫用として規定する。

③ 取引の相手方に不利益な条件の設定・変更・実施（独禁法2条9項5号ハ）（一般指定14項3・4号）

独占禁止法2条9項5号ハは，相手方事業者に不利な取引の条件および実施に関する規定についてであり，たとえば，納品後の値引き・返品の強要，代金の支払い遅延，商品の受領拒絶，銀行取引に際しての歩積み両建て預金の強制などが該当する。これらは，当事者選択の自由，内容決定の自由，契約方式決定の自由を事実上奪われた事業者と取引上の優越的地位を利用し得る立場にある事業者との間で行われる公正競争の原理とは隔絶した取引行為といえるであろう。

④ 取引の相手方の役員選任への不当干渉（独占禁止法2条9項6号ホ）
⇒(11)を参照。

第9章　不公正な取引方法

(b)　独禁法2条9項5号（前一般指定14項）に関する審決・判例

① **三越事件**：百貨店が優越的地位を利用して納入業者に一定額以上の商品の購入（独禁法2条9項5号イ）（前14項1号）・協賛金の提供（独禁法2条9項5号ロ）（前14項2号）を強要した事例である〔公取委同意審決昭57・6・17審決集29巻31頁〕。

② **ドン・キホーテに対する事件**：ドン・キホーテは，店舗の新規オープンに際して，納入業者に従業員の派遣・協賛金の提供（独禁法2条9項5号ロ）（前14項2号）を求め，応じない当該事業者との取引を拒絶した事例である〔公取委勧告審決平19・6・22審決集54巻182頁〕。

③ **全農段ボール事件**：全農は，組合員による段ボール箱購入ルートの変更を防止するため，優越的地位を濫用して指定メーカーに対策費（市況対策費）を提供するよう強要した事例（独禁法2条9項5号ロ）（前14項2号）である〔公取委勧告審決平2・2・20審決集36巻53頁〕（第2部第10章図表10-1を参照）。

④ **岐阜商工信用組合事件**：同信用組合による「拘束預金（歩積預金・両建預金）」を条件とした貸付は，金融機関の優越的地位を背景として，不当に不利益な条件を設定した取引（独禁法2条9項5号ハ）（前14項3号）に該当するとされた事例である〔最判昭52・6・20民集31巻4号449頁〕。

【歩積両建預金】
　「歩積預金」とは，金融機関が手形を割り引いた際に，割り引いた金額の一部を預金させるものをいう。「両建預金」とは，金融機関が貸付をする際に，貸付金額の一部を預金させるものをいう。これらの預金は，預金者が自由に引き出すことのできない拘束された性格を有する預金である点に共通性がある。

⑤ **セブン・イレブン・ジャパンに対する排除措置命令**：セブン・イレブン・ジャパンは，フランチャイズ・チェーン加盟店（FCという）に対して，特定商標等を使用する権利を貸与するとともにコンビニエンスストア経営について，統一的方法で統制・指導および援助を行って，これらの対価としてロイヤルティーを収受している。また同社は，廃棄された商品の減価相当額の全額がFC負担になる仕組みを実施している。このようにFCに対して優越的地位を有す

図表9-2　独禁法2条9項6号イ-ヘと公取委一般指定の対応図

No.	独禁法条文	公正取引委員会一般指定
(7)	2条9項6号イ（不当差別取扱）	1項共同取引拒絶　2項単独取引拒絶　3項差別的対価　4項取引条件等の差別取扱　5項事業者団体における差別取扱等
(8)	2条9項6号ロ（不当対価取扱）	6項その他の不当低価販売　7項不当高価購入
(9)	2条9項6号ハ（不当取引誘引と強制）	8項欺瞞的顧客の誘引　9項不当な利益による顧客の誘引　10項抱き合わせ販売
(10)	2条9項6号ニ（事業活動の不当拘束）	11項排他的条件付取引　12項拘束条件付取引
(11)	2条9項6号ホ（取引上地位不当利用）	13項相手方役員選任への不当干渉
(12)	2条9項6号ヘ（競争者に対する妨害）	14項競争者に対する取引妨害　15項競争会社に対する内部干渉

るセブン・イレブン本部は，相談員や地域マネジャーを通じて，同社の推奨品のうちデイリー商品について，販売期限切れが迫っている商品を見切り品として値引きして販売（見切り販売）するあるいは行おうとするFCに対して，基本契約の解除等の不利益な取扱を告知させ見切り販売をやめるようさせていたこと（独禁法2条9項5号ハ）（前一般指定14項4号）が，優越的地位の濫用にあたるとされた事例である〔公取委排除措置命令平21・6・22（措）第8号，公正取引委員会ホームページより〕。

(6) 独占禁止法2条9項6号の不公正な取引方法

独占禁止法2条9項6号によって規定されている不公正な取引方法の類型は，不当な差別的取扱（6号イ），不当な対価的取扱（6号ロ），不当な取引誘引と強制（6号ハ），相手方の事業活動の不当な拘束（6号ニ），自己の取引上の地位の不当利用（6号ホ）そして競争者に対する妨害（6号ヘ）であり，公取委告示の一般指定によって細分化されて要件が明らかにされている。

(7) 不当な差別的取扱（独禁法2条9項6号イ）

(a) 取引拒絶（独禁法2条9項6号イ・一般指定1・2項）

独占禁止法2条9項6号イの不当な差別的取扱の一類型として，取引拒絶を

あげることができる。これには，2条9項1号で規定された以外の共同取引拒絶と単独取引拒絶とがある。

① 供給を受ける側が共同して取引拒絶する場合（一般指定1項1・2号）（前一般指定1項1・2号）

事業者から商品やサービスの供給を受ける側がそれらの供給の受入れを拒絶し，または供給を受けるそれらの数量や内容を制限すること――直接的共同取引拒絶（一般指定1項1・2号）――，これらの行為を他の事業者にさせること――間接的共同取引拒絶（一般指定1項1・2号）――について，共同の取引拒絶が成立する。

② その他（単独）の取引拒絶（一般指定2項）（前一般指定2項）

単独の取引拒絶には，2つの形態がある。まず，ある事業者が他の事業者との取引を拒絶（直接的取引拒絶）する場合，つぎに，ある事業者が他の事業者にその他の事業者との取引拒絶に該当する行為（間接的取引拒絶）をさせる場合がある。

(i) **全農段ボール事件**：全農は，段ボール原材料供給業者に対して，指定ルートによる段ボールの供給および低価格販売禁止に反する段ボール製造販売業者に対する原材料の供給を拒絶させた（単独の間接的取引拒絶）事例である〔公取委勧告審決平2・2・20審決集36巻53頁〕（第2部第10章図表10-1を参照）。

第10章の判例・審決の研究では，全農段ボール事件をとり上げて，論点を分析検討する。

(ii) **松下電器産業事件**：家庭用電気製品の販売価格の維持を図るために，松下電器産業は，販売会社と一体となって，継続的な取引契約を締結している代理店および小売業者に対して，廉売を行う松下電器産業との未取引業者への同社の家電製品を販売しないようにさせていた（単独の間接的取引拒絶）事例である〔公取委勧告審決平13・7・27審決集48巻187頁〕（図表9-4を参照）。

【松下電器産業事件の概要】
　松下電器産業（以下では松下電器という）は，家庭用電気製品を製造し，出資子会社の松下電器販売㈱（以下では松下販売という）と販売拡大方針の下に一体化し，同販売会社に一般小売店および代理店に対する家電製品の販売を行わせて

いた。ところが，松下製家電製品が松下販売との家電製品継続的供給取引契約未取引店で廉売されていると小売業者から苦情を受けて，松下電器と松下販売は，流通経路の調査を開始するとともに，価格の維持を図るため，「家庭用電気製品の取引に関し，販売会社と一体となって，継続的な取引契約を締結している代理店および小売業者に対し，廉売を行う（未取引先）小売業者に家庭用電気製品を販売しないようにさせていた」（図表9-4を参照）。

(b) **差別的取扱**（独禁法2条9項6号イ）
① その他の差別的対価（一般指定3項）（前一般指定3項）

独禁法2条9項6号イ・一般指定3項は，地域間・相手方に対する不当な差別的対価で商品やサービスを供給すること，および供給を受けける側が差別的対価によって供給を受けることを，不公正な取引方法として規定する。

② 事業者によって行われる取引条件等の差別的取扱（一般指定4項）（前一般指定4項）

価格差別以外の取引条件についての差別的取扱が公正競争阻害性を有すると認められるとき，独占禁止法違反とされる。これには，事業者によって行われる場合と，事業者団体によって行われる場合がある。

(i) 取引条件

取引条件としては，代金支払いの条件，原材料・製品そしてサービス引渡しの条件，品質や割戻金等に関する諸条件（リベート，報奨金など）をあげることができよう。割戻金などは，一定の販売目標に対する達成度や協力に応じて払い戻される金額であり，実質的には，値引きに該当する。

大正製薬事件：大正製薬は，同社チェーンに加盟することや競争品の販売を理由として，専売店に支払うリベートに差を設けて，差別的取扱を行った事例である〔公取委勧告審決昭30・12・10審決集7巻99頁〕。

(ii) 差別的取引実施

取引の実施とは，取引を実際に行うこと，法的には契約の履行をいう。実際の契約の履行が，当事者ごとに著しく異なる場合をいう。

③ 事業者団体によって行われる差別的取扱（一般指定5項）（前一般指定5項）

事業者団体もしくは共同行為からある事業者を不当に排除するか，事業者団体の内部もしくは共同行為においてある事業者を不当に差別的に取扱うことを禁止する規定である。

浜中村主畜農業協同組合事件：浜中村主畜農業協同組合は，北海道バター㈱以外の集乳業者に牛乳を出荷した組合員に対して，組合所属の共同施設の利用を制限する等によって，組合員の間を差別的に取扱った事例である〔公取委勧告審決昭32・3・7審決集8巻54頁〕。

(8) 不当な対価的取扱（独禁法2条9項6号ロ）

(a) その他の不当低価格販売（一般指定6項）（前一般指定6項）

独禁法2条9項6号ロ・一般指定6項は，原価を僅かに下回る低価格販売や，一時的なあるいは単品についての低価格販売であっても，公正競争を阻害する場合には，不公正な取引方法に該当すると規定した。

中部読売新聞社緊急停止命令事件：高裁は，「ある事業者が一の業種による利益を投入して他の業種につき圧倒的な廉価で商品を供給するなどにより，当該市場において競争上優位に立とうとする場合，当該事業者としては，その全体の収支では損失はないとしても，この対抗を受ける他の競争事業者の被る損害は甚大である……から，これを不当対価として捉える」と判示した〔東京高決昭50・4・30判時776号30頁〕。

(b) 不当高価購入（一般指定7項）（前一般指定7項）

審決判例なし

(9) 不当な取引誘引と強制（独禁法2条9項6号ハ）

独禁法2条9項6号ハは，顧客の不当な誘引・不当な取引強制の禁止を規定しており，これに基づいて，一般指定8項で欺瞞的顧客の誘引，9項で不当な利益による顧客の誘引そして10項で抱き合わせ販売が規定されている。さらに，この一般指定の8項・9項を根拠として制定された法律が，「不当景品類及び不当表示防止法」[10]である。

(a) **欺瞞的顧客の誘引**（一般指定 8 項）（前一般指定 8 項）

　商品やサービスの大量生産・消費を前提とした自由経済取引（規模の経済）においては，消費者自身は，自らの資質をもって，商品サービスの選択をしなければならない。21世紀の科学技術の発展によって商品やサービスの内容は，飛躍的に高度化されてきている。しかしながら，情報化社会の今日においても，事業者と一般消費者との間に存在する顕著な情報の非対称性は，解消されていない。かような状況において，「実際のもの」よりも著しく有利であると顧客に誤認させ，「競争者の顧客を自己と取引するように不当に誘引すること」は，消費者が当該商品やサービスに対して行使すべき当事者選択・契約内容および契約方式決定の自由にとって，大きな障害となる。そこで，消費者だけでなく，供給者の売手事業者に対して，商品内容の正確な表示を義務づけることによって，市場取引における契約当事者間の対等性を維持しようとするのが，今日の独禁法政策の主要な目的のうちの1つである。つぎの事件は，マルチ商法による事業活動の事件である。

　ホリデイマジック社事件：ホリデイマジック社は，報奨金制度を利用して，ピラミッド式に会員を増加させ，それによって化粧品の拡販を図ろうとした。このマルチ商法による事業活動が，欺瞞的顧客の誘引に該当するとされた事例である〔公取委勧告審決昭50・6・13審決集22巻11頁〕。

(b) **不当な利益による顧客の誘引**（一般指定 9 項）（前一般指定 9 項）

　不当な利益による顧客の誘引とは，公正な競争を阻害することになるにもかかわらず，「正常な商慣習に照らして不当な利益をもって，競争者の顧客を自己と取引するよう誘引する」ことをいう。[11)]

　野村證券事件：野村證券㈱は，顧客との取引関係を維持拡大するため，取引上で重要な一部の顧客に対して，有価証券の売買について生じた損失の全部若しくは一部を補塡し，又は一部の顧客に財産上の利益を提供することによって，不当に競争者の顧客を誘引した事例である〔公取委勧告審決平3・12・2審決集38巻134頁〕。

(c) **抱き合わせ販売**（一般指定10項）（前一般指定10項）

　抱き合わせ販売とは，本来ならば単独で販売することが可能なB商品をA

商品に付属させて，A商品（サービス含む）の購入を希望する需要者（一般消費者の場合が多い）は，自己のB商品（サービス含む）購入不要の意思にかかわりなく，B商品も購入せざるを得ない取引形態をいう。

① **東芝エレベータテクノクス事件**：東芝エレベーターは，エレベーターの安全性を理由として，エレベーター部品の購入と保守点検サービスをセットにして抱き合わせ販売した事例である〔大阪高裁判平5・7・30判時1479号21頁〕（図表9-8甲事件を参照）。

② **マイクロソフト事件**：マイクロソフトが，ワープロソフトのワードに表計算ソフト・エクセルおよびスケジュール管理ソフトそしてアウトルックをセットにして一括抱き合わせて販売した事例である〔公取委勧告審決平10・12・14審決集45巻153頁〕（図表9-5を参照）。

⑽ 相手方の事業活動の不当な拘束（独禁法2条9項6号二）

独占禁止法2条9項6号の「相手方の事業活動の不当な拘束」の内容は，一般指定の11項では排他条件付取引，12項では拘束条件付取引の2類型として規定されている。相手方の事業活動を不当に拘束する方法は，一方事業者（A）が取引の相手方（B）の事業活動を不当に拘束することによって公正競争阻害性の問題を生ぜしめる。さらに，それは，自動車メーカーと部品メーカーの関係にみられる生産の系列化や医薬品などのブランドメーカーに代表される卸売・小売・消費者までの流通経路を系列化する。これによって，事業者は，自己の商品の生産や流通のルートを確保し維持する。さらに市場競争において，より有利な生産体制や販売体制を確立し強化するために，子会社化・孫会社化，下請け体制を構築し取引会社を組織化して整備することを生産系列化といい，販売業者を組織化し販売網を整備することを流通系列化という。系列化は，より強化された継続的な生産体制や販売体制を構築することをいうので，事業活動の拘束は，市場経済の固定化すなわち市場経済における競争均衡の機会を減殺させるおそれを有する。これら2つの拘束類型は，単独で利用されることは少なく，流通の系列化を図るために，むしろ複合的に利用されることが多い。ここでは，主に，流通系列化に焦点を合わせて，事業活動の不当な拘束を検討する

ことにする。

(a) 排他条件付取引（一般指定11項）（前一般指定11項）

排他条件付取引には，排他的供給取引，排他的受入れ取引，相互排他的取引の3つの取引契約の類型がある。

① 排他的供給取引

排他的供給取引とは，生産者（メーカー）が，買い手（販売事業者）に対して，自己の競争事業者（他社メーカー）が生産する商品を取り扱わないことを条件として，自己の商品を供給することを内容とする契約をいう。このように，他社メーカーの商品を取り扱わない義務を課せられて供給契約を締結する場合は，専売店制といい，販売事業者は，専売店とか排他的特約店と呼ばれる。

独占生産者であるメーカーは，専売店制を導入して排他的供給取引契約を販売事業者と締結する場合には，市場の支配（独占）を容易になし得る環境が整う。かような状態がもたらされた場合，あるいはそのおそれがある場合には，排他的供給契約は，私的独占に，あるいは不公正な取引方法違反が問題となる。ところが，メーカー間において，潜在的競争関係を含み競争（ブランド間競争）が存在し，あるいは専売業者間においても競争（ブランド内競争）が十分に機能している場合には，各々に需要の交差価格の弾力性が働くので，公正競争阻害性は，認定されない。したがって，不公正な取引方法も問題にならないが，審決・判例で確認するように，拘束取引は，複合的に利用されることが多いので，他の拘束取引との組み合わせで検討する必要がある。

② 排他的受入れ取引

排他的受入れ取引とは，買い手の受入れ側が，売り手（生産者とか輸入業者など）に，競争事業者である自己以外の買い手に商品を納入しないことを条件として，取引を行うことを内容とする契約をいう。かような契約を締結することによって，買い手は，当該商品を独占的に取り扱う権利を取得する（一手販売権という）し，売り手は，この一手販売権を買い手に付与することになる。但し，「供給する者もこれを受ける者も同種類同程度の業者が多数存在する場合には，たとえかかる取り決めをしたとしても，それは両者の協力関係を緊密にする効果があるのみで……その取引分野における競争関係に幾分の影響はある

にしても，実際上問題とするに足りないことが多いであろう」と判断される。[12]

販売業者（A）が売手（B）の特定商品の国内市場全域にわたる一手販売権者になる契約を，総代理店契約という。また，海外事業者（C）の商品についての一手販売契約を，輸入総代理店契約という。輸入総代理店契約の対象を有名ブランド商品（例えば，バッグ，衣類，アクセサリーなど）とする場合には，当該輸入品の市場は，輸入総代理店（D）による独占の傾向が強くなる。したがって，商品が独占的高価格で販売されることにより，輸入総代理店業者（D）は，独占的高利潤を得る。そうすると，この高利潤の獲得をねらって，他の輸入事業者（E）が別のルートを介して海外事業者（C）の商品を並行輸入することが行われ，海外の事業者と輸入業者，輸入業者相互の間で契約を巡って問題となることが多い。

③　相互排他的取引

相互排他的取引とは，売り手と買い手が相互に相手方の競争事業者と取引しないことを義務づけて，取引を行うことを内容とする契約をいう。この契約も，同種類同程度の業者が多数存在する場合には，その取引分野における競争関係を問題とするには至らないであろう。[13]

④　排他条件付取引の審決・判例

（i）**フランスベッド事件**：フランスベッドが，専売制によって他社製品の取扱の排除（11項）と再販売価格の維持（独禁法2条9項4号イ）を行ったと判断をされた事例である〔公取委勧告審決昭51・2・20審決集22巻127頁〕（図表9-6を参照）。

（ii）**東洋精米機事件**：東洋精米機製作所が，特約店に，他社製品を取扱わないこと（11項），特約店以外へ製品を販売しないこと（12項），約束手形を東洋精米機に預けることを条件に取引を行ったと判断された事例である〔東京高裁判昭59・2・17判時1106号47頁〕。

(b)　拘束条件付取引（一般指定**12項**）（前一般指定13項）

拘束条件付取引は，排他条件付取引と再販売価格の拘束に該当する行為を除いたその他のすべての拘束行為をカバーするために設けられた規定である。拘束条件付取引（図表9-3参照）とは，①自己（A）の取引の相手方（B）と，（B）

図表 9-3　拘束条件付取引の図解

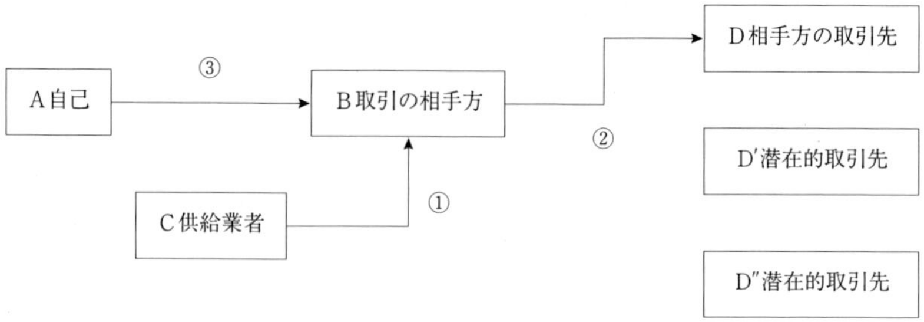

```
                    ③
  ┌──────┐ ───────────→ ┌──────────┐ ──────→ ┌──────────────┐
  │ A自己 │              │B取引の相手方│         │ D相手方の取引先│
  └──────┘              └──────────┘         └──────────────┘
                              ↑        ②
                              │              ┌──────────────┐
                        ┌──────────┐         │ D'潜在的取引先│
                        │ C供給業者 │  ①     └──────────────┘
                        └──────────┘
                                              ┌──────────────┐
                                              │ D"潜在的取引先│
                                              └──────────────┘
```

に商品やサービスを供給する者（C）との間の取引を拘束（取引取りやめ，数量制限など）する場合，②自己（A）の取引の相手方（B）と，（B）から商品やサービスの供給を受ける者（D）との間の取引を拘束する場合（一店一帳合制取引），③自己（A）の取引の相手方（B）の事業活動を拘束する条件（知的財産権のライセンス契約締結の際に伴う拘束，販売方法の拘束など）を付して取引する場合をいう。これらの間で行われる形態としては，取引の相手方を拘束，取引の地域に関する拘束，その他の事業活動の拘束がある。

① 取引の相手方を拘束

取引の相手方を拘束する内容には，特定の事業者に限定して取引をするよう要求する拘束と，特定の事業者とは取引しないことを要求する拘束とがある。事業者は，これらの内容を実行しつつ，排他条件付取引，再販売価格維持その他の不公正な取引方法を同時複合的に実行することにより，生産や流通過程を系列化し，その系列化は極めて強固な系列化支配へと発展する。

(i) **雪印・農林中金事件**：第一，農林中央金庫Cは，雪印㈱と北海道バター㈱Aと取引せずに他の競争事業者と集乳取引する農協や農家Bに対して，融資の拒絶を行った（図表9-3の①に該当）。第二，雪印と北海道バターは，乳牛を購入して生産量を増加させその生産乳の集乳を雪印と北海道バターに一手に集中させることを排他条件として，農林中金等の了解の下に農協や農家に融資を斡旋し，これに基づいて農林中金は農協や農家に対して融資を行った。これが繰り返されると，雪印・北海道バター以外の集乳業者は，事業の継続が困難

となるおそれが生じると，公正取引委員会によって判断された〔公取委審判審決昭31・7・28審決集8巻12頁〕（第2部第5章図表5-2を参照）。

以上の事実から判断すると，本件は，私的独占事件である。ところで，私的独占を招いた各々の行為のうちの第一は，拘束条件付取引であり，第二は，排他条件付取引と解される。

(ii) **和光堂事件**：和光堂㈱Ａは，卸売業者Ｂおよび小売業者Ｄの登録制・予め高額な販売代金の払込制・感謝金の後払い制といった一店一帳合制（図表9-3の②に該当）を採用し小売業者と拘束条件付取引をしたと判断された事例である〔最裁判昭50・7・10判時781号21頁〕（図表9-7を参照）。

(iii) **埼玉銀行・丸佐生糸事件**：埼玉銀行Ａは，製糸工場Ｂに融資した資金の回収を確実にするため，輸出問屋丸佐生糸Ｄという子会社を設立し，融資の条件として生糸の輸出事業を丸佐生糸に一手に取り扱わせるとしたこと（図表9-3の③に該当）が，他の生糸輸出競争業者の事業活動を排除し私的独占に該当すると判断された事例である〔公取委同意審決昭25・7・13審決集2巻74頁〕（第2部第5章図表5-1を参照）。

② 取引地域に関する拘束（テリトリー制）

テリトリー制度とは，メーカーが，販売業者に対して取引地域を指定（地域割という）し事業活動を拘束する内容をもつ取引契約である。この制度が，総代理店契約を前提として活用され，競争制限や参入障壁をもたらすに至る場合には，独占禁止法上で問題となろう。しかし，寡占市場において，各々の生産業者が，販売業者にテリトリー制度を実施しているとしても，事業者（ブランド）間に競争が行われ，一般消費者において当事者選択の自由が確保されているのであれば，販売業者テリトリー制度は，独禁法上で問題とはならない。取引の地域割を実施するねらいは，むしろ，ブランド内競争を制限し抑止することにあり，他の不公正な取引方法（例えば再販売価格の拘束など）との複合的な実施を総合的に検討しなければならないであろう。

生産の系列化や流通系列化が生じているなかで，不公正な取引方法に該当し得る行為を独占禁止法に違反すると判断できるか否かは，実施された行為（ほとんどの事例は不公正な取引方法が複合的に実施されている）を，市場においてどの

ような影響を与える（競争制限あるいは公正競争阻害）かについて，総合的に判断する必要があろう。

日本医療食協会・日清医療食品事件：日清医療食品と日本医療食協会は，「昭和61年に締結した協定および登録方針に従って，医療用食品の登録制度，製造工場の認定制度および販売業者認定制度を実施することによって，医療用食品を製造または販売しようとする事業者の事業活動を排除するとともに，医療用食品の製造業者の販売先並びに医療用食品の販売業者の仕入れ先，販売先，販売価格，販売地域（図表9-3の②に該当）および販売活動（図表9-3の③に該当）を制限して，これらの事業者の事業活動を支配することにより，公共の利益に反して，日本の医療用食品の取引分野における競争を実質的に制限していた（私的独占に該当する）と判断された事例である〔公取委勧告審決平8・5・8審決集43巻209頁〕（第2部第5章図表5-4を参照）。

③　その他の相手方の事業活動の拘束

諸外国から日本独自の商慣習が日本市場の閉鎖性をもたらしているとの指摘を受けて，継続的取引関係にある当事者相互間の事業活動の拘束を伴った取引契約は，参入障壁となり得るとの理由から一般指定12項（前一般指定13項）の「その他相手方の事業活動の拘束」として規定された。

資生堂化粧品・花王化粧品事件：化粧品製造販売両社は，化粧品販売小売店に対して，対面販売等の拘束条件を課し，これに反した販売方法を行った小売店との取引を（債務不履行を理由として）拒絶した事例である〔最判平10・12・18判時1664号3頁・14頁〕（第2部第4章3(4)(c)④公共の利益を参照）。

④　知的財産権のライセンス契約締結の際に伴う拘束

特許権や著作権の保有者は，一定期間内にこれら権利を独占的に使用することが許される。ところが，保有者は，これらの権利を他の者に利用させることも可能である。特許法では，専用実施権（特許法77条）とか通常実施権（特許法78条）といい，著作権法では，利用許諾権（著作権法63条）として規定されている（以下では「ライセンス許諾権」と総称する）。ところが，保有者は，知的財産権をライセンス許諾する際に，当該知的財産権に関する研究開発を禁止し，あるいは研究開発の結果を保有者に報告させ，開発者自ら利用しないことを条件

に，ライセンスを締結する場合がある。これらの行為は，相手方の事業活動を拘束する形態に属し，独占禁止法一般指定12項（前一般指定13項）の拘束条件付取引に該当する場合がある。

⑾　取引上の地位の不当利用——取引の相手方の役員選任への不当干渉——（独禁法2条9項6号ホ・一般指定13項）（前一般指定14項5号）

独占禁止法2条9項6号ホ・一般指定13項は，優越的な地位を有する事業者が，相手方事業者の役員選任について，不当に干渉することを不公正な取引方法として規定する。

日本興業銀行事件：日本興業銀行は，1953（昭和28）年6月に資金繰りが逼迫した日本冶金工業に，手形決済金を融資した。その後同銀行はじめ他の都市銀行も，経済界に対する影響を懸念して，日本冶金に運転資金を融資することに決定した。これらの融資銀行団を代表して日本興業銀行は，日本冶金工業の役員の退任・降格および銀行が指名した役員の選任を同社に承諾させたことが，取引先役員選任への不当干渉と判断された事例である〔公取委勧告審決昭和28・11・6審決集5巻61頁〕。

⑿　競争者に対する妨害（独禁法2条9項6号ヘ）

独占禁止法2条9項6号ヘは，自己の競争事業者とその取引の相手方との間の取引を不当に妨害する行為と競争会社の意思決定に干渉する行為を不公正な取引方法として規定している。競争事業者の取引を妨害する行為や会社意思決定に対する内部干渉は，事業者に保障される事業活動の自由を奪い，また独禁法が目標とする公正かつ自由な競争の促進の観点から許されるべきではないであろう。

(a)　競争者に対する取引妨害（一般指定14項）（前一般指定15項）

①　**東芝エレベータテクノクス事件——競争他社のエレベーター修理点検取引を妨害**——：東芝エレベータは，エレベーターの安全性確保を理由として，独立業者からのエレベーター部品の購入については納期を3カ月先に指定した。これによって，独立系事業者は，修理を行えず顧客から定期修理契約を解約さ

れて取引先を失ったと判断された事例である〔大阪高裁判平5・7・30判時1479号21頁〕（図表9-8乙事件を参照）。

② **ラジオメータートレーディング社事件**：取引先販売業者に対して，別の輸入業者が並行輸入する血液ガス分析装置の試薬を取り扱わないように要請し，応じない場合には，試薬の供給を停止し，装置の保守管理を中止することによって対応する旨を文書で通知したラジオ社の行為は，自己と国内において競争関係にある試薬の並行輸入販売業者とその取引の相手方との取引を妨害すると判断された事例である〔公取委勧告審決平5・9・28審決集40巻123頁〕。

(b) **競争会社に対する内部干渉**（一般指定15項）（前一般指定16項）

審決判例なし。

1） 船田正之「60公正競争阻害性—安全性と公正競争阻害性」独禁法審決・判例百選，別冊ジュリスト No. 161（有斐閣，2002年）122頁。同論文では，公正競争阻害性と安全性との関係についてまとめられているので，参照してほしい。
2） 公正取引委員会が指定する行為には，特定の業種あるいは事業にのみ適用される「特殊指定」と独禁法2条9項6号をさらに具体化した業種に区別なく適用される公取委告示「一般指定（通称）」とがある。本章では，平成21年公取委告示の新一般指定を「一般指定」と表記し，昭和57年公取委告示15号を「前一般指定」とし，昭和28年公取委告示11号を「旧一般指定」と記述する。
3） 第2部第4章3(3)(a)一定の取引分野を参照。
4） 第2部第4章3(3)(b)競争の実質的制限を参照。
5） 公正取引委員会の「共同ボイコット」ガイドラインは，共同ボイコットによって，市場（一定の取引分野）における競争が実質的に制限されると認められる場合をあげている。第1，価格・品質面で優れた商品を製造し，又は販売する事業者が，市場に参入することが著しく困難となる場合又は市場から排除されることとなる場合。第2，革新的な販売方法をとる事業者や総合的事業能力が大きい事業者などが，市場に参入することが著しく困難となる場合又は排除されることとなる場合。第3，事業者は，競争の活発に行われていない市場に参入することが著しく困難となる場合。第4，新規参入しようとするどの事業者に対しても行われる共同ボイコットであって，新規参入しようとする事業者が，市場に参入することが著しく困難となる場合である。
6）「対価」とは，買い手が売手の商品やサービスに対して実際に支払う価格をいう。値引きや割戻販売などが行われている場合の対価は，値引き額や割戻額を差し引いた後の正味の価格をいう。

7) 公取委同意審決昭52・11・24審決集24巻50頁。
8) 独禁法23条は，再販売価格決定・維持行為を独禁法適用の対象から除外する場合を規定する。特殊な事業分野とか経済事情の下では，自由競争原理を貫くことが一般消費者に弊害を生ぜしめ，ひいては国民経済の民主的な発展をもたらさない場合もあり得る。例えば，完全情報の促進を図るため新聞購読料の再販売価格が許されているのは，後者の例である。しかし，十分な理由なく独禁法の適用除外を安易に認めることは，再販売価格維持行為を様々な分野で導入しやすいものとし，独禁法政策の後退を意味することになりかねないものとなろう。この適用除外制度の詳細な説明は，紙面の関係上，本書では，省略することにしたい。
9) 丹宗暁信『経済法』(放送大学教育振興会，1996年) 180頁。
10) 公正取引委員会が，8項の欺瞞的顧客の誘引と9項の不当な利益による顧客の誘引を認定するためには，違反行為と公正競争阻害性を立証する必要がある。この手続の完了には，長い時間を要する。「不当な景品類及び不当表示法」は，「不当な景品類及び不当表示による顧客の誘引を禁止し……公正な競争を確保し，もって」簡易迅速に一般消費者の被害を最小限にとどめ「一般消費者の利益を保護する」趣旨で制定された。
11) 不当な利益による顧客の誘引として問題となる場合とは，取引の価格や品質といった固有の条件ではなく，射幸心をあおり過剰な経済的利益の提示をもって顧客を誘引し獲得しようとする行為である。これらの性格を有する取引形態は，景品付き販売や懸賞付き販売といわれる。
12) 公取委審決昭27・9・3審決集4巻30頁〔日本光学特約店契約・一手販売契約事件〕。本件は，特約店（拘束条件付）契約も一手販売契約も，独禁法違反には該当しないとされた事例である。
13) 公取委審決昭27・9・3，前掲注12），日本光学特約店契約・一手販売契約事件は，この相互排他的取引契約の事例である。

第2部 独占禁止法

※以下で掲載される図は，不公正な取引方法についての主な事件の事実の概要を図式化したものである。各人の学習に役立てていただきたい。

図表9-4 松下電器産業事件：単独取引拒絶
（平成13年(勧)第8号：独禁法2条9項6号イ・一般指定2項）

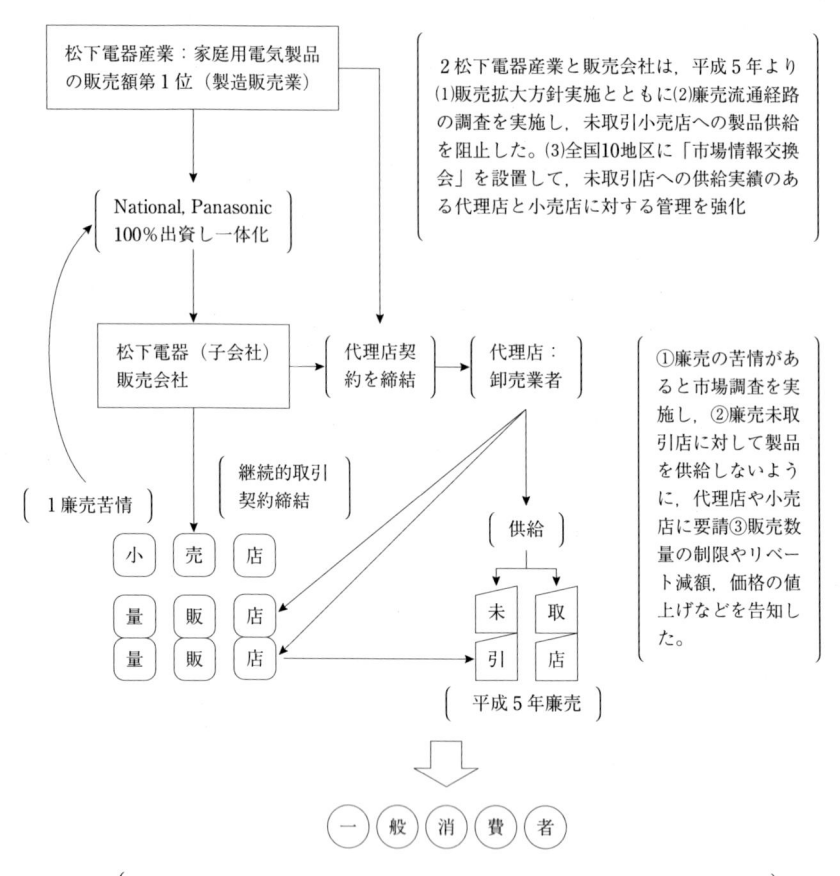

松下電器産業：家庭用電気製品の販売額第1位（製造販売業）

2 松下電器産業と販売会社は，平成5年より(1)販売拡大方針実施とともに(2)廉売流通経路の調査を実施し，未取引小売店への製品供給を阻止した。(3)全国10地区に「市場情報交換会」を設置して，未取引店への供給実績のある代理店と小売店に対する管理を強化

National, Panasonic 100％出資し一体化

松下電器（子会社）販売会社 → 代理店契約を締結 → 代理店：卸売業者

①廉売の苦情があると市場調査を実施し，②廉売未取引店に対して製品を供給しないように，代理店や小売店に要請③販売数量の制限やリベート減額，価格の値上げなどを告知した。

1 廉売苦情

継続的取引契約締結

小売店
量販店
量販店

供給

未取引店

平成5年廉売

→ 一般消費者

3 松下電器産業と販売会社は，小売価格の維持を図るため，代理店および小売店に対して，未取引店への製品の供給を拒絶させた（一般指定2項後段）。

第9章 不公正な取引方法

図表9-5 マイクロソフト事件：抱き合わせ販売
（平成10年(勧)第21号：独禁法2条9項6号ハ・一般指定10項）

```
┌─────────────────────────────────────────┐
│ アメリカ合衆国のワシントン州所在マイクロソフトコーポレーション │
└─────────────────────────────────────────┘
                    │
                    ▼
              ( 全額出資 )
                    │
                    ▼
```

┌───┐
│ マイクロソフト㈱：パソコン用ソフトウェアの開発およびライセンス供与に係る事業を展開 │
│ ※以下では，マイクロソフト社を，M社と表示し，また，他社も同様に表示する。 │
└───┘

┌───────────────────────────────┐ ┌─────────────────────────────┐
│ ①基本ソフトウェア等に係るライセンス │ │   パソコン製造販売業者   │
│ 契約の締結交渉を行っている。   │ │   │
│ ②エクセル（表計算ソフト），ワード │ │ ①M社は，平成7年に「エクセ │
│ （ワープロソフト），アウトルック（スケ │ │ ル」と「ワード」を併せてパソコ │
│ ジュール管理用ソフト）などの応用ソフ │ │ ン本体に搭載して出荷する権利を │
│ トの開発とライセンス締結業務を行って │ │ 許諾する「プレインストール」契 │
│ いる。   │ │ 約を富士通・日本電気と締結し， │
│ ③各ソフトウェアの市場占拠率は，以下 │ │ 平成8年以降，F社，NECと契約 │
│ のようになっていた。   │ │ を更新し，日本IBM，コンパック │
│ 　表計算ソフト→平成5年にエクセルが │ │ との間で同様の契約を締結した。 │
│ 第1位，ワープロソフト→平成6年に │ │ ②M社は，平成8年末にスケジュ │
│ 「一太郎」が第1位，スケジュール管理 │ │ ール管理ソフトの「アウトルッ │
│ ソフト→平成8年まで「オーガナイザ │ │ ク」を「エクセル」「ワード」と │
│ ー」が第1位となっていた。   │ │ 併せてパソコン本体に搭載同梱し │
│ ④平成4年以降，M社は，ワープロソフ │ │ て出荷するプレインストール契約 │
│ ト「ワード」の市場占拠率を高めること │ │ に更改し各社に受け入れさせた。 │
│ に力を注いでいた。   │ │   │
└───────────────────────────────┘ └─────────────────────────────┘

┌───┐
│ パソコン製造販売各社は，消費者選好に鑑み，エクセルのみ，あるいはエクセルとワードの │
│ 搭載のみを対象とする契約の締結をM社に申し入れたが，M社は，その申し入れを拒絶した。 │
└───┘

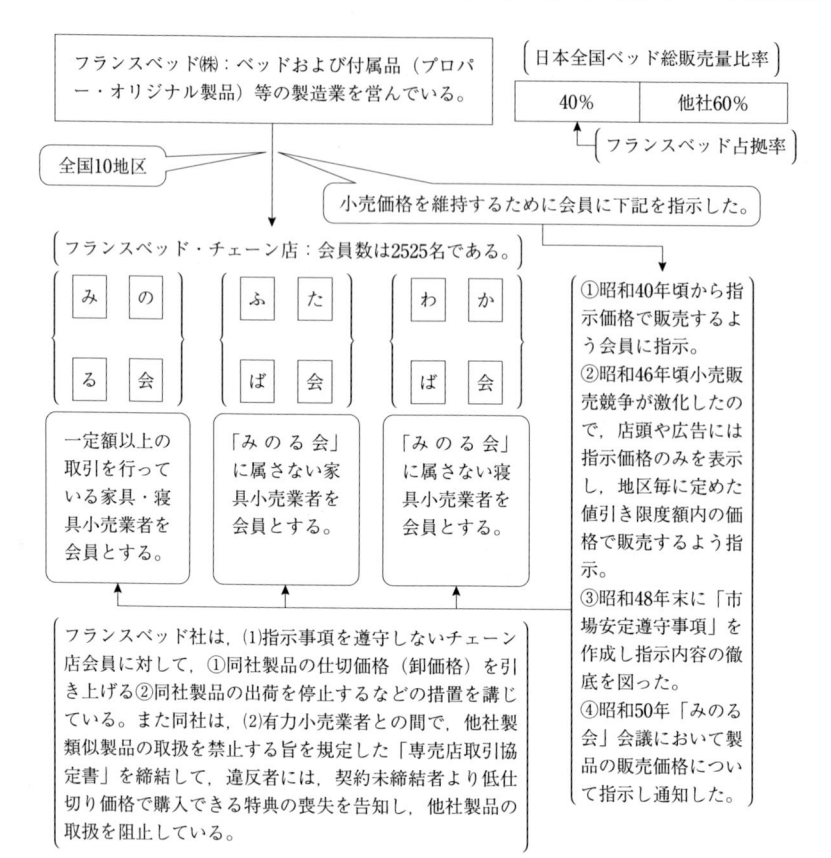

図表9‐6　フランスベッド事件：再販売価格維持行為・排他条件付取引

(昭和51年(勧)第2号：独禁法2条9項4号イ・一般指定11項，同法2条9項6号ニ・一般指定11項)

```
┌─────────────────────────────────────┐      ┌──────────────────────┐
│ フランスベッド㈱：ベッドおよび付属品（プロパ │      │ 日本全国ベッド総販売量比率 │
│ ー・オリジナル製品）等の製造業を営んでいる。 │      ├──────────┬──────────┤
└─────────────────────────────────────┘      │   40%    │  他社60%  │
                                              └──────────┴──────────┘
                                                    └─ フランスベッド占拠率
   全国10地区                小売価格を維持するために会員に下記を指示した。
```

フランスベッド・チェーン店：会員数は2525名である。

みのる会	ふたば会	わかば会
一定額以上の取引を行っている家具・寝具小売業者を会員とする。	「みのる会」に属さない家具小売業者を会員とする。	「みのる会」に属さない寝具小売業者を会員とする。

フランスベッド社は，(1)指示事項を遵守しないチェーン店会員に対して，①同社製品の仕切価格（卸価格）を引き上げる②同社製品の出荷を停止するなどの措置を講じている。また同社は，(2)有力小売業者との間で，他社製類似製品の取扱を禁止する旨を規定した「専売店取引協定書」を締結して，違反者には，契約未締結者より低仕切り価格で購入できる特典の喪失を告知し，他社製品の取扱を阻止している。

①昭和40年頃から指示価格で販売するよう会員に指示。
②昭和46年頃小売販売競争が激化したので，店頭や広告には指示価格のみを表示し，地区毎に定めた値引き限度額内の価格で販売するよう指示。
③昭和48年末に「市場安定遵守事項」を作成し指示内容の徹底を図った。
④昭和50年「みのる会」会議において製品の販売価格について指示し通知した。

第9章 不公正な取引方法

図表9-7 和光堂事件：再販売価格の拘束・拘束条件付取引
（独禁法2条9項4号イ・ロ，同法2条9項6号ニ・一般指定12項）

〔最高裁昭和46年（行ツ）第82号〕〔公取委昭和41年（判）第3号〕

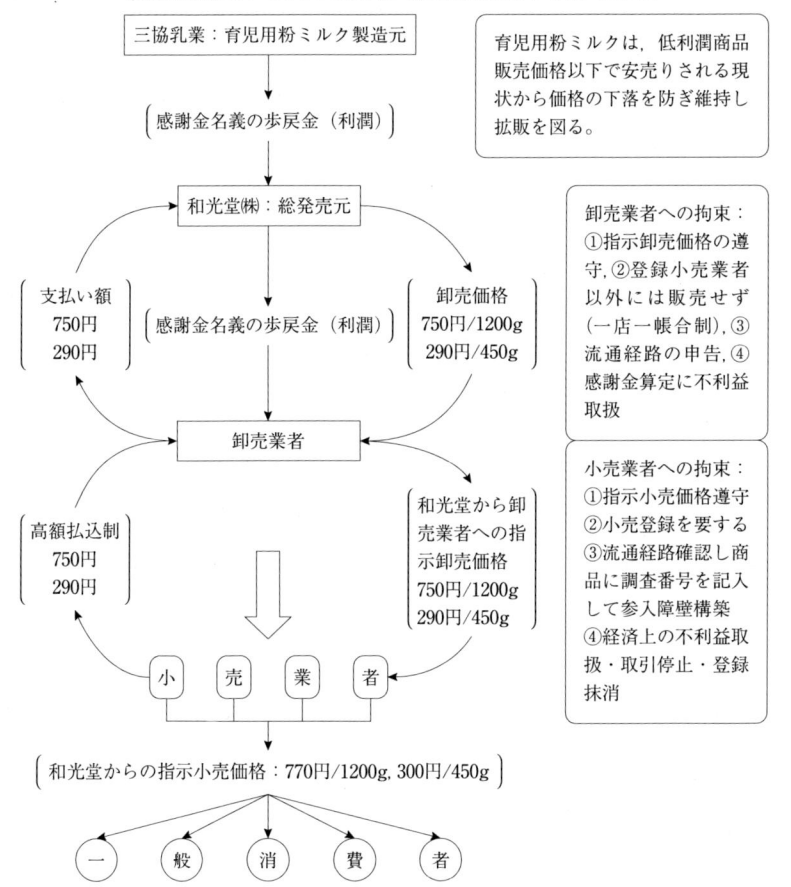

```
         三協乳業：育児用粉ミルク製造元
                    │
         ┌──────────┴──────────┐
         │ 感謝金名義の歩戻金（利潤）│
         └──────────┬──────────┘
                    │
              和光堂㈱：総発売元
                    │
    ┌───────────────┼───────────────┐
    │               │               │
┌───┴───┐ ┌─────┴─────┐ ┌───┴───┐
│支払い額│ │感謝金名義の │ │卸売価格│
│ 750円 │ │歩戻金（利潤）│ │750円/1200g│
│ 290円 │ └─────┬─────┘ │290円/450g│
└───────┘       │         └───────┘
                 卸売業者
                    │
    ┌───────────────┼───────────────┐
    │                               │
┌───┴───┐                   ┌───┴─────┐
│高額払込制│                   │和光堂から卸│
│ 750円 │                   │売業者への指│
│ 290円 │                   │示卸売価格 │
└───────┘                   │750円/1200g│
                             │290円/450g│
                             └─────────┘
                    ↓
              小　売　業　者
                    │
  〔和光堂からの指示小売価格：770円/1200g, 300円/450g〕
                    │
        ┌────┬────┼────┬────┐
        一    般    消    費    者
```

育児用粉ミルクは，低利潤商品販売価格以下で安売りされる現状から価格の下落を防ぎ維持し拡販を図る。

卸売業者への拘束：
①指示卸売価格の遵守，②登録小売業者以外には販売せず（一店一帳合制），③流通経路の申告，④感謝金算定に不利益取扱

小売業者への拘束：
①指示小売価格遵守
②小売登録を要する
③流通経路確認し商品に調査番号を記入して参入障壁構築
④経済上の不利益取扱・取引停止・登録抹消

217

第2部 独占禁止法

図表9-8 東芝エレベータテクノクス事件：抱き合わせ・取引妨害
（平成2年(ネ)第1660号：独禁法2条9項6号ハ・一般指定10項，同法2条9項6号ヘ・一般指定14項）

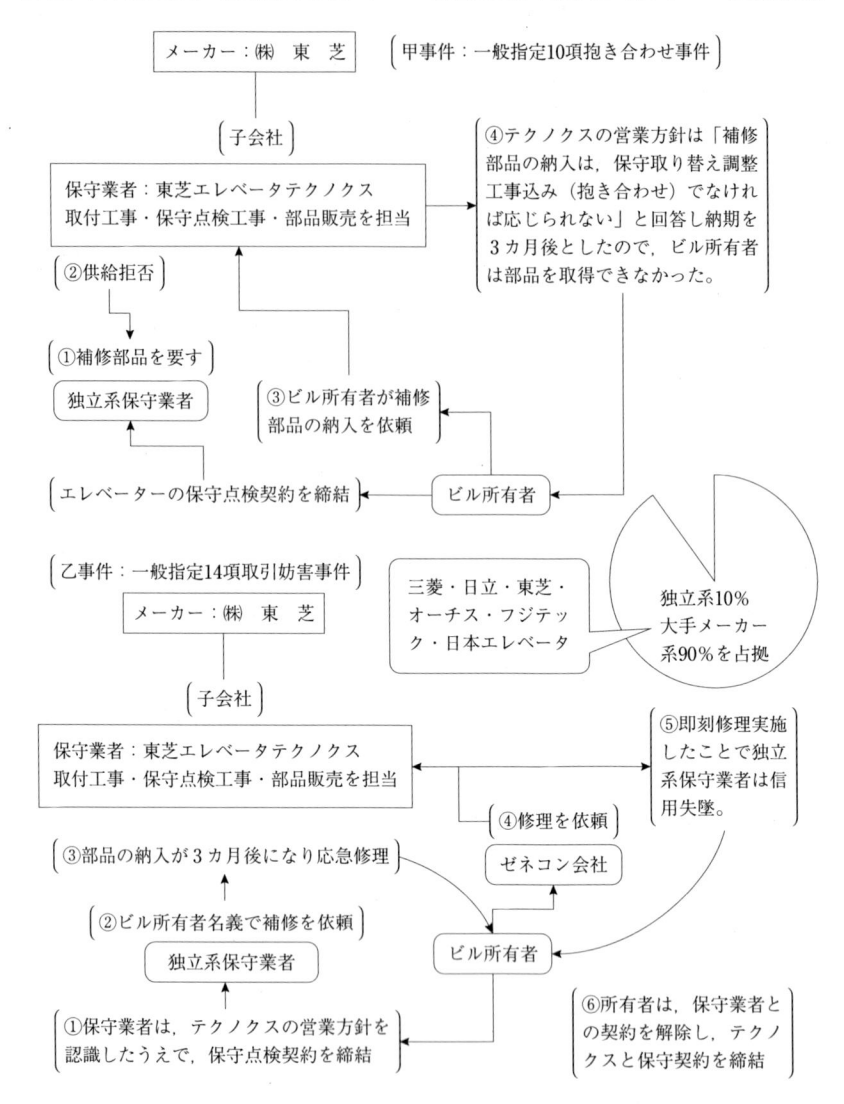

```
メーカー：㈱東芝          （甲事件：一般指定10項抱き合わせ事件）
   │
 (子会社)
   │
   ▼
保守業者：東芝エレベータテクノクス      ④テクノクスの営業方針は「補修
取付工事・保守点検工事・部品販売を担当    部品の納入は，保守取り替え調整
                                        工事込み（抱き合わせ）でなけれ
 (②供給拒否)                             ば応じられない」と回答し納期を
                                        3カ月後としたので，ビル所有者
                                        は部品を取得できなかった。

(①補修部品を要す)
独立系保守業者      (③ビル所有者が補修
                    部品の納入を依頼)

(エレベーターの保守点検契約を締結) ◀─── ビル所有者
```

```
(乙事件：一般指定14項取引妨害事件)
メーカー：㈱東芝              三菱・日立・東芝・     独立系10%
   │                         オーチス・フジテッ     大手メーカー
 (子会社)                     ク・日本エレベータ     系90%を占拠
   │
   ▼
保守業者：東芝エレベータテクノクス          ⑤即刻修理実施
取付工事・保守点検工事・部品販売を担当       したことで独立
                                            系保守業者は信
                          (④修理を依頼)    用失墜。
(③部品の納入が3カ月後になり応急修理)
                           ゼネコン会社
   (②ビル所有者名義で補修を依頼)
   独立系保守業者           ビル所有者

(①保守業者は，テクノクスの営業方針を    (⑥所有者は，保守業者と
認識したうえで，保守点検契約を締結)       の契約を解除し，テク
                                          ノクスと保守契約を締結)
```

第10章　不公正な取引方法に関する審決・判例の研究

1　研究課題

(1)　研究対象

　研究では，商品・サービス・技術の取引市場における一方事業者の相手方事業者に対する契約締結の拒否が，独占禁止法2条9項1号あるいは同法2条9項6号イによって規定され独占禁止法改正後の新しい一般指定および前一般指定（昭和57年公取委告示15号）1項・2項の取引拒絶に該当したことにより，勧告審決（独禁法19条・旧48条）および排除措置・審判審決（独禁法19条・20条・66条）の対象となった事例をとりあげる。

(2)　取引拒絶の定義

　ここで論じる取引拒絶とは，一方事業者が商品・サービス・技術について取引を申込んだ相手方事業者（潜在的競争者）に対して取引（新規参入）を拒否する場合を中心に，従来からそれらの継続的契約関係にあった相手方事業者（顕在的競争者）との取引を拒否（市場から排除）する場合を含むものとする。

(3)　取引拒絶の背後に存する問題──民法からの視点──

　近代市民法の三大原則の1つに，契約自由の原則がある。契約を締結しない自由は，契約自由の原則のうち相手方選択・締結の自由の具体化の一側面と解される。それゆえ，事業者は，ガス・水道・電気のような人の生命・生存に直接影響するため取引が強制される事業でない限り，取引先選好の自由の視点から特定の者との取引を拒否する自由を有する。しかし，契約を締結しない自由の背後には，契約の締結を求める者の自己決定と契約の締結を拒否する者の自

由意思とのいずれを尊重すべきかという根本的な問題がある。

2 研究目的

(1) 最近の民法学説

「近代市民社会において，市場における自己決定とその結果に対する責任は，ある意味では自明の前提であった」ゆえに，「……『意思』概念は，極めて狭い現実しか掬い取らず，動機をはじめとしてその背後にある多様な現実は基本的に捨象され（る）[1]」傾向にあったと考えられる。最近の学説の中には，契約の締結を求める自己決定と契約を締結しない自由意思のどちらを優先させるかについて，「契約自由の原則の背後にあると考え（られ）る価値を前面に出し，その存否を含めて論じるほうが明確になる[2]」のではないかと解するものがある。

(2) 研究のねらい

研究のねらいは，事業者による取引拒絶のいかなる場合に，契約を締結しない自由意思，あるいは契約の締結を求める自己決定のどちらを優先すべきかについて検討することにある。当該取引拒絶の態様（戦略的行動か略奪的行動か）およびその結果（当事者が獲得し得る価値あるいは失う価値）が公正競争を阻害（独禁法に違反）し排除措置を命令されるべきものか否か（独禁法20条）は，不公正な取引方法が含意する法の目的・保護法益，取引市場の環境等と対照しつつ経済的分析を行うことによって法的視点より判断されなければならない[3]。事業を有利に展開するための契約締結の拒否は，戦略的行動ではなく略奪的行動として，独占禁止法に違反する場合があり得る。

3 不公正な取引方法

(1) 不公正な取引方法が含意する法の目的と保護法益

(a) 独占禁止法の目的

独占禁止法は，事業者の創意工夫によって得られた財やサービスの革新利益

（生産・取引費用の削減）を，市場の失敗を予防しあるいは除去し公正且つ自由に機能する市場機構および私的財産・契約制度（経済活動の自由）を通じて，競争均衡市場において形成された価格によって最適配分を実現することで，一般消費者（利用者）に還元する取引市場環境を整えることを目的とする。そして，不公正な取引方法を禁止する目的は，「公正な競争を阻害するおそれ」（独禁法2条9項）のある行為を予防しあるいは除去することにある（「萌芽理論」）。

　(b)　「公正な競争」が実現し得る保護法益と取引市場環境

　競争に期待される機能は，社会的，政治的な圧力を分散させ，事業者と消費者，事業者あるいは消費者相互間の実質的に対等な取引関係の形成に寄与し，もって均等な取引機会や代替的な供給源をもつという経済民主主義を確保することにある。このことから「公正な競争」とは，(A)自由な競争の確保，(B)競争手段の公正さの確保，(C)自由競争基盤の確保によって実現される状態（市場環境）を意味する。

(2)　「公正競争の阻害」によって事業者が獲得し得る利益と失う利益

　公正競争が侵害されることを公正競争の阻害といい，その内容は，(a)競争の減殺，(b)競争手段の不公正，(c)競争基盤の侵害の3つとされる。一般指定の1項・2項の取引拒絶に付されている「正当な理由がないのに」「不当に」という文言の意味は，公正競争阻害性と同義と解されている。したがって，事業者間の背後に資源についての優劣格差が存在し，かつ略奪的取引拒絶が認められる場合には，取引拒絶を受けた事業者が失う価値とは，(B)と(C)の実現による利益（自由な事業活動の機会）であり，取引拒絶を行った事業者が得ようとした価値は，(b)と(c)という公正競争阻害性を有する（投入費用に応じた効果の放棄などを伴う）行為による利益ということができよう。

(3)　戦略的行動と略奪的行動

　戦略的行動と略奪的行動については，すでに第2部第6章の2で解説したので省略し，該当個所を参照して確認してほしい。

4　不公正な取引方法（取引拒絶）事件の検討

不公正な取引方法についての最近の事件において，資源に優位性をもつ事業者によって行われた取引拒絶が公正競争阻害性を有する（戦略的ではなく略奪的）行動として判断された事由および根拠を，取引市場で生じた多様な現実に経済的分析を試みることによって検討してみたい。

(1) 全国農業協同組合による段ボール原料の取引拒絶事件[4]
(a) 事件の概要と概要図

全国農業協同組合（以下では全農という）は，3654の地域組合員を有する全国規模の農業協同組合である。全農は，売買契約を締結した指定メーカーに青果物用段ボール箱（以下同段ボールという）を製造させ，指定ルート経由にて各地域の農業協同組合に同段ボール箱を供給し拡大に努め，資源についての優位性を背景に大きな利益をあげていた（全国で50％・東日本で60％を供給）。また，全農は，指定メーカーおよび指定メーカー以外が，指定地域およびルート以外の地域・ルートで直接に同段ボール箱の供給を開始しないよう対策を講じていた。㈱トキワパッケージ（以下ではトキワという）は，全農が埼玉県で指定するメーカーの東日本段ボール㈱ほかより同段ボール製造用シートを購入し同段ボール箱を製造して，独自のルートで地域農協に供給を開始しようと試みた。全農は，供給量の減少および価格の下落を恐れ，トキワ（同段ボール箱製造・販売市場の新規参入者であり販売市場において全農の潜在的競争者に該当）による同段ボール箱の製造・販売を阻止すべく，指定メーカーに対しシートの供給をトキワにしないよう要請した。各社は，同段ボール箱の取引に影響することを懸念し，全農の要請に応じてトキワに対するシートの供給を停止し，またはトキワとシートの供給取引を締結しなかった。この結果，トキワは，同段ボール箱製造・販売市場に新規参入することができず，新規事業より撤退せざるを得なかった。

(b) 事件の分析

全農は，東日本における青果物用段ボール箱事業における規模の経済性を背

第10章　不公正な取引方法に関する審決・判例の研究

図表10-1　全国農業協同組合連合会段ボール事件：取引拒絶・優越的地位の濫用
〔平成2年(勧)第1号：独禁法2条9項6号イ・一般指定2項・独禁法2条9項5号〕

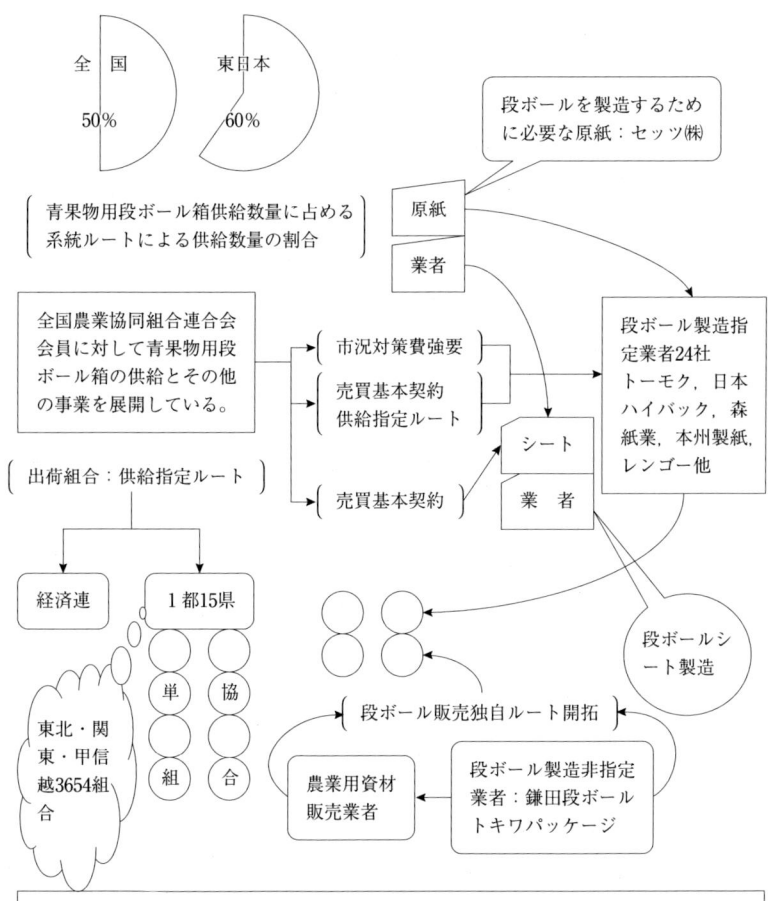

```
       全 国        東日本
       50%          60%

〔青果物用段ボール箱供給数量に占める
 系統ルートによる供給数量の割合〕

                                   段ボールを製造するため
                                   に必要な原紙：セッツ㈱

                         原紙
                         業者

全国農業協同組合連合会                            段ボール製造指
会員に対して青果物用段      市況対策費強要              定業者24社
ボール箱の供給とその他                            トーモク，日本
の事業を展開している。    売買基本契約              ハイパック，森
                        供給指定ルート             紙業，本州製紙，
                                   シート        レンゴー他
〔出荷組合：供給指定ルート〕  売買基本契約    業者

                                             段ボールシ
  経済連    1都15県                             ート製造
                                        
  東北・関   単  協      段ボール販売独自ルート開拓
  東・甲信   組  組
  越3654組   合  合    農業用資材    段ボール製造非指定
  合                  販売業者     業者：鎌田段ボール
                               トキワパッケージ
```

〔全農が青果物用段ボールの価格と供給量を維持拡大するためとった行為〕1 指定ルートによる供給数量の維持拡大をはかり，指定業者が，指定ルート以外のルートによる販売をしないようにする。2 指定業者は，納入価格および数量を全農に報告する。3 非指定業者の参入を妨害し阻止する。4 全農は，需要者が指定ルートから非指定ルートに変更することを防止する対策を行うために必要な資金を指定メーカーに提供させる。

景に資材入手先の指定および製品供給の指定ルート制を採用して，当該事業における優位性を有していた（ネットワーク効果）。このことは，当該事業において一定の参入障壁がすでに形成されていたと解すべきであろう。他方，トキワは，同段ボール箱製造・販売事業において全農の優位性をクリアし得る（供給の価格の弾力性あり）と判断して新規（全農の潜在的競争者として）参入を決定した。ところで，ある業界に新規参入が起これば，生産能力や経営資源が投入されることになり，当該製品の価格が低下するか，既存業者の取引量が減少しあるいはコストが上昇するかして，収益は低下するとされている[5]。収益を維持するためには，全農は，一定期間消費者余剰を害しない範囲内で同段ボール箱の価格を参入抑止価格まで値下げして生産・販売量を拡大するか，過剰生産能力を稼働してコストを引き上げ新規参入に対抗し得る。これらの行為が，戦略的行動の範囲として認められる限界とされる[6]。ところが，全農は指定メーカーに対して同段ボール製造用シートをトキワに供給しないよう要請し，これに応じた指定メーカーによってシートの取引契約を拒絶されたトキワは，代替仕入れ先を見出せず，その結果同段ボール箱の生産を開始できなかった（ボトルネック効果）。これによってトキワは，契約機会均等という自由競争基盤および公正な競争手段を略奪されることになろう。

(c) 審決の内容

公正取引委員会（以下では公取委という）は，全農が，「不当に，指定メーカーに，段ボール箱製造業者に対する青果物用段ボールシートの供給を拒絶させ……てい」た行為を，不公正な取引方法一般指定2項後段単独の間接的取引拒絶に該当し，独占禁止法19条に違反すると判断した。本件は，公取委が全農に対して，トキワとの段ボールシート取引の拒絶を各社に要請すること（間接的取引拒絶）の撤回を命令し，今後も同様な行為の不作為を命令した事件である。

(2) 下水道管渠施工業者らによるロックマン工法専用機械取引拒絶事件[7]

(a) 事件の概要

ロックマン工法（以下同工法という）は，当時，硬度土質の岩盤に下水道管渠敷設工事を施工する際に特に適した工法とされており，施工実績が増加傾向に

あった。開発者から特許許諾を得たメーカーが同工法で使用する専用機械を製造し，販売を担当する㈱ワキタ（以下ではワキタという）は，同工法採用予定施工業者に排他的に施工地域を保証する旨を説明し販売促進をはかり，その大部分を販売・貸与していた。同工法専用機械を購入した施工17業者は，ロックマン工法協会施工部会（以下では施工部会という）を設立し，徐々に同工法を施工する排他的既得権を主張するようになった。同工法による工事の受注競争が発生することを阻止するため，ワキタは施工部会に協力して同工法専用機械の販売・転売・貸与に関する規則と細則を作成し，施工部会に所属していない非会員に対して，①ワキタは，専用機械の販売・貸与取引を拒絶し，②施工部会の会員施工17業者は，共同して専用機械の転売・貸与取引を拒絶した。その結果，非会員施工業者は，同工法による下水道管渠敷設工事を受注施工できなかった。

(b) 事件の分析

ロックマン施工部会会員施工17業者は，下水道管渠敷設工事の受注・施工において顕在的な競争関係にある非会員業者より受注施工および技術設備の面で優位性を有していた。会員業者が相互に共同して，あるいは販売業者のワキタが単独で，たとえ一方のみが非会員業者に対して専用機械の販売・転売・貸与契約の締結を拒否したとしても，非会員業者は，他方に契約窓口を求め得るので略奪的取引拒絶とは言い得ない。しかし，本件の場合には，販売会社のワキタも，会員施工業者に同調して，非会員業者に対して専用機械の販売・貸与契約の締結を拒否したので，非会員業者は，契約の代替窓口を全く見出し得ず（機械技術代替性の不存在)，その結果，工事の受注契約・施工の機会均等を受け得なかった（ボトルネック効果)。

(c) 審決の内容

販売会社と施工業者とは，経済取引段階が異なる。それゆえ，公取委は，略奪的な，①ワキタによる取引拒絶を不公正な取引方法一般指定2項前段の単独の直接的取引拒絶，②施工部会所属会員施工17業者による取引拒絶を独禁法2条9項1号イ（前一般指定1項1号）の共同の直接的取引拒絶に，各々該当（公正競争を阻害）し独禁法19条に違反すると判断した。本件は，審決の時点では取引拒絶が改善されていたため，公取委がワキタおよび施工部会所属の施工業

第2部　独占禁止法

図表10-2　ロックマン工法施行業者事件：取引拒絶
〔平成12年(勧)第12号：独禁法2条9項1号イ，同法2条9項6号イ・一般指定2項〕

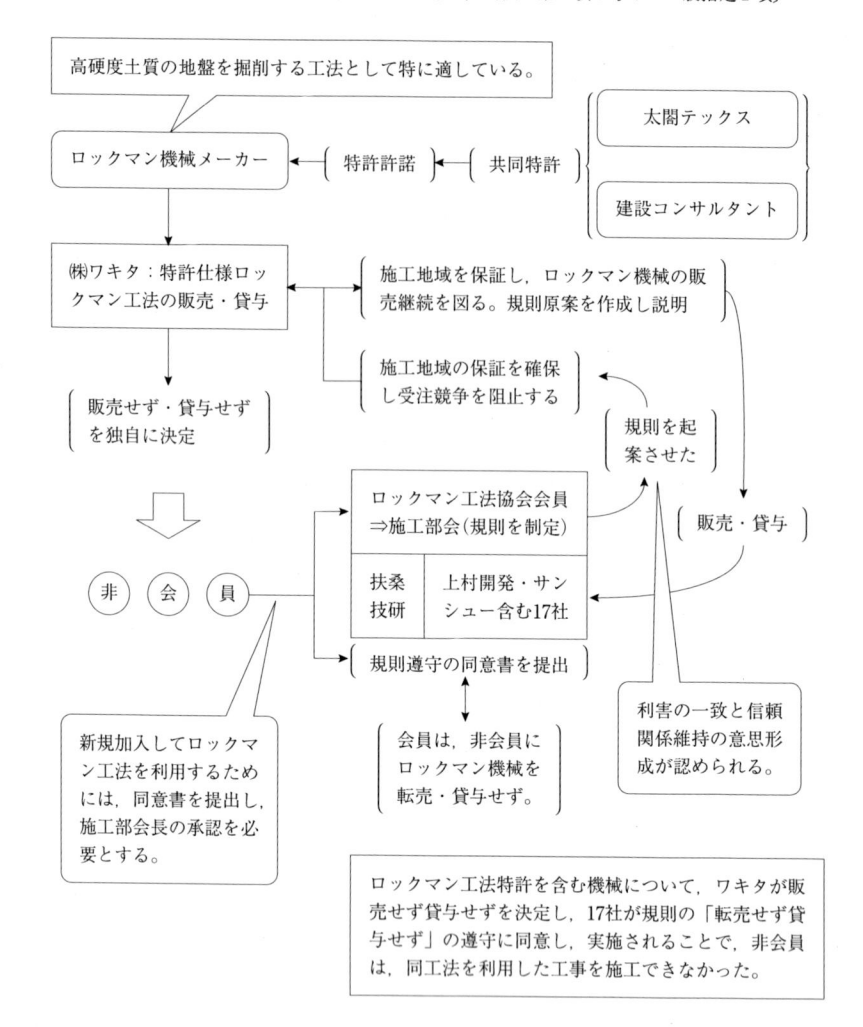

```
高硬度土質の地盤を掘削する工法として特に適している。
                                                  ┌─太閣テックス─┐
ロックマン機械メーカー ←─ 特許許諾 ←─ 共同特許 ─┤              │
                                                  └─建設コンサルタント─┘

㈱ワキタ：特許仕様ロッ    ←─ 施工地域を保証し，ロックマン機械の販
クマン工法の販売・貸与        売継続を図る。規則原案を作成し説明

                        ←─ 施工地域の保証を確保
                            し受注競争を阻止する        規則を起
販売せず・貸与せず                                      案させた
を独自に決定

         ↓              ┌→ ロックマン工法協会会員          販売・貸与
                        │  ⇒施工部会(規則を制定)
   非  会  員 ─────────┤
                        │  扶桑  上村開発・サン
                        │  技研  シュー含む17社
                        │
                        └→ 規則遵守の同意書を提出          利害の一致と信頼
                                                            関係維持の意思形
新規加入してロックマ     会員は，非会員に                    成が認められる。
ン工法を利用するため    ロックマン機械を
には，同意書を提出し，  転売・貸与せず。
施工部会長の承認を必
要とする。

ロックマン工法特許を含む機械について，ワキタが販
売せず貸与せずを決定し，17社が規則の「転売せず貸
与せず」の遵守に同意し，実施されることで，非会員
は，同工法を利用した工事を施工できなかった。
```

者各社に対して取引拒絶の改善を確認し周知徹底して，その内容を公取委に報告するよう求めた事件である。

5　略奪的取引拒絶の対応（不可欠要素の理論の必要性）について

　全農事件は，私的独占（独禁法2条5項・3条）に，ロックマン事件は，施工部会所属17業者が規則に従って共同して取引拒絶したことから不当な取引制限（独禁法2条6項・3条）に，各々該当するとしてもよい事例であった。公取委は，事業者に取引拒絶（原因）を撤回させれば，自由な事業展開（結果）が十分に回復され得ると判断して，不公正な取引方法違反のみ認定したものと思われる。独占禁止法は，当事者相互間に均等な取引機会や代替的な供給源を回復し維持することを目的とするから，契約締結拒否・取引拒絶が独占禁止法に違反すると判断された事例で商品，サービス，技術取引契約の締結や取引が強制された例はない。しかし，取引拒絶の撤回が命令されたとしても，当事者が納得し得るような取引契約が締結され，あるいは実施されるとは限らない。本書の第2部第6章6の(6)では，競争者の排除型行為規制の論拠として不可欠要素（Essential Facility）の理論が検討されてきていると述べた。米国のMCI v. AT & T.事件[8]によって明らかにされた同理論適用の要件を全農段ボール事件およびロックマン工法事件で検討してみると，①市場支配力を有する事業者の全農やワキタによって段ボール製造用シート，ロックマン工法技術の専用機械（不可欠な要素）のコントロールが行われており，②これらを利用するための正当な資格が競争事業者に認められず，③一方の競争事業者の全農やワキタが他方の競争事業者に段ボールシートの供給やロックマン工法の提供についての契約を拒絶したこと，④代替供給ルートの可能性を見出せなかったという要件事実として認定される。

　これらの事件は，形式的には不公正な取引事件として取り扱われたが，その実質は，独占禁止法3条違反にも問える事件であったと考えられる。そうであるならば，これらの事件においても，不可欠要素の理論が適用される事例に位置づけられるであろう。

1）　吉田克己『現代市民社会と民法学』（日本評論社，2001年）165頁。

第2部　独占禁止法

2）　中田裕康『継続的取引の研究』（有斐閣，2000年）429，430頁。
3）　アメリカ合衆国連邦取引委員会委員長 D. マジョラス「米国反トラスト法の最近の動向」公正取引2006年6月号，54-60頁。
4）　公取委勧告審決平2・2・2日審決集36巻53頁〔全農段ボール事件〕。
5）　M. E. ポーター著，土岐・中辻・服部共訳『競争の戦略』（ダイヤモンド社，1994年）21頁。
6）　西田稔「戦略的行動論」，小西唯雄編『産業組織論の新展開』（名古屋大学出版会，1990年）133，144頁。
7）　公取委勧告審決平12・10・31審決集47巻317頁〔ロックマン工法施工業者事件〕。
8）　MCI v. AT&T, 708F. 2d 1081, 1132-1133（7th Cir.）Cert. denied, 464U. S. 891,（1983）.

第11章　事業者団体の活動規制

　独占禁止法は，事業者が行う一定の活動だけでなく，事業者団体が行う一定の活動も，禁止の対象としている（独禁法8条）。

1　事業者団体

　事業者団体とは，共通の利益を増進するために複数の独立事業者から構成された結合組織をいい，法人・組合・契約による結合など形態の如何を問わないが，資本などを有して営利事業を営むことを主たる目的としないものであることを要する。しかし，単なる親睦団体は，含まれない。結合組織体は，ある程度の継続的組織をもち，規約や役員などによって構成され，構成事業者の事業活動についての調査および研究開発，業界の発展などを目的とする活動を行っている場合に，事業者団体と認められる（独禁法2条2項）。たとえば，全国銀行協会とか社団法人日本自動車工業会などが事業者団体の例である。

2　事業者団体の行為

　当該事業者団体による行為があったといえるためには，団体機関によって意思決定されたこと，そして構成員がそれを遵守すべきことの認識を要する。

3　独占禁止法8条によって禁止される事業者団体の行為

　事業者団体は，共通の利益を増進することを目的とした複数の独立事業者によって構成された団体である。そのため，団体で決定した共通利益獲得のための活動の実効性は，高いと解されている。したがって，事業者団体に対して禁

止される行為の要件および範囲は,事業者に対する独占禁止法規定とは異なり,独占禁止法8条によって規定されている。

(1) 一定の取引分野における競争を実質的に制限すること(8条1項1号)

独占禁止法8条1項1号の規定は,まず,事業者団体による不当な取引制限(カルテル)に適用されるもので,行為類型も要件(相互拘束・共同遂行)も「公共の利益」の要件も求められてはいない。また,排除・支配という行為要件も規定されていないので,事業者団体による私的独占にも適用され得るであろう。

(2) 一定の事業分野における現在又は将来の活動を不当に制限すること(8条1項3号)

独占禁止法8条1項3号は,事業者団体が,他の事業者の当該市場への新規参入や新規加入を制限しようとする行為に対して適用される規定である。この規定は,主に,単独では競争の実質的制限をなし得ない中小零細事業者等が,事業者団体の構成員であることを利用して,他の事業者の市場への新規参入や新規加入を制限しようとする行為に適用される傾向にある。[1]

(3) 構成事業者の機能又は活動の不当な制限(8条1項4号)

独占禁止法8条1項4号は,同法8条1項1号の事業者団体によるカルテル禁止規定の予防規定と解されている。したがって,事業者による行為が競争の実質的制限に至らない行為であっても,独禁法8条1項4号違反が成立する。

① 事業者団体による価格の決定はあったが,一定の取引分野における事業者の市場占拠率が低いので,市場全体に対する影響が小さかった事例がある。[2]

② 事業者団体による価格の決定はあったが,その制限内容に具体性がなかったなどの事情から,価格競争が行われているとされた事例がある。[3]

③ 事業者団体が事業者による顧客の獲得や価格競争に影響を与える広告を制限しているが,顧客の割当とか価格の決定を行っていない事例がある。[4]

④ 事業者団体の構成事業者が行う店舗設備の新設・増設を,事業者団体の

第11章　事業者団体の活動規制

承認を得て行うようにした事例がある[5]。

(4) 事業者に不公正な取引方法に該当する行為をさせるようにすること（8条1項5号）

独占禁止法8条1項5号は，事業者団体が事業者に不公正な取引方法に該当する行為をさせるようにすること（教唆）を禁止する。ここでは，不公正な取引方法に該当する行為の実行者は，構成事業者に限らず，団体外の事業者も含むと解されている。

エアーソフトガン事件：日本のエアーソフトガン・メーカーのほとんどが加盟する日本遊戯銃協同組合（事業者団体）は，エアーソフトガンの威力やその弾丸の重量などについて自主基準を設けて実施していた。デジコン電子㈱は，組合に加入せず，BB弾を小売店に直接販売していた。デジコン電子は新たに開発したエアーソフトガンを販売したところ，日本遊戯銃協同組合は，下部団体や会員に対して再三にわたり文書を送付して，傘下にある小売店に対してデジコン電子社のソフトガンの仕入れ販売を中止するよう指導し，デジコン電子社の製品を取り扱っている小売店に対しては，合格証紙貼付済み商品の出荷停止を要請した（独禁法8条1項5号）。相当数の会員は，取引先小売店に対してデジコン電子社製品の取扱中止を要請した（一般指定1項2号）〔東京地裁判平9・4・9判タ959号115頁〕。

---

1) 独禁法8条1項3号に該当する事件としては，医師が医療機関を開設する際に，医師会による開設および診療科目等に対する制限が問題になった事例〔東京高裁判平13・2・16判時1740号13頁：観音寺市三豊郡医師会事件〕，生コンクリートの中小事業者で組織されたコンクリート工業組合が，新規参入を希望する業者の製造設備を買い上げ廃棄処分し，同設備を解約するよう図ったことにより，新規参入を阻止した事例〔公取委勧告審決平5・11・18審決集40巻171頁：滋賀県生コンクリート工業組合事件〕など，たいへん多くの事件がある。
2) 公取委勧告審決平8・1・12・審決集42巻185頁〔石川県水販協事件〕。
3) 公取委勧告審決平3・10・7審決集38巻100頁〔日本旅行業協会関東支部事件〕。
4) 公取委勧告審決平11・1・25審決集45巻185頁〔浜北市医師会事件〕。
5) 観音寺市三豊郡医師会事件，前掲注1）参照。

第12章 集中規制

1 集中規制

(1) 集中規制の対象とその要件

　独占禁止法が規制する対象は，事業者による行為そして事業者が活動する市場の構造である。それは，独占禁止法が「(事業者による) 私的独占，不当な取引制限および不公正な取引方法 (という行為) を禁止し，事業支配力の過度の集中 (する市場構造) を防止」すると規定していることから，明らかであろう (独禁法1条)。

　事業支配力の過度の集中 (する市場構造) とは，市場における経済力が単独あるいは複数の事業者に集中し固定化することで市場構造そのものが非競争的な状態 (独占市場あるいは高度な寡占市場) になっていることをいう。かような非競争的状態にある市場構造が，市場集中規制の対象となるのである。

　市場集中規制発動の要件は，まず事業者が株式を保有し，合併しあるいは役員を兼任させること等によって企業を結合することであり，つぎに市場構造自体が非競争的であることである。

(2) 集中規制の必要性

　日本の独占禁止法は，第二次世界大戦 (太平洋戦争) 後の1947 (昭和22) 年に制定された。この独占禁止法を原始独占禁止法という。太平洋戦争後の日本社会で行われた諸政策のねらいは，財閥を解体し，農地を解放し，憲法改正そして民法の家族法を改正することによって経済的民主主義を確立し日本社会に政治的民主主義を構築することにあったとされている。そのなかでも，原始独占禁止法は，財閥を解体することによって分散した経済力を，再び集中させずに

財閥を復活させない目的をもち，持株会社[1]に対して，また企業結合の拡大拡張をもたらす危険性を有する行為に対しても，厳格な規制を行った。

しかしながら，1960年代以降の日本経済の成長にはめざましいものがあり，事業者（とくに企業）には，大量生産大量消費に対応するための規模の経済性が求められるようになった。事業者は，拡大再生産を繰り返し，獲得した利益については株主に対する金銭配当に替え新株発行で対応して，利益のほとんどを資本として企業内に留保した。この頃における経済の拡大は，主に事業者（企業）規模の拡大（一部では事業者の事業目的の範囲の拡張）を意味したのである。こうなると，グループ事業者は企業集団化し，取引の段階を異にする事業者は縦に結合し系列化する。企業集団や系列化は，産業組織論で述べた「市場構造」「市場行動」「市場成果」のうち「市場構造」に属するから，私的独占や不当な取引制限（カルテル）といった市場行動が容易に行われる取引市場環境を形成する。さらに，その形成された取引市場環境は，事業者や事業者団体に不公正な取引方法を他の事業者に対して強制する諸条件を提供することにもなる[2]。

かような状況から，独占禁止法は，同法で違法とされている行為への関心だけでなく，再び高度の集中が形成されつつあった市場において競争均衡が阻害される（経済学的観点からみれば独占的利潤や高度な寡占による過剰利潤が一般消費者の死重的損失によってもたらされる）状態が引き起こされることに対して，一般消費者の利益を確保し，国民経済の民主的発展を促進し維持するためにより関心を向けるようになった。

ところが，1990年代に入り，政治的な東西冷戦がほぼ終わり，経済ビッグバン（金融取引の国内外の規制緩和等）をはじめとして，経済は同年代の後半から地球的規模で行われることになった（グローバル経済）。これに応じるため，日本政府は，許認可をはじめ政府の規制を緩和し，事業者は，より事業活動の範囲の拡張を急速に推進してきている（範囲の経済）。これを受けて，独占禁止法は，1997年にグローバル経済に対応し得る独占禁止法に改正され，合併規制規準等は，2005（平成17）年と2007（平成19）年に公正取引委員会によって改正されてきているのである。そうであっても，独占禁止法の目的は，公正かつ自由な競争秩序を維持し，革新の効率性，生産の効率性そして配分の効率性を社会

的余剰に結びつけて、もって一般消費者の利益を確保し、国民経済の民主的発展を促進することにあるということに疑いの余地はない。

(3) 集中規制の類型

独占禁止法は、まず集中規制のうち事業支配力の過度の集中をもたらすこととなる場合の株式保有の規制（独禁法9条）と金融会社の議決権保有比率の規制（独禁法11条）等を一般集中規制として規定する。つぎに同法は、「一定の取引分野における競争を実質的に制限することとなる場合」を要件に規制される株式保有（独禁法10条）・役員兼任の規制（独禁法13条）および合併の規制（独禁法15条）等を市場集中規制——非競争的市場構造の防止——として規定する。同法は、第三に、独占的状態（独禁法2条7項）に対する措置（同法8条の4）を構造規制——独占的あるいは高度寡占的な市場構造を競争市場に回復することを目的——として規定している。これら集中規制に関する件は、その多くが事前規制の対象とされており、公正取引委員会によって事前対応処理されて雑誌やウェブサイトで紹介されてきている[3]。これに対して、これら集中規制に関する審決・判例は、今日まで数例である。近年、公正取引委員会のガイドラインが精緻化されあるいは変更されたこと、経済のグローバル化と経済格差拡大による社会矛盾が増加するにつれて、集中規制に関する事例は、より増加するであろう。かような状況において、当分野の研究は、さらに深められざるを得ないであろう。本章では、集中規制に関する審決・判例および公正取引委員会のガイドライン[4]を紹介することにとどめ、企業結合による集中を規制する視点およびその規準については、第12章で掲載する図表12-3（ガイドラインに添付されたフローチャート）を参考に概説し、その詳細については、現時点では、ガイドラインを参考にしていただきたいと思う。

(4) 集中規制（企業結合による市場集中）の審査についての重要な視点とその過程

企業結合を審査する重要な視点は、つぎにあるので列挙しておきたい[5]。まず企業結合の審査を受ける対象となるか否かを、株式保有（独禁法10条・14条）、

役員の兼任（同法13条），合併（同法15条），分割（同法15条の2），事業譲り受け（同法16条）の行為類型ごとに判断しなければならない。審査の対象となる場合には，当事者の事業者が事業で取り扱う商品・サービスなどの一定の取引分野について，需要の代替性や供給の代替性といった経済学によって明らかにされた潜在的な諸要素を考慮して画定しなければならない。つぎに画定した一定の取引分野ごとに，「競争を実質的に制限することとなる[6]」か否かを判断する。水平的結合についての判断は，HHI（ハーフィンダール・ハーシュマン指数）[7]により垂直的・混合的結合についての判断は，市場シェア，またはHHIの基準値を超えるか否かによって，策定指数が規準以下であれば，一定の取引分野における競争を実質的に制限することとはならないと判断される。策定指数が規準を超える場合には，2つの観点から検討される。まず事業者（企業）の単独行動によって，つぎに事業者間の協調的行動によって，「競争を実質的に制限することとなる」か否かについて詳細に検討される。2つの観点ごとに各要素を総合的に勘案して各々判断し，一定の取引分野における「競争を実質的に制限することとなる場合」には，問題を解消するために，公正取引委員会は，排除あるいは諸措置を行うことになる。これが，集中規制（企業結合）の審査についての重要な視点およびその過程である。

2　一般的集中規制と市場集中規制の事例

(1)　**一般的集中規制——金融業者（銀行）による関係他社株式保有の制限（独禁法11条）——**

野村證券の関係他社株式保有脱法事件：野村證券が他社を通じて野村土地建物㈱の5％を超える株式を保有し，他社に対して譲渡制限等を課していたことが，独占禁止法11条の脱法行為17条に該当するとされた事例である〔公取委勧告審決平3・11・11審決集38巻115頁〕。

(2) 市場集中規制

(a) 会社による競争会社の株式保有の制限（独禁法10条）

① **日本楽器事件**：日本楽器が取引先を通じて競争他社の河合楽器の株式を間接取得したことが，独占禁止法10条の脱法行為17条に該当するとされ，独占禁止法17条の2が適用された水平的結合の事例である〔公取委勧告審決昭32・1・30審決集8巻51頁〕（図表12-1を参照）。

② **日本石油運送事件**：垂直的株式保有による合併が実行されると，石油製品販売分野における競争を実質的に制限することとなるとされた（垂直的結合）事例である〔公取委同意審決昭26・6・25審決集3巻73頁〕（図表12-2を参照）。

(b) 役員兼任の制限（独禁法13条）

広島電鉄事件：電鉄会社の役員等による競争バス会社の役員兼任（独禁法10条）と電鉄による競争バス会社の株式取得（独禁法13条）が，独占禁止法上の各制限に違反するとされた事例である〔公取委同意審決昭48・7・17審決集20巻62頁〕。

(c) 会社合併の制限（独禁法15条）

富士製鉄と八幡製鉄の合併事件：両製鉄会社の合併により設立される新日本製鐵㈱は，鉄製品の分野における競争を実質的に制限する（鉄道用レールは100％，鋼矢板は98％，食罐用ブリキは60％，そして鋳物用銑鉄は56％の生産占拠率を有する）こととなるので，独占禁止法15条1項1号に違反するおそれがある。そこで公正取引委員会は，独占禁止法67条を根拠として緊急停止命令を東京高等裁判所に申し立てた事例である[8]〔公取委同意審決昭44・10・30審決集16巻46頁〕。

(d) 事業譲り受け等の制限（独禁法16条）

東宝・スバル事件：東宝㈱は，スバル興業㈱との間で，無利息で融資を行い，興行収入の一割五分を支払うとの条件で，スバル興業が所有するスバル座およびオリオン座の二つの映画館を同社から賃貸借する契約を締結した。これによって，東宝が有楽町・丸の内界隈で興業する映画館の数は，10館となり，その座席数の占拠率は，90％となった。また銀座を含めた同社の映画館の数は，20館となり，その座席数の占拠率は，58％である。映画館の賃貸借契約は，独禁法16条1項3号の「他の事業者の事業の全部又は重要部分の賃借」に該当し，

東宝による映画の興行活動が「一定の取引分野における競争を実質的に制限することとなる場合」に該当するとして問題になった事例である[9]〔公取委審決昭25・9・29審決集2巻146頁〕。

3 構造規制──独占的状態──

独占的状態は、つぎの3つの要件（市場規模、市場構造、弊害の各要件）を充足した場合に認定される（独禁法2条7項）。

市場規模の要件としては、年間の売上高が1000億円以上の全国規模であることを要する。市場構造の要件としては、1社で50％を超えるか、2社で75％を超える市場集中度を有し（独禁法2条7項1号）、新規参入が著しく困難であることを要する（独禁法2条7項2号）。市場弊害要件としては、一定の商品又はサービスについて、相当の期間、その需要および供給の費用に要する変動に照らして、価格の上昇が著しいかその低下が僅少であり（独禁法2条7項3号）、かつ標準的な利益率を著しく超える率の利益を得ているか（独禁法2条7項3号イ）、あるいは標準的な販売費一般管理費に比して著しく過大なそれらを支出している（独禁法2条7項3号ハ）ことを要する。これらの要件が充足された場合には、公正取引委員会は、独占禁止法8章2節（独禁法46条以降）の手続によって競争を回復するために必要な措置を命じることができるとされる（独禁法8条の4）。アメリカ合衆国は企業の分割をめぐって争われた事例が存するが、日本の独禁法上で分割命令をめぐって争われた事件も命令された事件も本日まで皆無である。

1) 持株会社とは、ある企業が、他の特定企業の株式を所有することによってその特定の企業を支配することを主たる目的とする会社をいう。
2) 丹宗昭信『独占および寡占市場構造規制の法理』（北海道大学図書刊行会、1976年）133頁。独占禁止法の中核的な規制類型は、行為類型たる私的独占、不当な取引制限そして不公正な取引方法の3類型をいい、これを独禁法の3本柱という。丹宗説は、これに、本文の理由から、集中規制を第4の柱と解する。
3) 集中規制に関する事例が掲載されている雑誌は、公正取引、公正取引委員会年次報告

第2部　独占禁止法

　　およひ゛公正取引委員会審決集であり，ウェブサイトは，http://www.jftc.go.jp/の公正取引委員会ホームページを参照していただきたい。
4）　公正取引委員会「企業結合審査に関する独占禁止法の運用指針」（平成16年），平成18年・19年・21年・22年の改定を参照していただきたい。
5）　公正取引委員会，前掲の「企業結合審査に関する独占禁止法の運用指針」3-33頁によって詳細を確認していただきたい。
6）　独禁法3条で禁止される私的独占と不当な取引制限は，「競争を実質的に制限すること」によって違法とされる事後規制である。ところで，独禁法第4章で規定されている一般集中規制と市場集中規制は，公正取引委員会による事前規制の対象とされている。事前の市場集中規制は，違法要件として「競争を実質的に制限することとなる場合」の文言を有する。この「こととなる場合」の要件とは，結果が発生する以前に事前判断されることを意味する。たとえば，複数企業間で合併や株式取得が行われれば，競争制限的市場構造（市場支配力）が形成される蓋然性（その結果が発生する確率が可能性よりも相当に高いことをいう）がある場合には，公正取引委員会は，その合併や株式取得を禁止する。
7）　公正取引委員会，前掲注4），19-20頁，本書第2部第4章3(2)(b)③ⅱ）市場力の判断規準の注9）を参照。
8）　その後に，公正取引委員会は，当時の内閣総理大臣の要請により「有効な牽制力ある競争者が一社でも存在すれば競争を実質的に制限することとなる場合には該当しない」という解釈を行って，新日本製鐵㈱を誕生させた。
9）　東京高裁判昭26・9・19高裁民集4巻14号497頁。高裁は，一定の取引分野を有楽町・丸の内・銀座と画定して，「スバル・オリオン座の賃借によって東宝㈱が獲得する市場支配力の形成が，同地域の競争を消滅させ，観客層の選択の自由を奪うことになる」と判示した。

第12章　集中規制

図表12-1　日本楽器製造事件：水平的株式保有の制限
〔昭和32年（勧）第1号：独禁法10条〕

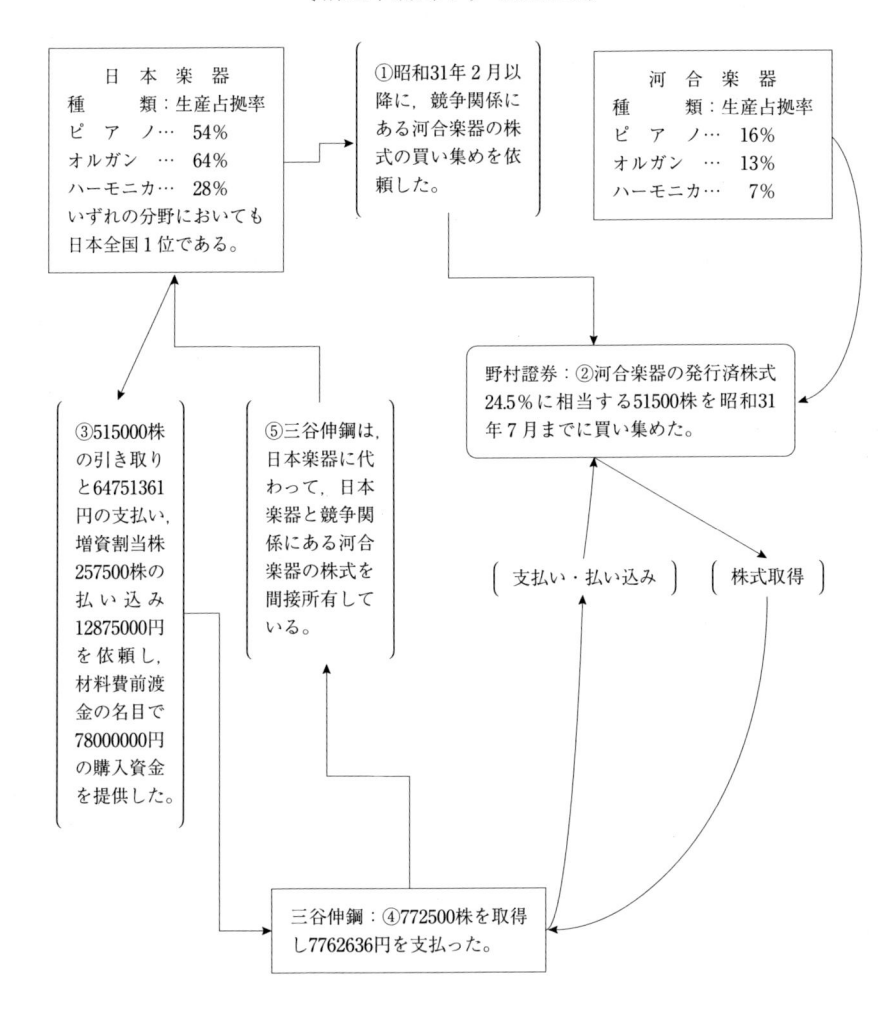

```
┌─────────────────┐      ┌─────────────────┐      ┌─────────────────┐
│   日　本　楽　器   │      │①昭和31年2月以   │      │   河　合　楽　器   │
│ 種　類：生産占拠率  │      │ 降に，競争関係に │      │ 種　類：生産占拠率  │
│ ピ ア ノ … 54％   │◄─────│ ある河合楽器の株 │      │ ピ ア ノ … 16％   │
│ オルガン … 64％   │      │ 式の買い集めを依 │      │ オルガン … 13％   │
│ ハーモニカ… 28％  │      │ 頼した。         │      │ ハーモニカ… 7％   │
│ いずれの分野においても│      └─────────────────┘      └─────────────────┘
│ 日本全国1位である。│                                          │
└─────────────────┘                                          │
    ▲          ▲                                              ▼
    │          │                          ┌──────────────────────────────┐
    │          │                          │ 野村證券：②河合楽器の発行済株式 │
    │          │                          │ 24.5％に相当する51500株を昭和31│◄──┐
    │          │                          │ 年7月までに買い集めた。        │   │
    │          │                          └──────────────────────────────┘   │
┌──────────┐ ┌──────────┐                        ▲                          │
│③515000株 │ │⑤三谷伸鋼は，│                     │                          │
│の引き取り │ │日本楽器に代 │              ┌─────────────┐    ┌─────────────┐│
│と64751361│ │わって，日本 │              │支払い・払い込み│    │  株式取得   ││
│円の支払い，│ │楽器と競争関 │              └─────────────┘    └─────────────┘│
│増資割当株 │ │係にある河合 │                     ▲                          │
│257500株の │ │楽器の株式を │                     │                          │
│払い込み　 │ │間接所有して │                     │                          │
│12875000円│ │いる。       │                     │                          │
│を依頼し， │ └──────────┘                       │                          │
│材料費前渡 │       ▲                              │                          │
│金の名目で │       │                              │                          │
│78000000円│       │                              │                          │
│の購入資金 │       │                              │                          │
│を提供した。│       │                              │                          │
└──────────┘       │                              │                          │
    │               │                              │                          │
    │         ┌──────────────────────────────┐    │                          │
    └────────►│ 三谷伸鋼：④772500株を取得      │────┘                          │
              │ し7762636円を支払った。         │───────────────────────────────┘
              └──────────────────────────────┘
```

図表12-2 日本石油運送事件：垂直的株式保有制限
〔昭和25年（判）第51号：独禁法10条〕

日本石油運送㈱	199500株	100%	石油精製品の輸送量
株主	株式保有数	持株比率	比率100%
日本石油	136000株	68%	63%
役員ほか	66000株		
会社	70000株		
昭和石油	24000株	12%	17%
日本鉱業	20000株	10%	20%
縁故者	20000株	10%	

⇩

(株式譲渡)

⇩

日本石油運送㈱	199500株	100%
株主	株式保有数	持株比率
日本石油	180000株	90%
役員ほか	110000株	
会社	70000株	
縁故者	20000株	10%

日本石油運送会社は，日本海側における原油および石油精製品を運ぶ石油タンク貨車を有する唯一の運送業者であって，石油精製会社からの委託を受けて原油の輸送に従事していた。

昭和石油および日本鉱業は，同社が保有する日本石油運送の株式を日本石油に譲渡すれば，石油タンク貨車の優先利用が享受できることとなることを理由として，実施した。これによって，日本石油の日本石油運送会社への発言権が著しく大きくなり，日本石油，昭和石油および日本鉱業は，タンク貨車利便性を他社より優先して享受できることとなり，石油販売分野における競争を実質的に制限することとなった。

第12章　集中規制

図表12-3　企業結合審査のフローチャート
〔公正取引委員会「企業結合審査に関する独占禁止法の運用指針平成16年・40頁より〕

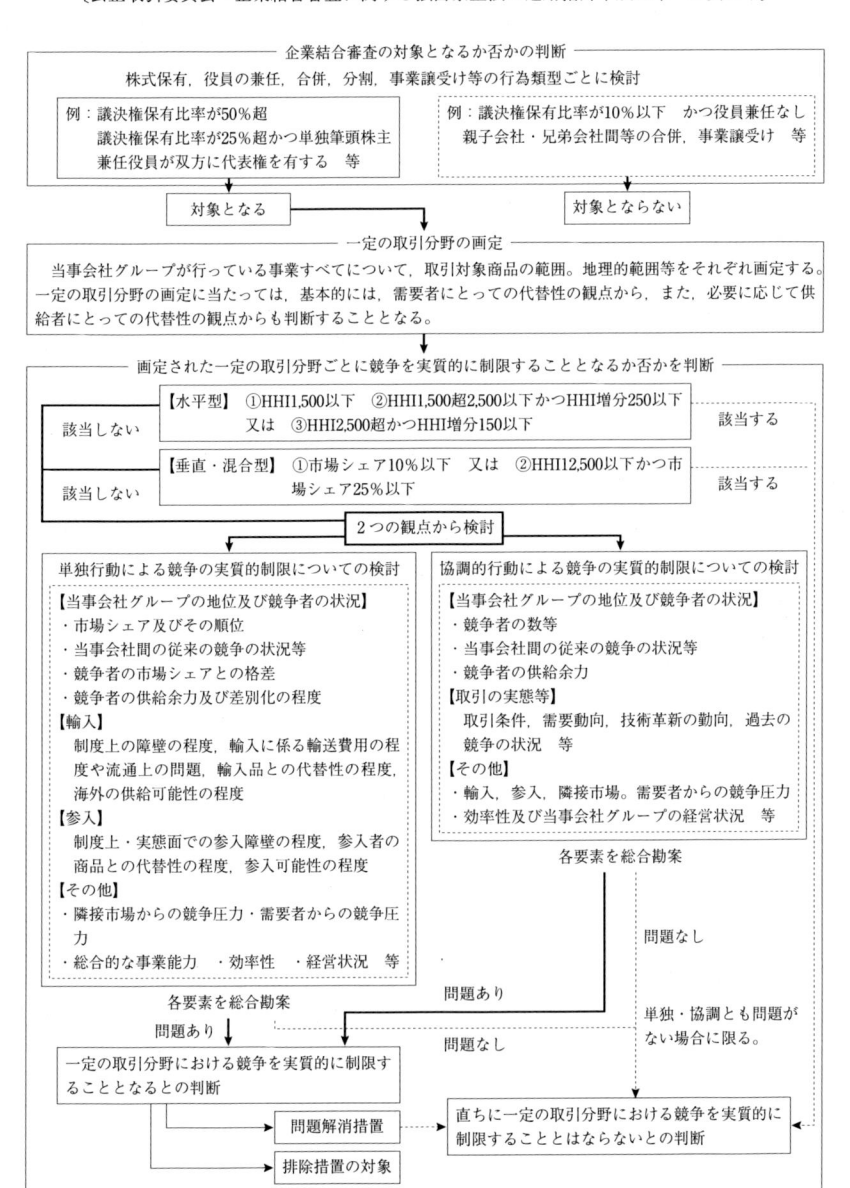

―― 企業結合審査の対象となるか否かの判断 ――
株式保有，役員の兼任，合併，分割，事業譲受け等の行為類型ごとに検討

例：議決権保有比率が50％超
　　議決権保有比率が25％超かつ単独筆頭株主
　　兼任役員が双方に代表権を有する　等
→ 対象となる

例：議決権保有比率が10％以下　かつ役員兼任なし
　　親子会社・兄弟会社間等の合併，事業譲受け　等
→ 対象とならない

―― 一定の取引分野の画定 ――
当事会社グループが行っている事業すべてについて，取引対象商品の範囲，地理的範囲等をそれぞれ画定する。一定の取引分野の画定に当たっては，基本的には，需要者にとっての代替性の観点から，また，必要に応じて供給者にとっての代替性の観点からも判断することとなる。

―― 画定された一定の取引分野ごとに競争を実質的に制限することとなるか否かを判断 ――

【水平型】①HHI1,500以下　②HHI1,500超2,500以下かつHHI増分250以下　又は　③HHI2,500超かつHHI増分150以下
　該当しない／該当する

【垂直・混合型】①市場シェア10％以下　又は　②HHI2,500以下かつ市場シェア25％以下
　該当しない／該当する

―― 2つの観点から検討 ――

単独行動による競争の実質的制限についての検討
【当事会社グループの地位及び競争者の状況】
・市場シェア及びその順位
・当事会社間の従来の競争の状況等
・競争者の市場シェアとの格差
・競争者の供給余力及び差別化の程度
【輸入】
　制度上の障壁の程度，輸入に係る輸送費用の程度や流通上の問題，輸入品との代替性の程度，海外の供給可能性の程度
【参入】
　制度上・実態面での参入障壁の程度，参入者の商品との代替性の程度，参入可能性の程度
【その他】
・隣接市場からの競争圧力・需要者からの競争圧力
・総合的な事業能力　・効率性　・経営状況　等

各要素を総合勘案
→ 問題あり／問題なし

協調的行動による競争の実質的制限についての検討
【当事会社グループの地位及び競争者の状況】
・競争者の数等
・当事会社間の従来の競争の状況等
・競争者の供給余力
【取引の実態等】
　取引条件，需要動向，技術革新の動向，過去の競争の状況　等
【その他】
・輸入，参入，隣接市場，需要者からの競争圧力
・効率性及び当事会社グループの経営状況　等

各要素を総合勘案
→ 問題あり／問題なし

単独・協調とも問題がない場合に限る。

一定の取引分野における競争を実質的に制限することとなるとの判断
→ 問題解消措置
→ 排除措置の対象

直ちに一定の取引分野における競争を実質的に制限することとはならないとの判断

第2部　独占禁止法

【独占禁止法の2010（平成22）年改正の方向性】

　2009（平成21）年12月9日公正取引委員会ホームページに掲載された内閣府・経済産業省合同政策会議の公正取引委員会担当政務三役による『独占禁止法の改正等に係る基本方針』によれば，政府は，独占禁止法の改正法案を，2010（平成22）年の通常国会において提出することを決定したと発表した。

　主たる改正内容は，つぎのとおりである。準司法機関としての公正取引委員会による事実上の第一審に相当する審判制度（独禁法49条6項・50条4項・52条ほか）を廃止し，不服審査は，東京地方裁判所の専属管轄として行政事件の抗告訴訟（行政事件訴訟法3条）に相当する第一審裁判で行われる（従来の東京高等裁判所で行われる抗告訴訟は，司法手続き上では第一審の裁判権とされていた〔独禁法85条〕が，事実上は第二審に相当すると解されていた）。これに伴って，公正取引委員会の機関の一部変更（現行審判官の廃止，仮称手続管理官の新設など）が行われ，実質的証拠の法則および新証拠提出制限に係わる規定が廃止されることとされている（施行期日は未定）。

　改正理由は，つぎのとおりである。公正取引委員会によってなされた排除措置命令および課徴金納付命令に対して公正取引委員会自らによって行われる不服審査（審判）制度に対しては，行政処分を行った機関自らによる当該処分の適否を判断することに事業者側からの不信感を払拭できないという指摘が従来からなされていた。そこで，事前手続の充実化と透明化（公正取引委員会が認定した事実を基礎づけるために必要な証拠について事業者側の閲覧を可能とするなど）をはかり，不服審査を裁判手続に委ねて，事業者側に攻撃防御を十分に保障することにある。また，独占禁止法事案が複雑な経済活動を対象とし，法と経済の融合した専門性の高い分野であることを特色とするため，東京地方裁判所の専属管轄による司法手続で不服審査の合一性を確保するとともに専門的知見の蓄積を図ることとされている。

　かような理由から，テキスト第2部第2章の独占禁止法の手続に関する規定は，2010年に成立する改正独占禁止法によって，抜本的に変更されることになる。次頁に掲載した『独占禁止法の審判制度の見直し』についての図表は，以上の内容を，公正取引委員会によって図式化されたものである。これを参考に，

第12章　集中規制

```
独占禁止法の審判制度の見直し
```

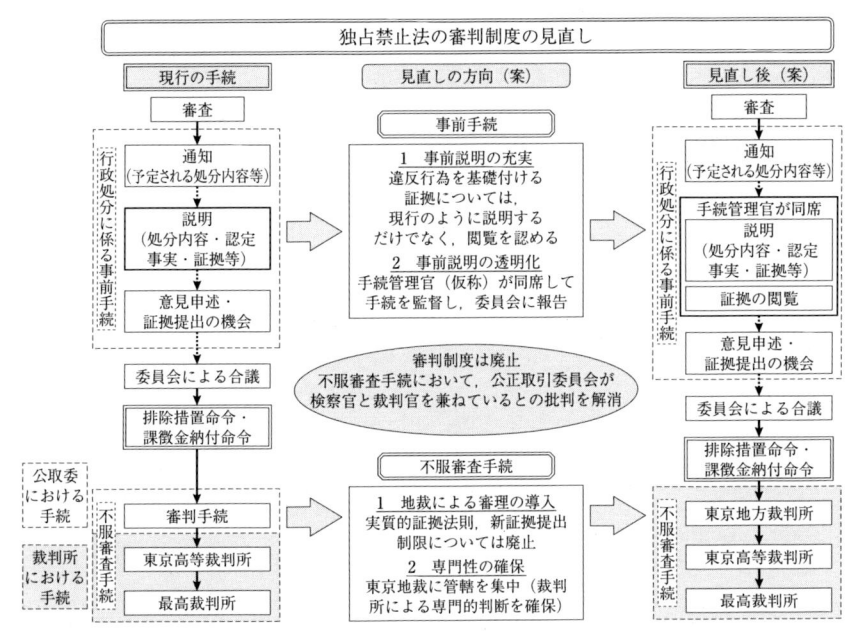

現行の手続	見直しの方向（案）	見直し後（案）
審査	事前手続	審査
通知（予定される処分内容等）	1　事前説明の充実　違反行為を基礎付ける証拠については，現行のように説明するだけでなく，閲覧を認める　2　事前説明の透明化　手続管理官（仮称）が同席して手続を監督し，委員会に報告	通知（予定される処分内容等）
説明（処分内容・認定事実・証拠等）		手続管理官が同席　説明（処分内容・認定事実・証拠等）
意見申述・証拠提出の機会		証拠の閲覧
委員会による合議	審判制度は廃止　不服審査手続において，公正取引委員会が検察官と裁判官を兼ねているとの批判を解消	意見申述・証拠提出の機会
排除措置命令・課徴金納付命令		委員会による合議
	不服審査手続	排除措置命令・課徴金納付命令
審判手続	1　地裁による審理の導入　実質的証拠法則，新証拠提出制限については廃止　2　専門性の確保　東京地裁に管轄を集中（裁判所による専門的判断を確保）	東京地方裁判所
東京高等裁判所		東京高等裁判所
最高裁判所		最高裁判所

（公正取引委員会担当政務三役2009〔平成21〕年12月9日発表）

　学習者は，2010年改正独占禁止法が成立した際には，六法や公正取引委員会のホームページ（http://www.jftc.go.jp/）で，手続規定を確認していただきたい。

事項索引

太字はとくに重要な項目を示す。

あ 行

相手方の事業活動の不当な拘束 ………… 205
A.スミスの夜警国家論 ………………34, 39
Antitrust Law ……………………………… 86
暗黙の合意（暗黙の意思の連絡）………… 166
一定の取引分野 …………………… 122, 235
一定の利潤 …………………………………54
一店一帳合制 …………………………… 209
一手販売権 ………………………… 206, 213
一般均衡理論 ………………………………59
一般指定 …………………………… 191, 192
一般消費者の利益 ………………… 64, 233
一般集中規制 ……………………… 234, 235
違法性 ………………………………… 29, 31
　──阻却事由 ………………………… 29, 31
HHI →ハーフィンダール・ハーシュマン指数
Essential Facility ………………… 158, 227
SCPパラダイム ………………… 67, 72, 80

か 行

概　念 …………………………………12, 20
外部効果（外部不効果）……………… 63, 71
外部不経済 ………………… 23, 63, 64, 71, 114, 115
価格決定の二分法 …………………………53
価格支配 …………………………… 122, 124
過失責任の原則 ……………………… 23, 84
寡占市場 ………………………………… 232
課徴金賦課制度 ………………………… 192
課徴金納付命令 ………………………… 104
GATT ウルグアイ・ラウンド ………… 93, 94
合併（の規制）…………………… 234, 235, 236
株式保有（の規制）………………… 234, 236
神の見えざる手 ……………………… 39, 60
カルテル（不当な取引制限）… 86, 161, 163, 230
　ハード・コア ………………… 172, 173
　　価格── ……………………………… 173
　　最高価格── ………………………… 173

再販売価格── ………………………… 173
投入費用積み上げ（マークアップ）式価
　格決定── ………………………… 174
数量制限に関する── ………………… 172
受注数量調整（シェア）── ………… 175
非ハード・コア── ……………… 173, 176
運転日数── …………………………… 176
技術開発行為・技術利用行為の制限──
　………………………………………… 173
技術供与（知的財産権許諾）制限──
　………………………………………… 176
受注者割当方法── …………………… 178
受注割合── …………………………… 178
生産工程制限── ……………………… 176
地域割・販路（取引先指定）── …… 186
販売に関する── ……………………… 178
複合── ………………………………… 177
カルドア・ヒックス規準 …………………61
環境問題 ………………………………… 115
間接的取引拒絶 ……………… 193, 201, 224
企業最大収益の原理 …………………65, 68
企業（の）結合 ……………… 232, 233, 235
　──審査に関する独占禁止法の指針
　………………………………… 234, 241
企業集団（化）………………………… 233
企業優先の論理 ………………………65, 68
危険報酬 ……………………………………54
規　制 ………………………………………75
　──緩和 ………………… 75, 76, 94, 233
規　範 ……………………………………… 7
規範構造 ……………………………………15
基本的人権の尊重 …………………………28
欺瞞的顧客の誘引 ……………………… 204
義　務 ………………………………………26
供　給 ………………………………………56
　──の交差的価格の弾力性（合理的代替
　　可能性）……………………… 224, 225
　──に係わる共同取引拒絶 ………… 193

事項索引

――を受ける側が共同して取引拒絶する
　　場合 ･････････････････････････････ 201
供給曲線 ･･････････････････････････ 57, 60
供給者（生産者含む）余剰 ･･････････ 62, 63
行政指導 ･････････････････････････････ 94
行政処分 ･････････････････････････････ 99
行政罰 ･･･････････････････････････････ 99
競　争 ･･････････････････････････ 94, 124
　　――概念 ････････････････････････ 46
　　――均衡 ････････････････････････ 60
　　――均衡価格 ････････････････････ 60
　　――均衡市場 ････････････････････ 60
　　――原理 ････････････････････････ 45
　　――の実質的制限 ･･････ 124, 125, 230
　　――を実質的に制限することとなる ･･ 235
競争会社に対する内部干渉 ･･････････ 212
競争者（顕在的・潜在的）･････････ 139, 219
　　――に対する取引妨害 ･･･････････ 211
競争手段の公正さの確保 ････････････ 221
競争政策（反トラスト法）･･･････････ 112
　　――の究極的目的 ･･･････････････ 113
　　――の直接的目的 ･･･････････････ 112
　　――の目標 ･････････････････････ 67, 68
競争秩序維持法 ････････････････････ 109
共同遂行 ･･････････････････････ 169, 171
共同の成立 ･････････････････････････ 163
共同ボイコット→取引拒絶
許認可行政 ･････････････････････････ 94
緊急停止命令 ･･･････････････････ 102, 107
禁止規範 ･･･････････････････････････ 15
近代福祉国家 ･･･････････････････････ 39
金融会社の議決権保有比率の規制 ･･･ 234, 235
草の根民主主義 ･････････････････････ 84
クレイトン法 ･･･････････････････････ 90
グレンジャー活動 ･･･････････････････ 86
グローバル経済（市場）･･････････ 94, 233
経験・分析科学 ･･････････････ 4, 5, 45, 53
経済学 ･････････････････････････････ 53
経済憲法 ･･･････････････････････････ 93
経済構造改革 ･･･････････････････････ 76
経済効率性の促進 ･･･････････････････ 68
経済上の利益の不当な提供 ･････････ 198
経済政策の目的 ･････････････････････ 66
経済法 ･････････････････････ 38, 42, 70, 74
　　――の道具的機能性の具体化 ･････ 39
経済民主主義の実現・確保 ････ 113, 221, 232
刑事責任 ･･･････････････････････････ 99
刑　法 ･････････････････････････････ 28
　　――の人権保障機能 ･････････････ 28
　　――の補充性の原則 ･････････････ 28
　　――の目的と機能 ･･･････････････ 28
契　約 ･････････････････････････････ 23
　　――自由の原則 ･･････ 23, 43, 83, 193, 219
　　――自由の破綻 ･････････････････ 44
　　――当事者選択の自由 ･････････ 43, 155
　　――内容決定の自由 ･････････････ 43
　　――方式決定の自由 ･････････････ 43
　　――締結の自由 ･････････････････ 43
　　――の成立要件 ･･･････････････ 17, 18
　　――法理論の修正原理 ･･･････････ 45
系列化 ････････････････････････ 205, 233
　　生産―― ･･･････････････････ 205, 209
　　流通―― ･･･････････････････ 205, 209
結　合 ････････････････････････ 130, 152
ゲーム理論 ･････････････････････････ 78
限界効用 ･････････････････････････ 58, 59
　　――曲線 ･･･････････････････ 58, 59, 60
　　――逓減の原則 ･････････････････ 58
限界費用 ･････････････････････････ 58, 59
　　――曲線 ･････････････････････ 59, 60
原価割れ販売 ･･･････････････････････ 195
憲法改正 ･････････････････････････ 92, 232
権　利 ･････････････････････････････ 25
　　――の客体 ･････････････････････ 26
　　――の行使と認められる行為 ････ 149
　　――の主体 ･････････････････････ 26
権利義務関係 ･･････････････････････ 26, 84
行　為 ･････････････････････････････ 29, 31
　　――（行動）規制 ･･･････････････ 110
　　――規範 ･･･････････････････････ 7
　　――主体 ･･･････････････････････ 118
効果の発生 ･･･････････････････････ 18, 19
抗告訴訟 ･･･････････････････････････ 105
公共の利益 ････････････････････････ 112, 126
公正概念 ･･･････････････････････････ 47
公正かつ自由な競争（秩序）

245

事項索引

.... 60, 66, 83, 113, 233
公正（な）競争 188, 189, 221
　――を阻害するおそれ（阻害性）
　　............ 188, 190, 191, 221
　　――阻害性の目的・手段の正当性 190
厚生経済学 65
公正取引委員会（公取委） 100, 110
構成要件 16, 31
　　――該当性 29
　　――的故意・過失 29, 31
構造規制 110, 234
拘束条件付取引 207
公　法 32
効　用 58
効率性の 155
　革新の―― 155, 233
　生産の―― 155, 233
　配分の―― 155, 233
合理的な代替・交換可能性の原理
　　............ 123, 128, 225, 227
国際競争力 94
国民経済の民主的で健全な発展 113, 233
護送船団方式 94
Commodity 36
Common Law 86

さ　行

罪刑法定主義 28
財産権 35
　――の私的側面（Commodity） 36, 114
　――の自由を保障する機能 35
　――の社会的側面（Propriety） 36, 114
　――の機会均等を保障する機能 35
　――の自助的生存を保障する機能 35
　――の労働成果の帰属を保障する機能 ... 35
　――の政治・経済・社会秩序の形成過程
　　への参加を保障する機能 35
　――の（道具的）諸機能性 35
財閥解体 92, 232
再販売価格 196
　――の拘束 196, 209
　――を維持する行為 196
裁判規範 9

Sein 3
差止請求 101
差別的対価 194
　相手方に対する―― 194
　地域間差別的対価―― 194
　その他の―― 202
差別的取扱 202
　事業者団体によって行われる―― 202
　取引条件等の――・取引実施 202
　その他の―― 202
産業革命 85
産業組織論 47, 66, 69, 74
　――の分析基準 67
三段論法 12
参入障壁 65, 93, 119, 140, 154
ジェファソニアン民主主義 85
シカゴ学派 65, 68, 114, 120
事　業 119
　――活動制限の合意の存在とその証明 ... 164
　――活動の拘束 205
　――支配力の過度の集中（する市場構造）
　　............................ 232, 234
　――の譲り受け 235, 236
事業者 119, 163, 164
　――間の意思の連絡 163, 166
事業者団体 119
　――によって行われる差別的取扱 202
資源の（社会的）最適配分 58, 64
自己決定 77, 219, 220
自己責任 77, 220
事実上の推定 103
死重的損失 64, 120, 172, 233
市　場 57
　――供給曲線 57, 60
　――需要曲線 56, 60
　――均衡価格 57
　――均衡取引量 57
　――構造 46, 67, 232
　――行動 46, 67
　――市場成果 46, 67
　――参入の容易さ 76, 94, 121
　――支配 68
　――支配力 63, 66, 72, 119, 120, 227

246

事項索引

——集中規制 ………… 232, 234, 236
——集中率 ………………………… 121
——占拠率 …………………… 122, 124
市場の失敗 …………… 23, 63, 114, 115
市場力 ………… 63, 68, 72, 119, 120, 121
自然科学 …………………………… 3
事前規制 ………………………… 234
実行行為 …………………………29, 31
実質的証拠の法則 …………… 103, 106
私的財産権 …………………… 35, 235
私的独占の禁止及び公正取引の確保に
 関する法律 ……………………… 83
私的独占 ………………………… 129
——の固有の構成要件 ………… 130
支　配 …………………………… 133
 間接的—— …………………… 136
 直接的—— …………………… 134
私　法 ……………………………23, 32
市民法 ……………………………22, 74
市民法と経済法の交差 …………… 48
市民法理論の修正原理 …………… 45
社　会 …………………………… 84
 ——的限界効用関数 …………… 60
 ——的限界効用曲線 …………… 62
 ——的限界費用曲線 …………… 62
 ——的厚生 ………………… 63, 140
 ——的費用 …………………… 54
 ——的余剰 …… 61, 62, 63, 140, 172, 234
社会科学 …………………………… 4
社会規範 …………………………… 8
社会権の経済基本権 ……………35, 39
社会法 …………………… 25, 34, 114, 158
 ——の私法への転換現象 ……… 138
社会保障法 ……………… 25, 39, 40, 42
ジャクソニアン民主主義 ………… 84
シャーマン法 …………………… 87
自由意思 …………………… 219, 220
自由競争
 ——基盤の確保 ……………… 221
 ——秩序（の維持） …………… 112
 ——の確保 …………………… 221
終身雇用制 ……………………… 37
需　要 …………………………… 56

——と供給（の均衡法則） ……… 56
——の交差的価格の弾力性（合理的代替
 可能性） ………………… 123, 235
需要曲線 ………………………56, 60
準司法的機関 …………………… 100
小前提 …………………………… 14
消費者厚生 ………………… 65, 114
消費者選択の自由 ……………… 113
消費者余剰（一般消費者の利益）
 ………………… 62, 63, 64, 155, 172
条　文 …………………………… 15
情報の非対称性 ……………… 78, 204
条理（合理）の原則（Rule of reason）
 ………………………………88, 89
所得格差 ………………………76, 114
諸国民の富の最大化 …………… 63
諸費用 …………………………… 54
所有権の絶対性 …………………23, 83
自律的規範 ……………………… 8
進化論（ダーウィン） …………… 5
新規参入 ………………… 29, 154, 230
審　決 …………………………… 103
人権としての財産権の諸機能性 …35, 43
人口論（マルサス） ……………… 5
審査官 ……………………… 100, 105
新産業組織論（NIO） …………… 80
信託制度 ………………………… 86
審　判 …………………………… 104
審判官 …………………………… 100
審判手続 ………………………… 104
垂直的取引制限（カルテル） … 163, 179
水平的取引制限（カルテル） … 163, 179
推論の法的三段論法 ……………… 15
スタグフレーション ……………… 93
正常な利潤 ……………………… 54
責任主義 …………………… 29, 169
責任なければ刑罰無し ……… 29, 169
責任能力（有責性） ……………… 29
セラー・キフォーバ法 …………… 91
先行事業者の優位性 …………… 140
専用実施権 ……………………… 210
戦略的行動 ……………… 78, 139, 220
戦略的取引拒絶 ………………… 140

247

事 項 索 引

相互拘束 …………………… 168, 169, 170
相互排他的取引 ……………………… 207
組織規範 ……………………………… 7
その他の相手方の事業活動の拘束 ……… 210
その他の不当低価格販売 ……………… 203
Sollen ………………………………… 7

た 行

対　価 …………………………… 194, 212
対市場効果 …………………………… 122
大前提 ………………………………… 14
抱き合わせ販売 ……………………… 204
縦の関係 …………………………… 49, 69
縦の（契約）関係と横の（競争）関係の交差
　………………………………… 48, 69, 74
縦割り構造中心の弊害 ………………… 77
WTO（世界貿易機関）………………… 94
他律的規範 …………………………… 8
単独の取引拒絶 ……………………… 201
地域社会の空洞化 ……………………… 76
知的財産権の行使 ……………………… 148
知的財産権のライセンス契約締結の際に伴う
　拘束 ………………………………… 210
超過利潤 ……………………………… 54
直接的支配 …………………………… 134
直接的取引拒絶 …………… 193, 201, 225
直接的排除 …………………………… 132
通常実施権 …………………………… 210
通常損害賠償訴訟手続 ………………… 102
通　謀 …………………………… 130, 154
適用除外 ……………………………… 148
テリトリー制 ………… 209→拘束条件付取引
当　為 ………………………………… 7
当為の科学 ………………………… 4, 53
当事者能力対等の原理 ……………… 23, 83
当然違法原則（Per se illegal）…… 88, 171, 172
投入費用積み上げマークアップ式価格設定
　………………………………………… 55
独　占 ……………………………… 65, 69
独占市場 ……………………………… 232
独占・カルテルによる弊害（死重的損失）… 63
独占禁止法 ……… 22, 25, 38, 70, 74, 83, 92, 158
　――の性格 …………………… 99, 114

　――の目的（目標）……… 111, 113, 114, 223
　――の三本柱 ………………………… 110
　――の四本柱 ………………………… 110
独占資本主義（経済）………………… 83
独占的状態（の要件）……………… 234, 237
特別抗告 ………………………… 102, 107
特許（権）プール ………… 76, 149, 155
トラスト（Trust）…………………… 86
取引拒絶 ………………… 140, 193, 219, 227
　共同―― ……………………… 193, 225
　単独―― …………………………… 201
取引上の地位の不当利用 …………… 189, 211
取引地域に関する拘束（テリトリー制）…… 209
取引に係わる商品・サービス以外の商品・
　サービスの不当購入 ………………… 198
取引の相手方に不利益な条件の設定・変更・
　実施 ………………………………… 198
取引の相手方の事業活動の不当な拘束 …… 205
取引の相手方の役員選任への不当干渉 …… 211
取引の相手方を拘束 ………………… 208
取引費用 …………………………… 54, 78

な 行

南北内乱（南北戦争）………………… 85
日本国憲法 …………………………… 28
入札談合 ……………………………… 76
ニューディール政策 …………………… 91
認定事実 ……………………………… 17
ネットワーク効果 ………… 76, 152, 160
農地解放 ………………………… 92, 232

は 行

排　除 …………………………… 130, 219
　間接的―― ………………………… 132
　直接的―― ………………………… 132
排除措置命令 ………………………… 103
排他条件付取引 ……………………… 206
排他的受入れ取引 …………………… 206
排他的供給取引 ……………………… 206
ハーバード学派 ………… 64, 66, 113, 119
ハーフィンダール・ハーシュマン指数
　……………………………………… 121, 235
パレート効率性 ……………………… 60

反公共の利益 ····················· 126, 155
犯罪の法律・構成要件 ················ 28
犯則事件・手続 ················ 106, 169
反トラスト法 ············· 65, 68, 83, 86
　——の目標 ······················ 67
非効率的利潤 ······················ 55, 85
非訟事件 ························· 102
被審人 ··························· 105
不可欠要素（の理論）········ 157, 158, 159, 227
不公正な取引方法 ·················· 188
　——として規制される行為の要件 ······ 190
　——の公式 ······················ 191
　——の問題点 ···················· 191
　——の類型 ······················ 192
　——を規制する目的 ················ 188
不当高価購入 ······················ 203
不当な差別的取扱 ·················· 200
不当な対価の取扱 ·················· 203
不当な取引誘引と強制 ··············· 203
不当な利益による顧客の誘引 ········ 204
不当廉売 ························· 193
不当な取引制限 ········· 161, 163→カルテル
　——固有の構成要件 ················ 163
　——の異業種（非競争者）間で成立 ···· 164
　——の同業種（競争者）間で成立 ······ 163
　——を禁止する意義 ················ 161
歩積み預金 ························ 199
プライスリーダー ·················· 120
ブランド間競争 ··············· 197, 209
ブランド内競争 ··············· 196, 209
フリーライド（ただ乗り）············· 77
Pool ····························· 86
Propriety ························ 36
分　割 ··························· 235
法 ································· 9
法解釈 ··························· 16
萌芽理論 ····················· 188, 221
法規範 ·························· 9, 15
法的結論 ······················ 14, 15
法の支配（Rule of Law）····· 15, 21, 84, 96
法のドグマ ····················· 12, 21
法律関係 ························· 26
法律効果（の発生）················· 16

法律効力 ························· 27
法律要件 ························· 16
法（令）の適用 ····················· 14
ポツダム宣言 ······················ 92
ボトルネック効果 ··········· 76, 154, 160

ま　行

マークアップ原理 ·················· 53
　——原理による費用方式決定価格 ···· 53
ミクロ経済学 ················ 53, 69, 74
身分から契約へ ··················· 38
民事責任 ························· 99
民主化政策 ······················· 92
民　法 ························ 22, 25
　——改正 ···················· 92, 232
　——の三大原則 ············ 23, 193, 213
無過失責任損害賠償訴訟手続 ········ 102
命令規範 ························· 15
もたざる者 ····················· 34, 76
もつ者 ························ 34, 76
持株会社 ················· 87, 233, 237

や　行

役員兼任（の規制）·········· 234, 235, 236
優越的地位 ······················ 198
　——の濫用 ······················ 197
有効競争 ············· 46, 47, 66, 113, 124
有効競争の内容——分析規準——······ 46, 67
有責性（責任能力）············ 29, 30, 31
要　件 ··························· 16
　——の充足 ···················· 18, 19
要件・効果（論）············ 16, 18, 19, 117
要件事実 ························· 17
予想外の利潤 ····················· 54
予定調和（論）··············· 39, 56, 57
予定調和原理による需給方式決定価格 ······ 53
横（競争）の関係 ················ 49, 69

ら　行

ライセンス拒絶 ··············· 150, 155
ライセンス許諾権 ·················· 210
Reverse Engineering ··········· 158, 159
略奪的行動（制圧的行動）········ 140, 220

249

事項索引

略奪的取引拒絶 …………………140, 154, 221
両建預金 ………………………………… 199
利用許諾権 ……………………………… 210
レガノミクス …………………………94, 114
レッセフェール（自由放任）的資本主義
　経済の弊害 ……………………………… 23
連邦取引委員会（FTC）法 ………………… 90
労働法 ………………………………25, 36, 42
労働基本三権 ……………………………… 37
ロックイン現象 …………………76, 153, 160
ロビンソン・パットマン法 ………………… 91
六　法 …………………………………… 22

判例・審決索引

〔 〕の数字は，事件概要図掲載ページを示す。

大審院判決

大判大14・11・18大審院民集4巻670頁〔大学湯事件〕………………………………… 4

最高裁判所判決

最判昭29・5・25民集8巻5号950頁〔東宝・スバル事件〕………………………… 124, 128
最判昭50・7・10判時781号21頁〔和光堂事件〕……………………… 107, 108, 197, 209,〔217〕
最判昭50・7・11判時781号32頁〔明治商事事件〕……………………………………… 197
最判昭52・6・20民集31巻4号449頁〔岐阜商工信用組合事件〕……………………… 199
最判昭55・1・24民集34巻1号80頁〔共同技研審判取消訴訟事件〕………………… 108
最判昭59・2・24刑集38巻4号1287頁〔出光興産ほか石油価格協定刑事事件〕…… 115, 127, 168, 170
最判昭62・7・2判時1239号3頁〔日本石油ほか事件〕………………………………… 108
最判平元・12・8判時1340号3頁〔日本石油ほか事件〕…………………………… 107, 108
最判平元・12・14民集43巻12号2078頁〔東京都立芝浦屠場・三河島食肉処理場事件〕… 119
最判平10・12・18判時1664号3頁〔資生堂化粧品事件〕………………………… 115, 127, 210
最判平10・12・18判時1664号14頁〔花王化粧品事件〕………………………………… 210

高等裁判所判決

東京高判昭26・9・19高裁民集4巻14号497頁〔東宝・スバル事件〕……………… 124, 128, 148, 238
東京高判昭28・3・9高裁民集6巻9号435頁〔朝日新聞ほか新聞販路協定事件〕
………………………………………………………………… 163, 166, 179,〔180-181〕
東京高判昭28・12・9高裁民集6巻13号868頁〔東宝・新東宝事件〕…………… 108, 125, 148
東京高決昭32・3・18審決集8巻82頁〔北国新聞事件〕……………………………… 194
東京高判昭32・12・25高裁民集10巻12号743頁〔野田醤油事件〕…………… 72, 122,〔137〕
東京高決昭50・4・30判時776号30頁〔中部読売新聞社緊急停止命令事件〕…… 107, 203
東京高判昭52・9・19審決集24巻313頁〔松下電器産業事件〕………………………… 108
東京高判昭55・9・26高裁刑集33巻5号359頁〔石油連盟数量調整刑事事件〕…… 126
東京高判昭55・9・26高裁刑集33巻5号511頁〔出光興産ほか石油価格協定刑事事件〕… 170, 178
東京高判昭59・2・17判時1106号47頁〔東洋精米機事件〕…………………………… 108, 207
高松高判昭61・4・8判タ629号179頁〔奥道後バス路線事件〕……………………… 132
大阪高判平5・7・30判時1479号21頁〔東芝エレベータテクノクス事件〕…… 107, 190, 205, 211,〔218〕
東京高判平5・12・14判タ840号81頁〔目隠しシール入札談合刑事事件〕…… 124, 164, 187
東京高判平7・9・25判タ906号136頁〔東芝ケミカル事件〕………………………… 165, 166
東京高判平13・2・16判時1740号13頁〔観音寺市三豊郡医師会事件〕……………… 231
東京高判平15・6・4判例集未登載（最高裁判所ホーム・ページ）〔パチンコ型スロット
マシーン製造技術特許権等市場事件〕……………………………………………… 156, 160
大阪高判平17・7・5審決集52巻856頁〔関西空港島新聞販売差止請求控訴事件〕…… 107
大阪高判平19・11・28判時2034号34頁〔ゆうパック不当廉売等差止控訴事件〕…… 107

251

東京高判平20・4・4公取委ホーム・ページ〔種苗価格カルテル審決取消請求事件〕............ 166

地方裁判所判決

東京地判平9・4・9判タ959号115頁〔エアーソフトガン事件〕....................108, 190, 231
東京地判平14・6・25判タ1127号237頁〔パチンコ型スロットマシーン製造技術特許権等市場事件〕
.... 155, 160

公正取引委員会審決

公取委審判審決昭24・8・30審決集1巻62頁〔湯浅木材工業事件〕...................114, 126, 165
公取委同意審決昭25・7・13審決集2巻74頁〔埼玉銀行・丸佐糸事件〕...... 122,〔131〕, 132, 209
公取委審判審決昭25・9・29審決集2巻146頁〔東宝・スバル事件〕...................124, 128, 236
公取委審判審決昭26・4・7審決集3巻4頁〔朝日新聞ほか新聞販路協定事件〕‥ 164, 179,〔180-181〕
公取委審判審決昭26・6・25審決集3巻73頁〔日本石油運送事件〕.....................236,〔240〕
公取委審判審決昭27・4・4審決集4巻1頁〔野田醬油㈱ほか事件〕............................ 174
公取委審判審決昭27・9・3審決集4巻30頁〔日本光学特約店契約・一手販売契約事件〕........ 213
公取委勧告審決昭28・11・6審決集5巻61頁〔日本興業銀行事件〕........................... 211
公取委勧告審決昭30・12・10審決集7巻99頁〔大正製薬事件〕................................ 202
公取委勧告審決昭31・7・28審決集8巻12頁〔雪印乳業・農林中金事件〕...... 122, 132,〔133〕, 209
公取委勧告審決昭32・1・30審決集8巻51頁〔日本楽器事件〕......................... 236,〔239〕
公取委勧告審決昭32・3・7審決集8巻54頁〔浜中村主畜農業協同組合事件〕................... 203
公取委勧告審決昭43・11・29審決集15巻135頁〔中央食品ほか事件〕............................. 125
公取委同意審決昭44・10・30審決集16巻46頁〔富士製鉄と八幡製鉄の合併事件〕.......... 125, 236
公取委勧告審決昭45・8・5審決集17巻86頁〔日本コンクリート技術供与制限と受注調整事件〕... 176
公取委審判審決昭47・7・25審決集19巻40頁〔愛媛県LPガス保安協会事件〕................. 127
公取委勧告審決昭47・9・18審決集19巻87頁〔東洋製罐事件〕............................ 132,〔135〕
公取委同意審決昭48・7・17審決集20巻62頁〔広島電鉄事件〕................................ 236
公取委勧告審決昭48・12・26審決集20巻205頁〔住友金属工業ほか4名に対する事件〕.......... 170
公取委勧告審決昭50・6・13審決集22巻11頁〔ホリデイマジック事件〕...................... 204
公取委勧告審決昭51・2・20審決集22巻127頁〔フランスベッド事件〕................... 197,〔216〕
公取委勧告審決昭52・2・25審決集23巻98頁〔羽田ヒューム管ほか16名に対する事件〕......... 178
公取委同意審決昭52・11・24審決集24巻50頁〔中部読売新聞社緊急停止命令事件〕.......... 195, 213
公取委勧告審決昭55・2・7審決集26巻85頁〔東洋リノリュームほか3社事件〕.................. 194
公取委勧告審決昭56・6・5審決集28巻32頁〔本州製紙ほか事件〕......................... 168, 176
公取委勧告審決昭57・5・28審決集29巻13頁・18頁〔マルエツ・ハローマート事件〕.......... 195
公取委同意審決昭57・6・17審決集29巻31頁〔三越事件〕....................................... 199
公取委勧告審決昭57・7・28審決集29巻51頁〔武田薬品工業ほか11名に対する事件〕.......... 173
公取委勧告審決昭63・8・5審決集35巻30頁〔大日本インキ化学工業ほか9名に対する事件〕.... 170
公取委勧告審決平2・2・20審決集36巻53頁〔全農段ボール事件〕.................. 199, 222,〔223〕
公取委勧告審決平3・10・7審決集38巻100頁〔日本旅行業協会関東支部事件〕................. 231
公取委勧告審決平3・11・11審決集38巻115頁〔野村證券の関係他社株式保有脱法事件〕......... 235
公取委勧告審決平3・12・2審決集38巻134頁〔野村證券事件〕................................. 204
公取委勧告審決平5・9・28審決集40巻123頁〔ラジオメータートレーディング社事件〕......... 212
公取委勧告審決平5・11・18審決集40巻171頁〔滋賀県生コンクリート工業組合事件〕........... 231

公取委勧告審決平 8 ・ 1 ・12審決集42巻185頁〔石川県水販協事件〕 231
公取委勧告審決平 8 ・ 5 ・ 8 審決集43巻209頁〔日本医療食協会・日清医療食品事件〕
122, 132, 135, [136], 210
公取委勧告審決平 8 ・ 5 ・31審決集43巻314頁〔丸善ほか外国書のマークアップ式販売額の合意事件〕 174
公取委勧告審決平 9 ・ 8 ・ 6 審決集44巻238頁〔三共ほか10名に対する事件〕 79, 96, 150, [153], 160
公取委勧告審決平10・12・14審決集45巻153頁〔マイクロソフト事件〕 79, 205, [215]
公取委勧告審決平11・ 1 ・25審決集45巻185頁〔浜北市医師会事件〕 231
公取委勧告審決平11・ 4 ・22審決集46巻201頁〔クボタほか鋳鉄管事件〕 175
公取委勧告審決平12・10・31審決集47巻317頁〔ロックマン工法施工業者事件〕 193, 224, [226]
公取委勧告審決平13・ 7 ・27審決集48巻187頁〔松下電器産業事件〕 201, [214]
公取委勧告審決平17・ 4 ・13審決集52巻341頁〔日本インテル事件〕 133, 140, [145], 159
公取委勧告審決平19・ 6 ・22審決集54巻182頁〔ドン・キホーテ事件〕 199
公取委排除措置命令平21・ 6 ・22公取委ホーム・ページ〔セブン・イレブン・ジャパンに対する排除措置命令事件〕 199

合衆国の判例

(ABC 順)

Addyston Pipe & Steel Co. v. U. S., 85F. 271, (6thCir. 1899). 87, 97
Aspen Highland Skiing Co. v. Aspenskiing Co., 738F. 2d 1509, (10th Cir. 1984). 159, 160
Berkey Photo v. Eastman Kodak Co., 603F. 2d 263 (2dCir. 1979) Cert. denied,
    444U. S. 1093, (1980). 73, 158, 160
Eastman Kodak Co. v. Image Technical Services, 504U. S. 451 (1992). 78
E. C. Knight Co. v. U. S., 156U. S. 1, 15S. Ct. 249, 39L. Ed. 325, (1895). 87, 97
MCI v. AT&T, 708F. 2d 1081, 1132-1133 (7thCir.) Cert. denied, 464U. S. 891, (1983).
    158, 160, 227, 228
Norman F. Hecht, Harry Kagen and Marc A. Miller, joint ventures, v. Profootball, Inc.,
    570F. 2d 982, (Columbia Cir. 1977). 159, 160
Standard Oil Co. of New Jersey v. U. S., 221U. S. 1, (1911). 88, 97
Trans-Missouri Fright Ass'n. v. U. S., 166U. S. 290, 17S. Ct. 540. 41L. Ed. 1007, (1897). 87, 97
U. S. v. American Tobacco Co., 211U. S. 106, (1911). 89, 97
U. S. v. E. I. du Pont de Nemours & Co., 351U. S. 377, (1956). 128
U. S. v. Grinnell Co., 384U. S. 563, (1966). 128
U. S. v. Microsoft Co., Civil Action No. 98-1232/TPJ. 73
U. S. v. Terminal Railroad Association of St. Louis, 224U. S. 383, (1912). 159, 160
Verizon Communications Inc. v. Law Offices of Curtis v. Trinko, LLP, 540U. S. 398, (2004).
    158 160

◆著者紹介

髙橋　明弘（たかはし　あきひろ）

1954年　東京に生まれる。
1978年　日本大学法学部法律学科卒業。
　　　　民間企業・事業所で勤務。
1992年　日本大学大学院法学研究科博士前期課程修了。
1998年　大東文化大学大学院法学研究科博士後期課程単位取得。
　　　　日本大学，神田外語大学，山梨学院大学，横浜商科大学などで講師兼任。2008年
　　　　3月まで税務大学校民法演習担当教官を歴任。

専　攻：民法，経済法（知的財産権含む）
主な著書・論文：
『知的財産の研究開発過程における競争法理の意義――知的財産権概念の私的側面と社会
　的側面――』（国際書院，2003年）
「後継ぎ遺贈」（法学研究年報22号，1993年）
「市場支配の違法性判断における考慮要因としての報酬概念」（大東法政論集第2号，
　1994年）
「独占禁止法と知的財産権との関係」（大東法政論集第5号，1997年）
「一般取引約款と契約自由の原則」（月刊民事法情報225号，2005年）
「日本の独占禁止法政策およびその理論の選択――経済（独占禁止）政策・労働政策・社
　会保障政策――」（横浜商大論集第41巻第1号，2007年）

Horitsu Bunka Sha

2010年2月25日　初版第1刷発行

現 代 経 済 法

著　者　髙橋明弘
発行者　秋山　泰
発行所　株式会社　法律文化社

〒603-8053 京都市北区上賀茂岩ヶ垣内町71
電話 075(791)7131　FAX 075(721)8400
URL : http://www.hou-bun.co.jp/

ⓒ2010 Akihiro Takahashi Printed in Japan
印刷：共同印刷工業㈱／製本：㈱藤沢製本
ISBN 978-4-589-03222-5

丹宗暁信・厚谷襄児編〔現代法双書〕
新現代経済法入門〔第3版〕
四六判・352頁・3045円

独禁法を基礎におき，現代経済法を体系的に解説。独禁法の課徴金の引き上げ減免制度の改正，不正競争防止改正法の施行等を盛り込み，関連の判例・審決を補充。構造改革政策のもとで整備された競争法の今日的動向を解説。

黒田清彦・菊地雄介・受川環大・松岡啓祐・
横田尚昌・黒野葉子・吉行幾真著〔αブックス〕
レクチャー現代会社法
A5判・298頁・2835円

会社法および関係法令の改正動向を反映した最新のテキスト。視覚的・立体的に理解できるように各種ひな型や図表を駆使して通説・判例をもとに平易に解説。会社法の全体像とともに運用面での課題を知ることができる。

長尾治助編〔αブックス〕
レクチャー消費者法〔第4版〕
A5判・272頁・2835円

消費者法の基礎を事例・判例を題材に具体的場面からわかりやすく概説し，消費者の権利実現をめざす入門書。IT進展に伴う関連新法，民法の現代語化，個人情報保護や，近時の立法動向に対応。

松本　博編
情報化社会の法学入門〔第2版〕
──ネットワーク時代への法的アプローチ──
A5判・184頁・2205円

電子商取引や知的財産権，消費者問題など今日的な論点・テーマを中心に，産業をとりまく法構造と機能を整理，解説する。各章に具体的事例を盛りこんだQ&Aを付し，読者の理解を促す。06年以降の法改正に対応。

三山峻司・松村信夫著
実務解説　知的財産権訴訟〔第2版〕
A5判・572頁・5565円

侵害訴訟事件を中心に知財各法を一通り学べ，コンパクトに論点を把握できる解説書。訴訟の概略を実務的な視点から解説し，当事者の主張や立証の内容，書式の書き方やポイントなどを詳説。重要判例も盛り込んだ第2版。

──法律文化社──

表示価格は定価（税込価格）です。